Kohlhammer

Wolfgang Mutzeck (Hrsg.)
Jörg Schlee

Kollegiale Unterstützungssysteme für Lehrer

Gemeinsam den
Schulalltag bewältigen

Verlag W. Kohlhammer

Alle Rechte vorbehalten
© 2008 W. Kohlhammer GmbH Stuttgart
Gesamtherstellung:
W. Kohlhammer Druckerei GmbH + Co. KG, Stuttgart
Printed in Germany

ISBN 978-3-17-020022-7

Inhaltsverzeichnis

Vorwort 9

Jörg Schlee
Warum kollegiale Unterstützung? Plädoyer für eine andere Schulkultur 12

Jörg Schlee
Regeln und Prinzipien für kollegiale Unterstützungsgruppen 19

Eva-Maria Schmidt und Diethelm Wahl
Kommunikative Praxisbewältigung in Gruppen (KOPING) . . 25
1   KOPING als kollegiale Praxisberatung 27
2   KOPING als flankierende Maßnahme von Aus- und Fortbildungsveranstaltungen 40
3   Schlussbemerkung 45

Wolfgang Mutzeck
Kollegiale Supervision. Eine Möglichkeit der beruflichen Unterstützung, Weiterentwicklung und Qualitätssicherung . . . 48
1   Bedarf an Unterstützung, Weiterentwicklung und Supervision 48
2   Was ist Supervision und was ist Kollegiale Supervision? . 49
3   Wissenschaftstheoretische Grundlagen der Kollegialen Supervision 52
3.1   Menschenbildannahmen 53
3.2   Handlungskonzeption 53
3.3   Konzeption der Kollegialen Supervision 56
4   Grundlegende Aspekte der Prinzipien der Kollegialen Supervision 58
5   Struktur und Ablauf einer Kollegialen Supervision 61
6   Formen der Durchführung der Kollegialen Supervision . 64
7   Von der extern zu einer intern geleiteten Kollegialen Supervision 65
8   Erfahrungen mit der Kollegialen Supervision und Möglichkeiten der Ausbildung und des Selbststudiums . 67

Heike Schnoor
„Stillstand ist für alle Schulen eine Katastrophe." Qualitätszirkel als kollegiales Unterstützungssystem in Schulen 71

1	Einleitung	71
2	Was ist ein Qualitätszirkel?	73
3	Hinweise zur Durchführung von Qualitätszirkeln	74
3.1	Hinweise zum Arbeitsprozess eines Qualitätszirkels	74
3.2	Hinweise zu den Teilnehmern eines Qualitätszirkels	75
3.3	Hinweise zur Themenfindung	77
3.4	Hinweise zum Methodeneinsatz in Qualitätszirkeln	78
4	Vergleich mit anderen Beratungs- und Unterstützungskonzepten	79
4.1	Qualitätszirkel sind ein Beratungsansatz	79
4.2	Akzentsetzungen in der Arbeit von Qualitätszirkeln	80
5	Resümee	82

Ralf Connemann und Doris Geiselbrecht
Das Reflektierende Team als Methode der kollegialen Fallbesprechung 84

1	Zur Geschichte des Ansatzes	84
2	Warum sich die Arbeit mit dem Reflektierenden Team besonders für Fallbesprechungen mit Lehrkräften eignet	86
3	Vorgehensweise in der Fallbesprechung	87
4	Praxiserfahrungen	89
Anhang 1: Leitfaden für problemorientierte Gespräche		90
Anhang 2: Anregungen für das gemeinsame Reflektieren		92

David Ebert und Bernhard Sieland
Korrektive Selbststeuerung erst lernen, dann vermitteln. Kooperative Entwicklungsberatung in der Lehrerbildung 93

1	Merkmale korrektiver Lernarrangements	93
2	Kooperative Entwicklungsberatung zur Stärkung der Selbststeuerung (KESS) als Lernarrangement in der Lehrerbildung	95
2.1	Wofür braucht man das Lernarrangement KESS? – Indikation	95
2.2	Wie verläuft der Lernprozess? – Vier Phasen der KESS-Methode	96
2.3	Ge- und Misslingensbedingungen für das KESS-Arrangement	98
3	Entspricht KESS den Gütekriterien für korrektive und nachhaltige Lernarrangements?	99

Jörg Schlee
Selbsthilfe und Klärungen durch Kollegiale Beratung und Supervision 102

1	Der entscheidende Bezugspunkt: Die Menschenbildannahmen	102
2	Voraussetzungen für Klärungen und Einsichten	103
3	Wie lassen sich Klärungen und Einsichten „bewirken"?	105
4	Von den theoretischen Überlegungen zur praktischen Konkretisierung	106
5	Vorgehen in zwei Phasen	107
6	Bemühen um „Sicherheit und Vertrauen"	108
7	Die Ratsuchenden konfrontieren	109
8	Darstellung einiger Konfrontationsarten/Unterphasen .	110
Anhang: Ein Sitzungsablauf im Überblick		112

Bernhard Sieland und Thorsten Tarnowski
Wenn manche Lehrkräfte wüssten, was andere wissen 115

1	Die Ausgangslage	115
2	Deprofessionalisierendes Lernen als Berufsrisiko für Lehrkräfte	115
3	Professionelle Lerngemeinschaften für reflektierende Praktiker	116
4	Welche Vorteile des Forums sind für verschiedene Nutzergruppen interessant?	119
5	Wer sind die Zielgruppen?	121

Reinhold Miller
Selbst- und Beziehungsklärung. Eine Übung zur Analyse und Optimierung verbaler Interaktion 123

1	Die Vorgeschichte	123
2	Das methodische Vorgehen	124
3	Regie-Hinweise	125
4	Die Aufgaben des Leiters bzw. Moderators	126
5	Die Durchführung eines Beispiels	126
6	Abschlusskommentar	130

Harald Groenewold
Videointeraktionsbegleitung in der Schule. Ein Bild sagt mehr als tausend Worte, ein Video mehr als tausend Bilder . 131

1	Darstellung der Videointeraktionsbegleitung an einem Fallbeispiel	133
1.1	Auftrag	133
1.2	Vorgespräch zur Video-Interaktionsbegleitung	133
1.2.1	Erste Aufzeichnung	134
1.2.2	Erstes Auswertungsgespräch	134
1.2.3	Der weitere Verlauf der VIB	136
1.2.4	Ein Fazit	137

2   Zum Einsatz der Videointeraktionsbegleitung
     in der Schule 138

Jörg Schlee
**Neuer Elan durch die Rekonstruktion Subjektiver
Theorien – Erfahrungen und Anregungen** 140

1   Zur Vorgeschichte 140
2   Was ist unter einem Strukturlegeverfahren
     zu verstehen? 140
3   Erfahrungen aus der Arbeit mit Strukturlegeverfahren . 147

Gerhard Sennlaub
**Anonyme kollegiale Unterstützung innerhalb der
Schulorganisation** 151

Jörg Schlee und Rüdiger Urbanek
Belastungsreduktion durch das Selbstanwendungsprinzip ... 155

1   Klärung der Haltungen 155
2   Festlegen eines Handlungsprinzips 156
3   Viele Schritte der Übertragung 156
3.1   Begrüßen und Einfinden 157
3.2   Wertschätzend Kommunizieren 157
3.3   Den Unterrichtsplan durch eine Visualisierung
      offenlegen 158
3.4   Austausch und Zusammenarbeit unter Lerntandems
      anregen 159
3.5   Austausch und Klärung in konstanten Kleingruppen
      anregen 161
3.6   Üben, Anwenden, Übertragen 161
3.7   Lehreraufgaben an die Schüler delegieren 162
3.8   Zusammenfassen, Stellung beziehen, ausblicken .. 163
3.9   Gemeinsam über Lehren und Lernen nachdenken .. 164
3.10 Last but not least: (Über sich selbst) lachen 164
4   Abschließender Kommentar 165

Jörg Knoll
**Zugunsten von Transfer. Kollegiale Beratung
in der Schlussphase von Fortbildungsveranstaltungen** 167

1   Leistung und Struktur der Kollegialen Beratung 168
2   Die Erarbeitung von Transfermöglichkeiten durch
     Kollegiale Beratung 170
3   Hinweise zur Fortbildungsdidaktik 173

Autorenverzeichnis 180

Vorwort

Schulen können die ihnen von der Gesellschaft übertragenen Aufgaben nie besser erfüllen als es die Kompetenzen und das Engagement der in ihnen tätigen Lehrer sowie die Rahmenbedingungen zulassen. Die Lehrer sind es, die für die Gestaltung der Lernprozesse der Schüler die entscheidende Verantwortung tragen. Um für die Schüler die Lernbedingungen optimal gestalten zu können, sind auf Seiten der Lehrer, neben den fachlichen und didaktischen Kenntnissen, pädagogische Fähigkeiten im engeren Sinne gefragt. Dazu gehören insbesondere Kompetenzen zur Kommunikations- und Beziehungsgestaltung innerhalb einer Lerngruppe. Es ist seit langem bekannt, dass die Persönlichkeit des Lehrers Auswirkungen auf das persönliche und fachliche Lernen der Schüler hat. Es wäre verhängnisvoll, wenn man bei der Frage, wie sich die Leistungsfähigkeit von Schulen sichern lässt, fachliche Leistungen und zwischenmenschliche Qualitäten gegeneinander ausspielen würde. Erfolgreiches Lernen braucht beides: Leistungsanforderungen sowie humane Lernbedingungen. Doch ist es so, dass nicht nur Schüler besser lernen können, wenn sie erleben, dass ihre psychischen Grundbedürfnisse erfüllt werden. Auch Lehrer, Erzieher und andere pädagogische Fachkräfte können ihre anspruchsvollen Tätigkeiten pädagogisch und eigenverantwortlich besser ausführen, wenn sie Anerkennung, Wertschätzung und Mitgefühl erfahren.

Die Qualität von Schulen und anderen pädagogischen Einrichtungen wird sich nicht allein im Sinne einer Top-Down-Strategie durch Gesetze und Verordnungen erreichen lassen. Vielmehr sind hier im Sinne einer Bottom-Up-Strategie ebenfalls eine Begleitung und Unterstützung, eine Stärkung und Qualifizierung der Menschen angezeigt, die in ihnen arbeiten. Die Fähigkeit zur Gestaltung günstiger zwischenmenschlicher Beziehungen sowie die Festigung der Eigenverantwortung und einer respektvollen, solidarischen Haltung gehören dazu. Diesem Anliegen fühlen sich die Beiträge dieses Buches verpflichtet. Sie zeigen vielfältige Möglichkeiten auf, mit deren Hilfe sich Lehrer, Erzieher und andere pädagogische Fachkräfte in ihrem Berufsalltag gegenseitig beistehen und unterstützen können.

In einem einleitenden Beitrag hält Jörg Schlee ein Plädoyer für kollegiale Unterstützung, in einem zweiten Beitrag beschreibt er die Idee und Praxis Kollegialer Unterstützungsgruppen. Darauf stellen Eva-Maria Schmidt und Diethelm Wahl dar, wie Lehrer in Kleingruppen eine gegenseitige Praxisberatung organisieren und durchführen können. Das anschließend von Wolfgang Mutzeck vorgestellte Verfahren der Kollegialen Supervision verfolgt die gleiche Zielsetzung, operiert jedoch mit anderen Regeln. Danach stellt Heike Schnoor dar, nach welchen Prinzipien Qualitätszirkel arbeiten und wie sie in Schulen eingerichtet werden können. Ralf Connemann und Doris Geiselbrecht beschreiben ein kollegiales Beratungsverfahren, mit dem sie in ihrer schulpsychologischen Praxis sehr gute Erfahrungen gemacht haben: das von dem Norweger Tom Andersen entwickelte Reflektierende Team. Ein Vorgehen, das sich sowohl in der Ausbildung als auch im beruflichen Alltag von Lehrern zur Entwicklungsberatung bewährt hat, zeigen die von David Ebert und Bernhard Sieland beschriebenen Kess-Gruppen. In der anschließend von Jörg Schlee dargestellten Kollegialen Beratung und Supervision (KoBeSu) geht es um die Veränderung von Subjektiven Theorien. Danach stellen Bernhard Sieland und Thorsten Tarnowski unter dem Stichwort „Wenn manche Lehrkräfte wüssten, was andere Lehrer wissen ..." das Funktionieren einer virtuellen Lerngemeinschaft vor, in die sich die Leser sofort nach der Lektüre einklinken können. Reinhold Miller setzt die Beiträge mit der Beschreibung einer ebenso einfachen wie wirksamen Methode fort, mit deren Hilfe Lehrer die Authentizität ihrer Kommunikation verbessern können. Harald Groenewold beschreibt dann die in den Niederlanden entwickelte Videointeraktionsbegleitung. Im Anschluss daran berichtet Jörg Schlee, wie sich durch die Rekonstruktion von Subjektiven Theorien Einsichten und Handlungssicherheit gewinnen lassen. Mit einem Erfahrungsbericht macht Gerhard Sennlaub Mut, in schwierigen Situationen für ungewöhnliche Lösungen geeignete Bündnispartner zu suchen. Schließlich berichten Rüdiger Urbanek und Jörg Schlee, wie sie gemeinsam mit anderen Lehrern Ideen zur Reduktion von Unterrichtsschwierigkeiten entwickelt haben. Last but not least zeigt Jörg Knoll in seinem abschließenden Beitrag Möglichkeiten auf, wie sich in Fortbildungsveranstaltungen durch Kollegiale Beratungen der Transfer in die Schulpraxis erhöhen lässt.

Alle beschriebenen Verfahren, Methoden und Erfahrungen können von Lehramtsanwärtern und Berufseinsteigern ebenso benutzt werden wie von Schulleitungen. Sie intendieren alle, das Schulklima in Richtung zu mehr Kollegialität und Reflexivität zu verändern. Es geht bei ihnen nicht um das Testen, Prüfen und Vergleichen, sondern sie verstehen sich als Investitionen in die Menschen und ihre Potentiale. Die vorgestellten Verfahren und Methoden sind machbar und nicht teuer. Lehrer und Schulleitungen müssen bei ihnen weder auf andere Personen noch auf weitere Instanzen warten, sondern können selbst die Initiative ergreifen, um pädagogisch-altruistische Motive mit dem eigenen Nutzen zu verbinden.

Aus vielfältigen Erfahrungen kennen wir die positive und konstruktive Dynamik, die sich aus der Durchführung dieser Verfahren ergibt. Der Elan und die Zuversicht steigen, die Kommunikation wird verbessert, Entscheidungen und die Entwicklung von Handlungsperspektiven werden einfacher. Wir haben bei Lehrern, Schulleitern, Fachleitern, Referendaren und Lehramtsstudenten sowie bei uns selbst erlebt, dass sich die Zeit und die Energie, die in die Realisierung kollegialer Unterstützung investiert werden, auf vielfache Weise auszahlen. Bei der kollegialen Unterstützungsarbeit geht es nicht um die Frage, ob sie jemand „nötig habe". Vielmehr geht es um eine kluge Ressourcenerschließung und -nutzung. Die hier beschriebenen Verfahren und Methoden fördern und sichern pädagogische Kompetenz und Professionalität. Allerdings unterscheiden sie sich in dem erforderlichen Zeitaufwand und in ihren konkreten Regeln und Formen. Daher möchten wir die Leser ermuntern, sich zunächst solchen Verfahren und Methoden zuzuwenden, die ihnen für ihre Belange und ihre Gegebenheiten als besonders geeignet erscheinen.

Abschließend möchten wir darauf hinweisen, dass mit „kollegial" das Beziehungsverhältnis der Personen in einer Unterstützungs-, Arbeits-, Beratungs- oder Supervisionsgruppe gemeint ist. Das bedeutet, dass deren Teilnehmer zwar aus derselben Schule kommen können, aber nicht müssen. Wer also glaubt, in seinem Kollegium keine geeigneten Ansprechpartner für ein entsprechendes Vorhaben finden zu können, soll sich nicht entmutigen lassen. Er kann seine Unterstützer und Berater nicht nur in anderen Schulen, sondern auch unter anderen Berufsgruppen finden.

Wir danken den Mitautoren für ihre Beiträge und wünschen, dass die Verfahren und Methoden durch die Leser viele praktische Erprobungen erfahren. Auch wenn es nicht gleich gelingt, eine Gruppe von Lehrkräften aus der eigenen Schule, von mehreren Schulen oder anderen Berufsgruppen aufzubauen, kann man auch mit einem Lernpartner oder einer Kleingruppe anfangen.

Wir danken Frau Conny Melzer für das Layout, die Formatierung und für das Korrekturlesen der Beiträge. Last but not least danken wir dem Lektor des Kohlhammer Verlages Herrn Dr. Klaus-Peter Burkarth für die stete und gute Begleitung.

Wolfgang Mutzeck
Jörg Schlee

Jörg Schlee

Warum kollegiale Unterstützung? Plädoyer für eine andere Schulkultur

Im Jahr 1995 legte die vom späteren Bundespräsidenten Johannes Rau einberufene Bildungskommission eine Denkschrift mit dem Titel „Zukunft der Bildung – Schule der Zukunft" vor. Aus der Einsicht, dass das Schulsystem grundlegender Verbesserungen bedürfe, entwickelte die Kommission umfassende Reformvorschläge. Die Schule sollte „ein Haus des Lernens" werden, in dem die Schüler nicht nur ihre Kenntnisse erweitern, sondern auch ihre Identität herausbilden können sollen. Das erfordere eine Lern- und Arbeitsatmosphäre der Offenheit und der gegenseitigen Rücksichtnahme.

Orientierung an einem erweiterten Lernverständnis ...

Die Kommission machte damit deutlich, dass sie sich die Arbeit in der künftigen Schule unter einem erheblich erweiterten Lernverständnis vorstellte. Neben der Wissensvermittlung sollten soziale Erfahrungen und persönliche Auseinandersetzungen ein Gewicht erhalten. Die Schule sollte ein Ort werden, an dem intensiv und mit Freude gearbeitet und gelernt wird. Lernen ist dann nicht mehr mit reiner Wissensspeicherung gleich zu setzen. Lernen verlangt dann auch ein Ausprobieren und schließt das Risiko von Irrtum und Fehlern ein. Diese erweisen sich in einem Klima des Vertrauens und des gegenseitigen Respekts als Anlass zu eigenständigen Überlegungen und persönlichen Erfahrungen. Entsprechend sollten sich Lehrer verstärkt als Lernberater und Lernhelfer verstehen. Im Haus des Lernens sollten Schüler unter neuen Lernformen Schlüsselqualifikationen erwerben und die Bereitschaft zu einem lebenslangen Lernen entwickeln können.

... fordert Veränderungen in der Lehrerbildung

Ohne entsprechend engagierte und qualifizierte Lehrer werden sich derartige Reformvorstellungen in Schulen nicht umsetzen lassen. Daher hat die Kultusministerkonferenz, um die Qualität schulischer Bildung zu sichern, für die Lehrerbildung bestimmte Anforderungen an künftige Lehrer aufgestellt. Hierzu gehören u.a. die Bereitschaft und die Fähigkeit „an der Gestaltung einer lernförderlichen Schulkultur und eines motivierenden Schulklimas" mitzuwirken.

... und in der Schulkultur

Auch wenn es glücklicherweise eine Reihe von Schulen gibt, die die Ansprüche an ein „Haus des Lernens" erfüllen oder ihnen doch zumindest recht nahe kommen, so muss man andererseits auch nüchtern konstatieren, dass sich z. Zt. für den überwiegenden Teil der deutschen Schulen diese Vorstellungen vom Lehren und Lernen als eine Vision erweisen. Hier ist nicht nur an die Resultate der internationalen Vergleichsuntersuchungen zu denken. Bedenkenswert ist auch die Tatsache, dass sich in vielen Schulen Lehrer wie Schüler in gegenseitiger Konkurrenz erleben. Nicht selten stehen sich Lehrer und Schüler in einer misstrauischen und abschätzigen Haltung gegenüber. Hierfür sind nach meiner Auffassung jedoch nicht in erster Linie die Lehrer und Schulleitungen verantwortlich zu machen. Die Einflüsse der gesellschaftlichen Rahmenbedingungen machen vor den Schultüren längst nicht mehr Halt. Ihre vielfachen Konflikte und Spannungen erschweren die schulische Arbeit in erheblichem Maße. Was noch vor zwei bis drei Generationen in der Schule unhinterfragt als Regel und Selbstverständlichkeit galt, ist längst in Frage gestellt worden bzw. muss als Arbeitsgrundlage immer wieder neu und mühsam ausgehandelt werden. Schule ist längst kein Hort der „Muße" mehr, was einmal ihre ursprüngliche Bedeutung war. Sie ist für alle Beteiligten der Ort vielfacher Belastungen geworden. Wenn die Gewalt unter Schülern steigt und wenn Schüler ihre Lehrer immer häufiger als ihre Gegner empfinden, dann spricht das nicht für eine Atmosphäre der Offenheit und des Vertrauens. Eine lernförderliche Schulkultur und das motivierende Schulklima erweisen sich in vielen Fällen als frommer Wunsch. Immer öfter wird erkennbar, dass für Schüler, Lehrer und Schulleitungen die Pausen und die Ferien in der Schule zum Schönsten werden.

Traurige Realität:

Schule als Ort vieler Belastungen

... und angespannter Lernatmosphäre

Nun gibt es Indizien, dass für diese Entwicklung nicht allein die gesellschaftlichen Rahmenbedingungen, sondern auch gerade jene Instanzen verantwortlich sein könnten, deren Aufgabe darin besteht, für ein erfolgreiches Gelingen schulischer Arbeit zu sorgen: Die Schulbehörden. Vor knapp 20 Jahren haben diese die Kollegien und Schulleitungen angeregt, sich durch so genannte Schulentwicklungsmaßnahmen als Einzelschulen „auf den Weg zu machen". Da hierbei offen blieb, zu welchem Ziel dieser Weg führen sollte, waren unter dem Stichwort „Schulentwicklung" nahezu alle Aktivitäten denkbar, die sich entweder als Personalentwicklung, als Organisationsentwicklung oder als Unterrichtsentwicklung verstehen ließen. Die in der entsprechenden Literatur angeführten Möglichkeiten und Methoden waren so vielfältig, dass sich der Eindruck von Beliebigkeit kaum vermeiden ließ. Viele Lehrer und Schulleitungen haben in diesem Zusammenhang erheblichen Elan aufgebracht und viel Zeit und Energie in unterschiedlichste Vorhaben investiert. Trotz ihres großen Engagements konnten sie durch ihre vielfältigen Schulentwicklungsvorhaben insgesamt in den Schulen jedoch keine reformerischen Veränderungen erreichen. Dies hatte zur Folge, dass von Seiten der Kultusbehörden in schneller Folge den Kollegien und Schulleitungen eine Reihe von Maßnahmen angeordnet wurde. Deren Befolgung wurde mit einem hohen moralischen Anspruch versehen. Wer im Zusammenhang mit Schulentwicklung Skepsis zeigte oder Bedenken äußerte, dem wurde als „ewig Gestriger" oder als „Betonkopf" Veränderungsunwilligkeit oder Widerstand attestiert. Viele Beratungen und Diskussionen in Schulen mündeten daher in gegenseitigen Vorwürfen. Ohne präzise beschreiben zu können, was

Schulentwicklungsmaßnahmen unter unklaren Zielvorstellungen

... münden in gegenseitige Vorwürfe

Schulentwicklung eigentlich ausmacht, was ihr eigentlicher Gegenstand ist und was sie grundsätzlich von einer guten Schulleitung unterscheidet, wurde sie zu einer sakrosankten Bewegung.

Ohne Zweifel sind unter dem Stichwort Schulentwicklung durchaus viele sinnvolle und pädagogisch ertragreiche Projekte durchgeführt worden. Andererseits ist nicht zu übersehen, dass der Energieaufwand und die Reibungsverluste oft ein sehr großes Ausmaß annahmen. Hierbei haben sich unseres Erachtens mehrere Dinge als verhängnisvoll erwiesen:

Theorielosigkeit
- Es gibt für Schulentwicklung keine konsistente Theorie. Damit sind die erwünschten Veränderungsprozesse schwer stimmig zu planen, logisch-systematisch durchzuführen und für die Entwicklung schulischer Konzeptionen und Reformen kaum nutzbringend auszuwerten.

... und nicht überprüfte Anforderungen
- Es wurden den Kollegien und Schulleitungen von Seiten der Kultusbehörden Maßnahmen und Schritte abverlangt, deren Sinn und Nutzen zuvor nicht empirisch nachgewiesen werden konnte. Es ist zu befürchten, dass sich der deshalb verständliche Zweifel an den Vorhaben auf die Lern- und Arbeitsatmosphäre in den Schulen nachteilig ausgewirkt hat.

So wurde beispielsweise in mehreren Bundesländern von den Kollegien und Schulleitungen erwartet, dass sie für ihre Schulen Programme, Profile und Leitbilder entwickeln. Es gibt meines Wissens jedoch keine empirischen Untersuchungen, in denen auf systematisch kontrollierte Weise zweifelsfrei nachgewiesen wurde, dass die Erarbeitung eines Schulprogramms, eines Schulprofils oder eines Leitbildes den Schulalltag so verändert, dass Lehrer und Schüler morgens mit mehr Freude in die Schule gehen und sie nachmittags mit verbessertem Lerngewinn und größerer Zufriedenheit verlassen. Würden Schulprogramm, Schulprofil und/oder Leitbild tatsächlich den Schülern das Lernen erleichtern und die Lehrer in ihrer pädagogischen Tätigkeit wirksamer werden lassen, dann hätte sich das unter Schülern, Lehrern und Eltern wie ein Lauffeuer herumgesprochen. Unter diesen Bedingungen hätten derartige Maßnahmen nicht von oben angeordnet werden müssen, sondern sie wären von den Kollegien und Schulleitungen im eigenen Interesse und in eigener Regie durchgeführt worden.

... führen zu unerwünschten (Neben-)Effekten

Nach der „Philosophie" von Schul- und Organisationsentwicklung gelten in den jeweiligen Einrichtungen die Personen vor Ort als die eigentlichen Experten. Ihnen werden Kompetenz und Erfahrung zugebilligt, Probleme, Schwierigkeiten oder gar Missstände in ihren Einrichtungen selbst erkennen zu können, wie sie andererseits in aller Regel auch die geeigneten Lösungsmaßnahmen am besten entwickeln können. Im Gegensatz zu dieser Philosophie wurde den Kollegien und Schulleitungen die Entwicklung von Leitbildern und Schulprofilen „von oben" angeordnet. Es ist nicht auszuschließen, dass dadurch eine Reihe von unerwünschten (Neben-)Effekten angestoßen wurde.

- Da für die Nützlichkeit von Leitbildern, Schulprogrammen und Schulprofilen weder theoretisch stimmige Begründungen noch empirische Nachweise vorlagen, wurde die Glaubwürdigkeit der Schul- und Kultusbehörden gefährdet. Zumal bei manchen weiteren Schulentwicklungsanordnungen sich der Verdacht, dass es sich dabei um verkappte Sparmaßnahmen handeln würde, nicht immer zweifelsfrei ausgeräumt werden konnte.

  Die Glaubwürdigkeit der Schulbehörden

- Das Fehlen von theoretisch gesicherten Begründungen und empirischer Nützlichkeitsbelege wurde durch einen hohen moralischen Anspruch ausgeglichen. Die Diskussion um Schulentwicklung konnte kaum noch sachlich nüchtern geführt werden, sondern mündete sehr schnell in gegenseitigen Vorwürfen und Beschuldigungen. Eine sorgfältige Lektüre der Schulentwicklungsliteratur zeigt, dass sie kaum theoretische Begründungen oder empirische Schlussfolgerungen enthält. Stattdessen finden sich dort überwiegend unbewiesene Thesen in metaphorischen Stimmungsbildern und viele offene sowie versteckte moralische Appelle.

  ... wird durch das Fehlen von Nützlichkeitsnachweisen gefährdet

- Da Leitbilder und Schulprofile jeweils schulspezifisch abzufassen waren, wurde in den Kollegien und Schulleitungen verhindert, sich auf das Gemeinsame und grundsätzlich Wesentliche pädagogischer Arbeit zu besinnen. Stattdessen mussten sich die Kollegien und Schulleitungen unterschiedlicher Schulen von einander abgrenzen und durch irgendwelche Besonderheiten profilieren. Das Engagement und die Kreativität der Kollegien richteten sich deshalb nicht in erster Line auf die Verbesserung der Unterrichtsqualität, sondern auf die Originalität und die Wirksamkeit der Außendarstellung.

  Außendarstellung und Imagepflege werden wichtiger als pädagogische Gemeinsamkeiten

- Auf diese Weise wurden die Schulen in eine gegenseitige Konkurrenzsituation gebracht, in der Präsentationen, Öffentlichkeitsarbeit und Imagepflege immer wichtiger wurden.

In dieser Situation hat sich möglicherweise weiterhin verhängnisvoll ausgewirkt, dass in einer weiteren „Anordnungswelle" Kollegien und Schulleitungen von den Schul- und Kultusbehörden aufgefordert wurden, ihre Schulen im Interesse einer Qualitätssicherung zu evaluieren. Denn auch dieses Ansinnen war vom Grundsatz her falsch angelegt. Qualität kann nur durch Investitionen erreicht und gesichert werden, nicht aber durch Kontrollen. Mit Hilfe von Kontrollen lässt sich nur prüfen, ob die Investitionen angemessen und ausreichend waren. Kontrollen stellen aber ihrerseits die Qualität nicht her. Man kann ein Schwein durch vieles Wiegen nicht fetter werden lassen. Es muss gefüttert werden. Mit anderen Worten: Es wurden Vorhaben als Qualitätssicherungsmaßnahmen ausgegeben, die gar keine waren.

Evaluation kann Qualität prüfen, aber nicht sichern

Umgekehrt darf man eigentlich nur dann von einer „Evaluation" sprechen, wenn man zuvor die zu überprüfenden Maßnahmen genau festgelegt und theoretisch begründet hat. Wenn man dann eindeutige Hypothesen aufstellt sowie entsprechende Versuchsanordnungen und Regeln beachtet, dann kann man durch empirische

Daten zu Erkenntnissen kommen, aus denen man dann wiederum Hinweise zur Gestaltung von schulischer Praxis ableiten kann. Wenn jedoch zu einem bestimmten Zeitpunkt einfach nur Daten erhoben werden, dann kann man diese zwar für Spekulationen heranziehen, nicht jedoch zur Entwicklung für begründbare Handlungsperspektiven. Das beste Beispiel hierfür sind die großen internationalen Vergleichsuntersuchungen. Sie zeigen nur, wie deutsche Schüler im Vergleich zu ihren Mitschülern anderer Länder abgeschnitten haben. Aus den Daten lassen sich jedoch weder deren Entstehungsgründe noch Maßnahmen zu ihrer Veränderung entnehmen. Daher ist es auch nicht richtig, Evaluationen als ein Steuerungsinstrument zu bezeichnen. Gesteuert wird über Maßnamen und Interventionen.

Evaluation ist kein Steuerungsinstrument

Ich bezweifele keineswegs, dass durch die Schulentwicklungsdebatte viele Lehrer und Schulleitungen „in Bewegung geraten" sind und sich zahlreiche Schulen „auf den Weg gemacht haben". Ich frage mich nur, ob sie dadurch dem „Haus des Lernens" mit einer durch Vertrauen und Offenheit geprägten lernförderlichen und motivierenden Schulkultur wirklich entscheidend näher gekommen sind. Könnte es nicht sein, dass das Entstehen einer ganz anderen Kultur gefördert worden ist? Es gibt nämlich Indizien dafür, dass durch die behördlichen Auflagen zu Vergleichsarbeiten, zentralen Tests, Leitbildentwicklung, Schulprogramm- und Profilentwicklung Schüler, Lehrer und Schulleitungen immer mehr in eine Situation gebracht wurden, in der die Selbstdarstellung und die Wirkung nach außen zum Gütemaßstab wurde. Sie bearbeiten ihre Aufgaben nicht (mehr) in Lernfreude, Vertrauen, Sinnerleben und aus eignem Interesse, sondern weil sie in der gegenseitigen Konkurrenz ein schlechtes Image befürchten.

„In Bewegung sein" garantiert keine Qualität

- Schüler versuchen, den Lehrern ihre Schwächen und Fehler zu verbergen. Sie möchten das Risiko schlechter Beurteilungen vermeiden.
- Lehrer verschweigen der Schulleitung Probleme mit Schülern und Eltern, weil sie nicht als inkompetent eingeschätzt werden möchten.
- Viele Lehrer haben Scheu, sich gegenseitig im Unterricht zu beobachten.
- Schulleitungen vermeiden, ihre Schwierigkeiten und Missgeschicke publik zu machen, weil sie befürchten als führungsschwach und überfordert zu gelten.
- Kollegien und Schulleitungen präsentieren das Schulprogramm auf Hochglanzpapier und im Internet. Sie finden hierfür wohlklingende Begriffe. Sie engagieren Graphiker und Webdesigner, die für eine ansprechende Darstellung sorgen. Sie preisen ihre Attraktivitäten, schmücken sich mit Besonderheiten und versuchen im Vergleich mit anderen Schulen einen guten Eindruck zu machen. Ob dabei Sein und Schein immer übereinstimmen?
- Auch bei den nationalen und internationalen Vergleichsuntersuchungen sind die ersten Stimmen zu hören, dass aus der Furcht

Es fehlen Offenheit und Vertrauen

vor Blamagen bei der Datenerhebung nicht immer alles korrekt verlaufen sei.
- Das Vorbild für alle bilden die Schul- und Bildungsbehörden. Ein eigenes Öffentlichkeitsreferat bemüht sich, durch eine günstige Selbstdarstellung eine positive Außenwirkung zu erreichen. Berichte über Mängel, Fehlentscheidungen und Vergeblichkeiten sind undenkbar. Alle Maßnahmen, mit denen die Ministerien die Leistungsfähigkeit von Schulen erhöhen möchten, beispielsweise eine Leitbild- und Profilentwicklung, Orientierung an Standards, Durchführung von zentralen Leistungsvergleichen, Veröffentlichung von internen und externen Evaluationsergebnissen oder die Begehung durch Inspektoren, wenden sie auf sich selbst nicht an.

Es ist für Schüler, Lehrer und Schulleitungen schwer, unter diesen Bedingungen in den Schulen eine Kultur der Offenheit und des Vertrauens zu entwickeln, in der dann die Lernfreude gedeihen kann. Die permanenten Vergleiche in einer Konkurrenzsituation und die mit moralischem Anstrich geführte Schulentwicklungsdiskussion erhöhen den Zwang zur Außendarstellung und fördern damit eine Kultur der gefilterten und berechnenden Kommunikation, des Verbergens und des Schönens. Das bedeutet, dass die jeweils zuständigen Personen und Instanzen auf der nächst höheren Ebene keine verlässlichen Informationen erhalten, auf deren Grundlage sich angemessene Entscheidungen treffen und sinnvolle Maßnahmen durchführen lassen. Lehrer können ihren Schülern nicht sach- und personengerecht helfen. Schulleiter können ihren Lehrern nicht beistehen. Schulbehörden konzipieren und verwalten an den Erfordernissen der Schulen vorbei, weil sie von deren Realität nur unvollständige Vorstellungen haben.

Organisatorische Rahmenbedingungen behindern offene Kommunikation

... und erschweren angemessenes Handeln

Ich fühle mich in diesen Befürchtungen dadurch bestätigt, dass bereits in mehreren Bundesländern so genannte Schulinspektionen eingerichtet worden sind. Sie sind nämlich ein Indiz dafür, dass in den Ministerien die Schulrealität nicht ausreichend bekannt ist. Denn wenn die Kommunikation in Schulen und von Schulen zu den Ministerien in einer offenen und vertrauensvollen Atmosphäre stattfinden würde, bräuchte eine derartige Einrichtung nicht geschaffen zu werden. Da dieses aber nicht der Fall ist, haben die Inspektionen den Auftrag, in regelmäßigen Zyklen in die Arbeit von Schulen Einsicht zu nehmen und anschließend ihre Beobachtungsergebnisse möglichst differenziert zurück zu melden. Für dann eventuell anfällige Beratungen oder für die Entwicklung von notwendigen Verbesserungsmaßnahmen, für die Bereitstellung erforderlicher Kompetenzen und Ressourcen sind die Inspektionen jedoch nicht zuständig. Mit diesen Aufgaben werden die Schulleitungen und Schulgremien allein gelassen.

Ambivalenz von Schulinspektionen

Einerseits haben nicht nur die oben erwähnte Bildungskommission, sondern auch viele anderen Instanzen und Personen deutschen Schulen einen Verbesserungsbedarf bescheinigt. Andererseits konnten die

Schulkultur in Eigeninitiative gestalten

von den Kultusbehörden angeordneten Schulentwicklungsmaßnahmen den verbessernden Ruck nicht ermöglichen. In dieser Situation bleibt den Schulleitungen und Kollegien nichts anderes übrig, als im eigenen Interesse und im Interesse der Schüler zur Eigeninitiative und Selbsthilfe zu greifen.

Es geht gewissermaßen um Initiativen aus Eigennutz. Es geht um das Bemühen, die für ein ‚Haus des Lernens' erforderliche Atmosphäre der Offenheit und des Vertrauens in kleinen Schritten entstehen zu lassen. Die im Zusammenhang von Schulvergleichen und kontrollierender Inspektion entstandene Kultur der geschäftigen Betriebsamkeit im Inneren sowie des geschönten Präsentierens nach außen gilt es langsam aufzuweichen. Und zwar zugunsten einer besseren Kommunikation in und zwischen den Gruppen als auch zugunsten eines erweiterten Lehr-Lernverständnisses. Lehrer wie Schüler sind untereinander wie miteinander in den Austausch zu bringen. Denn für die Entwicklung und Sicherung von Kompetenz und Professionalität ist der kollegiale Austausch eine zentrale Voraussetzung. Die in gegenseitigem Respekt durchgeführten Auseinandersetzungen ermöglichen das Erlernen sozialer Fertigkeiten und Fähigkeiten sowie die Entwicklung von Sinn und Bedeutung. In einem reflexiven Klima können Schüler wie Lehrer lernen, dass sich Wertschätzung und Anteilnahme einerseits sowie Anforderungen und Konfrontationen andererseits nicht gegenseitig ausschließen, sondern in Lern- und Arbeitssituationen sehr gut miteinander vertragen. Die bei Lehrern und Schülern durch die offene wie latente Konkurrenzsituation entstandene vorsichtig-misstrauische Haltung muss durch geeignete Maßnahmen zugunsten von Vertrauen und Kooperationsbereitschaft überwunden werden.

Dargestellte Methoden fördern Vertrauen und erweitertes Lernverständnis

Hierfür zeigen die Autorinnen und Autoren dieses Buches in ihren Beiträgen zahlreiche Möglichkeiten auf. Alle in diesem Buch beschriebenen Verfahren und Methoden sind in der Praxis erprobt worden und haben sich dort bewährt. Sie führen zu einem Doppeleffekt: Sie ermöglichen einerseits sachliche Klärungen und Lösungsperspektiven. Und sie fördern andererseits unter den beteiligten Personen Empathie und Vertrauen. Für Schulleitungen und Kollegien erweisen sie sich zweifachem Sinne nützlich. Sie können die Verfahren und Methoden sowohl für sich selbst anwenden. Sie können etliche von ihnen aber auch – entweder in Gänze oder zu Teilen – in der Arbeit mit den Schülern einsetzen. In beiden Fällen können sie damit den Geist im Haus des Lernens positiv beeinflussen.

Jörg Schlee

Regeln und Prinzipien für kollegiale Unterstützungsgruppen

Prinzipiell wird kollegiale Unterstützung im schulischen Alltag in unterschiedlicher Form zu vielen Gelegenheiten möglich. Soll sie jedoch unabhängig von mehr oder weniger zufälligen Bedingungen als verlässliche Ressource zur Verfügung stehen, so empfiehlt sich ihre Institutionalisierung. Dies wird auf einem ganz einfachen Organisationsniveau durch die Einrichtung einer kollegialen Unterstützungsgruppe möglich.

Die Idee einer Unterstützungsgruppe ist im Grunde ganz simpel: Mehrere Personen schließen sich zu einer Gruppe zusammen, um sich gegenseitig beizustehen und Hilfe zur Selbsthilfe zu geben. Dabei haben sie sowohl im Thematischen als auch im Methodischen viele Möglichkeiten. Allerdings hat die Erfahrung gezeigt, dass die Beachtung einiger Regeln und Prinzipien günstig ist. Wenn diese beherzigt werden, kann die Gruppe als Kraftquelle und Unterstützung sehr wirksam werden und das Risiko, gemeinsam in eine Kaffeekränzchen- oder Stammtischmentalität abzurutschen, ist von vornherein gebannt.

Einfache (Selbst-)Hilfe:

Unterstützungsgruppen als Kraftquelle

Seit mehr als 20 Jahren habe ich innerhalb der Lehrer(fort)bildung unzählige kollegiale Unterstützungsgruppen angeregt und eingerichtet (Schlee 1990). Die Beobachtungen und Erfahrungen in diesen Gruppen sprechen dafür, dass für den Erfolg einer kollegialen Unterstützungsgruppe folgende Punkte von Bedeutung sind:

- Die Gruppe sollte nicht zu groß sein. Dafür sprechen zunächst ganz pragmatische Gründe. Die Verabredung gemeinsamer Termine wird mit jeder hinzukommenden Person schwieriger. In einer kleineren Gruppe können die Teilnehmer sich intensiver und häufiger mit ihren Anliegen einbringen. Die Entwicklung von Vertrauen und Verbindlichkeit wird in einer kleineren Gruppe leichter und schneller möglich. Viele Gruppenmitglieder berichten, dass sie 4 Personen für eine günstige Gruppengröße halten. Einerseits sei die Unterschiedlichkeit unter den Teilnehmern groß genug, andererseits führe der organisatorische Aufwand nicht zu Problemen.
- Die Mitglieder, aus denen sich die Gruppen zusammensetzen, können – müssen aber nicht – aus einem Kollegium stammen. Mit „kollegial" soll das Beziehungsverhältnis unter den Teilnehmern beschrieben werden. Es gibt zwischen ihnen – zumindest

Beachtenswerte Gesichtspunkte

bei den Gruppentreffen – keine hierarchischen Unterschiede. Alle haben die gleichen Chancen, Möglichkeiten und Verpflichtungen. Ich habe Gruppen in ganz unterschiedlichen Zusammensetzungen kennen gelernt. Etliche Gruppen setzen sich nicht nur aus Lehrern zusammen, sondern haben auch Mitglieder, die aus anderen Berufen stammen. In den meisten mir bekannten Gruppen haben sich Frauen und Männer zusammengefunden. Ich kenne aber auch reine Frauen- und Männergruppen.

Rotierende Aufgabenverteilung

- Damit eine kollegiale Unterstützungsgruppe funktionieren und ihren Zweck erfüllen kann, muss jedes Gruppenmitglied Aufgaben und Verantwortung übernehmen. Dabei hat es sich als ausgesprochen günstig erwiesen, wenn die Aufgaben nach einem Rotationsprinzip immer wieder neu unter den Teilnehmern verteilt werden. Auf diese Weise – das bestätigen die Gruppenmitglieder – können sich keine Abhängigkeiten und komplementären Beziehungen unter ihnen entwickeln. Viele Gruppenmitglieder berichten, dass sie durch das Rotationsprinzip auch angeregt wurden, sowohl das Gruppengeschehen als auch die anderen Teilnehmer immer wieder unter einem anderen Blickwinkel wahrzunehmen. Dies hätte ihnen geholfen, ein größeres Verständnis für die Personen sowie für die Kommunikationsabläufe zu entwickeln.

Gruppen brauchen Leitung bzw. Moderation

- Zu den wichtigsten Aufgaben gehört die Leitung bzw. die Moderation einer Gruppe. Die mir bekannten kollegialen Unterstützungsgruppen haben diese Funktion einer „Chairperson" als Aufgabe zugedacht. Mit dieser Bezeichnung haben sie sich nicht nur an der Begrifflichkeit von Ruth Cohn (1972) orientiert, sondern auch an dem Geist der von ihr entwickelten Themenzentrierten Interaktion. Die Chairwoman bzw. der Chairman verstehen sich somit nicht als selbstherrlicher Chef bzw. als selbstherrliche Chefin, sondern sie moderieren das jeweilige Gruppentreffen und bemühen sich dabei um ein konsensuales Vorgehen.

Sorge für günstige Rahmenbedingungen

- Eine weitere wichtige Aufgabe besteht darin, bei einem Gruppentreffen für günstige äußere Rahmenbedingungen zu sorgen. Das Gruppenmitglied, das diese Aufgabe zu übernehmen hat, ist der so genannte Gastgeber. Denn die meisten mir bekannten Unterstützungsgruppen treffen sich reihum in den Privatwohnungen der Mitglieder. Der Gastgeber achtet darauf, dass die Gruppe ungestört arbeiten kann. Er begrüßt die anderen Mitglieder freundlich, so dass diese sich willkommen fühlen. Er kann auch für Getränke und eventuell für einen kleinen Imbiss sorgen. Doch sollten gemeinsames Essen und Trinken nicht im Mittelpunkt der Arbeit einer Unterstützungsgruppe stehen.
- In vielen Gruppen hat sich die Regel bewährt, dass der Gastgeber bei der jeweils nächsten Sitzung die Aufgabe der Chairperson übernimmt. Auf diese Weise ist immer gesichert, dass die Gruppe eine Leitung bzw. Moderation hat. Sollte der Gastgeber aus irgendwelchen Gründen verhindert sein, die Chairmanaufgabe zu übernehmen, so ist er dafür verantwortlich, dass ein anderes Gruppenmitglied für ihn einspringt.

- Die Gruppe kann noch weitere Aufgaben verteilen. Beispielsweise kann sie einen Zeitwächter bestimmen. Dieser erinnert die anderen Gruppenmitglieder daran, verabredete Zeiten einzuhalten. Der Zeitwächter versteht sich nicht als Drängler, sondern als verständnisvoller Mahner. Der sorgsame Umgang mit der (Lebens-) Zeit liegt nämlich im Interesse aller Gruppenmitglieder. *(Sorgsamer Umgang mit der Zeit)*
- Eine andere Aufgabe kann die Verwaltung eines *Fragen- und Problemspeichers* sein. Alle Themen, die bei einem Treffen aus Zeit- oder anderen Gründen nicht behandelt werden können, kommen in diesen Speicher. Das Gruppenmitglied, das diesen Speicher verwaltet, sorgt dafür, dass die Themen zu einem späteren Zeitpunkt wieder auf die Tagesordnung kommen, sodass nichts unter den Teppich gekehrt werden kann.
- Wie alle mir bekannten Gruppen bestätigen, ist es günstig, jedem Treffen eine klare Tagesordnung zu geben. Hierbei haben sich bestimmte Vorgehensweisen bewährt, die in den meisten Gruppen zu festen Ritualen geworden sind. Hierzu zählen beispielsweise das Eingangs- und das Abschlussblitzlicht. Mit diesen Blitzlichtern wird in den Gruppen Selbstkundgabe im Sinne von Schulz von Thun et al. (2000) betrieben. Selbstkundgabe hat sowohl für die inhaltlichen Klärungen in einer Unterstützungsgruppe als auch für die Festigung der persönlichen Beziehungen unter den Gruppenmitgliedern eine große Bedeutung. *(Blitzlichter zur Förderung von Selbstkundgabe)*
- Ebenfalls bestätigen alle mir bekannten Unterstützungsgruppen, dass es günstig ist, für die Treffen feste Termine zu vereinbaren. Dabei hat sich gezeigt, dass in der Anfangszeit die Fristen zwischen den Treffen nicht zu lang sein sollten. Viele Gruppen trafen sich alle 3–4 Wochen. Wenn die Gruppen ‚älter' geworden sind, reichen 4–6 Wochen. Ferner hat es sich bewährt, das Treffen nicht für den Fall platzen zu lassen, dass *ein* Gruppenmitglied verhindert ist. Für die Wirksamkeit der Gruppe spielen nämlich Kontinuität und Beständigkeit eine wichtige Rolle.
- Für die Gestaltung der inhaltlichen Arbeit gibt es nun sehr viele Möglichkeiten. Die meisten Beiträge in diesem Buch verstehen sich in diesem Zusammenhang als Anregung und Angebot. Darüber hinaus sind viele Gesprächs- und Diskussionsformen denkbar. Alle Gruppenmitglieder, die ich in diesem Zusammenhang gesprochen habe, betonen, wie wichtig ihnen ein respektvolles und wertschätzendes Kommunikationsklima ist. Hierbei kommt dem verständnisvollen und achtsamen Zuhören eine ganz besondere Bedeutung zu. Die Orientierung an den Hilfsregeln der Themenzentrierten Interaktion von Ruth Cohn erwies sich immer als sehr nützlich. *(Orientierung an der Themenzentrierten Interaktion)*
- Da sich bislang gezeigt hat, dass sich innerhalb der kollegialen Unterstützungsgruppen recht schnell ein vertrauensvolles Klima entwickelt, möchte ich als letzten Hinweis die Vorgehensweise einiger Gruppen erwähnen, die ich für sehr klug halte. Die Mitglieder verabreden ihre Gruppenexistenz jeweils für eine bestimmte Frist, beispielsweise bis zum Jahresende oder bis zu den nächsten Sommerferien. Wenn dieser Termin gekommen

Kündigungstermin als Option

ist, erfolgt eine automatische Kündigung. Allerdings mit der Möglichkeit zu einer weiteren Verlängerung. Diese Regelung erlaubt einzelnen Mitgliedern das Verlassen einer Gruppe, ohne dass es dadurch zu Enttäuschungen oder ungewollten Irritationen kommen muss.

Die Einrichtung einer kollegialen Unterstützungsgruppe darf nicht als ein resignativer Rückzug ins Private missverstanden werden. Das Gegenteil ist der Fall. Die Unterstützungsgruppe erweist sich für ihre Mitglieder als Ressource und Kraftquelle, durch die sie ihren beruflichen Alltag mit größerer Klarheit, mit größerem Elan sowie in größerer Zuversicht bewältigen können. Dies will ich abschließend mit einigen Überlegungen verdeutlichen.

Resignation durch geringe Selbstwirksamkeit

Ein einzelner Lehrer hat in einem größeren Kollegium nur geringe Einflussmöglichkeiten. Als Einzelperson wird er nur sehr selten oder gar nicht das Erlebnis haben, in seiner Schule wesentliche Veränderungen bewirken zu können. Statt dessen wird es eher so sein, dass er sich von vielen Vorgaben und Strukturen eingeengt, vielleicht sogar fremdbestimmt fühlt (Abb. 1). Alltagsbeobachtungen sowie die Befunde der auf Paul Seligmann (1979) zurückgehenden Hilflosigkeitsforschung (Brunnstein 1988) zeigen, dass Personen zu Resignation und Rückzug neigen, wenn sie erfahren, dass sie mit ihren Handlungsmöglichkeiten keine Wirkungen erzielen können.

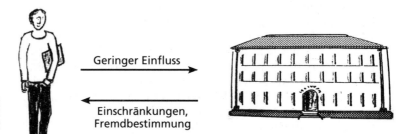

Abb. 1: Als Einzelpersonen stehen Lehrer aufgrund geringer Selbstwirksamkeit in dem Risiko zu resignieren.

Ganz anders sieht es aus, wenn sich eine einzelne Lehrerin um Einfluss und Mitgestaltung in einer kleinen Gruppe bemüht (Abb. 2). In einem kleinen Personenkreis kann sie sich Gehör verschaffen. Ihre Ideen und Initiativen können von den Teilnehmerinnen der Kleingruppe aufgegriffen und erörtert werden. Unter diesen Bedingungen lohnen sich ihr Einsatz und ihre Aktivität. Dadurch kann sie ihr Denken und Handeln als sinnvoll erleben. Durch Einfühlungsvermögen und vertrauensvolle Auseinandersetzungen kann sie emotionale Unterstützung (Schröder & Schmitt 1988), Klärungshilfe und Solidarität erfahren. Dabei zeigen die Berichte aus den mir bekannten Unterstützungsgruppen, dass ihre Mitglieder überhaupt kein Interesse haben, nur „lieb und nett" zueinander zu sein oder jammernde ‚Lehrerfolklore' (Grell) zu betreiben. Wenn die Gruppenmitglieder authentisch kommunizieren, dann vertragen sich Empathie, Vertrauen und Wertschätzung mit kritischen Konfrontationen. Wenn man Fragen auf den Grund gehen und tragfähige Lösungen finden möchte, dann darf man nicht um den Brei herumreden. Entsprechende Konsequenz und Ernsthaftigkeit werden übereinstimmend nicht als verletzende Bedrängung, sondern als Interesse an der eigenen Person erlebt. Insgesamt berichten alle Gruppenmitglieder von einer Stärkung und Ermutigung durch die erlebte Solidarität.

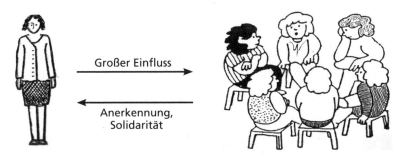

Abb. 2: In einer Kleingruppe kann eine Lehrerin sich als wirksam erleben und Anerkennung ihrer Person erfahren.

Wenn sich nun innerhalb eines Kollegiums die Mitglieder einer Gruppe für bestimmte Themen gemeinsam einsetzen, dann haben sie erheblich größere Chancen, sich als wirksam zu erleben (Abb. 3). Auch dann, wenn sie keine gemeinsamen Initiativen verfolgen, kann jedes Gruppenmitglied als Einzelperson in seinem jeweiligen Handlungsfeld mit größerer Standfestigkeit handeln. Denn einerseits konnte es Fragen, Schwierigkeiten und Probleme in der Gruppe durchsprechen sowie unter vielen Aspekten bedenken, so dass es gute Möglichkeiten zur Entwicklung geklärter Überzeugungen hatte. Andererseits kann das einzelne Gruppenmitglied bei unangenehmen Erlebnissen immer darauf vertrauen, dass es in seiner Unterstützungsgruppe auf Anteil nehmende Zuhörer trifft. Die bisherigen Erfahrungen zeigen, dass mit diesem Hintergrund die Bereitschaft zum Mitdenken und aktiven Handeln steigt.

Größerer Einfluss in und durch Gruppen

Abb. 3: Durch die Mitgliedschaft in einer kollegialen Unterstützungsgruppe werden bei einem Lehrer die Bereitschaft und die Fähigkeit zu eigenverantwortlichem und kooperativem Handeln gestärkt.

Für die Nützlichkeit und die Wirksamkeit einer kollegialen Unterstützungsgruppe spricht meines Erachtens die Tatsache, dass die mir bekannten Gruppen eine erstaunlich lange Lebensdauer haben. Da-

Günstige (Energie-)Bilanz durch Unterstützungsgruppen

bei haben sich viele Mitglieder vor der Gruppenzusammensetzung nicht gekannt, sondern bildeten ihre Gruppe erst bei Fortbildungsveranstaltungen nach meist pragmatischen Gesichtspunkten. Insgesamt zeigen die bisherigen Beobachtungen und Rückmeldungen, dass es sich bei kollegialen Unterstützungsgruppen – bei Beachtung der oben genannten Hinweise – um eine interessante Organisationsform handelt: Die Mitglieder erhalten aus ihr mehr an Stärkung, Perspektiven und Zuversicht als sie an Energie in sie hinein geben.

Literatur

Brunnstein, J.C. (1988): Gelernte Hilflosigkeit: Ein Modell für die Bewältigungsforschung? In: L. Brüderl (Hrsg.): Theorien und Methoden der Bewältigungsforschung. Weinheim, 115–128.

Cohn, R. (1975): Von der Psychoanalyse zur Themenzentrierten Interaktion. Stuttgart.

Schröder, A. & Schmitt, B. (1988): Soziale Unterstützung. In: Theorien und Methoden der Bewältigungsforschung. Weinheim, 149–159.

Schlee, J. (1990): Kollegiale Unterstützungsgruppen. In: U. Bleidick & H. Friis (Hrsg.): Gesellschaft, Leistung, Behinderung. Zeitschrift für Heilpädagogik, Beiheft 17, 152–157.

Schulz von Thun, F., Ruppel, J. & Stratmann, R. (2000): Miteinander reden: Kommunikationspsychologie für Führungskräfte. Reinbek.

Seligman, P. (1979): Erlernte Hilflosigkeit. München.

Eva-Maria Schmidt und Diethelm Wahl

Kommunikative Praxisbewältigung in Gruppen (KOPING)

Kommunikative Praxisbewältigung *in* Gruppen, kurz KOPING genannt, ist ein Verfahren, das zur Modifikation des Handelns pädagogischer Experten (Lehrern, Hochschullehrern, Erwachsenenbildnern) entwickelt wurde und speziell dazu bestimmt ist, den Transfer neuen Wissens in die je individuelle Praxis einzuleiten und zu sichern (Wahl 1991; Wahl et al. 1995; Wahl 2006). Die Anlehnung an das englische „Coping" (= „Bewältigen") ist bewusst hergestellt. Bewältigt werden sollen die Schwierigkeiten, die bei der Umsetzung neuer Erkenntnisse und neuer Methoden in das professionelle Handeln entstehen, und zwar in gegenseitigem Austausch und in der Organisationsform eines kleinen Netzwerkes, bestehend aus Kleingruppen und so genannten Praxis-Tandems (Wahl 1991; 2006). Mit dieser Organisationsform unterscheidet sich KOPING von den meisten anderen Konzepten kollegialer Praxisberatung.

Ein Konzept zur Bewältigung von Schwierigkeiten

Kommunikative Praxisbewältigung in Gruppen (KOPING) findet in zwei Zusammenhängen statt. Erstens sind KOPING-Gruppen und Praxis-Tandems *Teile einer umfassenderen Lernumgebung*. Sie sind Elemente, die den Transferprozess maßgeblich unterstützen. Zweitens ist KOPING *eine für sich selbst stehende Form der kollegialen Praxisberatung*. Im letzteren Falle ist KOPING, ähnlich wie die Verfahren von Schlee, Mutzeck, Humpert & Dann, Nold, Rotering-Steinberg usw., ohne eine umfassende Lernumgebung wirksam. Bei beiden Formen greifen Gruppenarbeit und Tandemarbeit – und das ist das ganz Spezielle an diesem Konzept – auf eine wohldefinierte Weise ineinander, die später noch genauer geschildert wird.

Das KOPING-Konzept beruht auf langjähriger handlungspsychologischer Forschung und trägt den wissenschaftlichen Erkenntnissen über den „weiten Weg vom Wissen zum Handeln" Rechnung (Wahl 1991). Danach hat neues Wissen nur dann eine Chance, verhaltenswirksam zu werden und bisherige Routinen zu ersetzen, wenn es in Verbindung mit den zu bewältigenden Handlungssituationen gebracht und mit diesen so „verbacken" bzw. „gebündelt" wird, dass es auch in Interaktionen, die unter Zeitdruck ablaufen, schnell einsetzbar ist. Das bedeutet im Einzelnen: Erkennen problematischen oder verbesserungswürdigen Verhaltens, Außerkraftsetzen der bisherigen, oft nur teilbewusst ablaufenden Handlungsgewohnheiten, Erarbeiten von Lösungen, Entwickeln konkreter Alternativen, Erproben neuer Verhaltensweisen in Simulationen bis hin zur

... auf der Grundlage handlungspsychologischer Forschung

Für Verhaltensänderungen

Realsituation, Reflexion der Erfahrungen und gegebenenfalls Modifikation der gefundenen Lösungen, weiteres Erproben bis hin zum Verdichten in gebrauchsfertige neue Handlungsweisen. Wie die Erfahrung zeigt, ist der bzw. die Einzelne mit diesen Aufgaben in der Regel überfordert. Das beginnt schon mit der Notwendigkeit, veränderungswürdiges Verhalten bei sich selbst zu erkennen, denn häufig fehlt die Distanz zum eigenen Handlungsproblem. Doch selbst wenn dies gelingt und Lösungsmöglichkeiten entwickelt wurden, bauen sich je nach persönlicher Disposition bzw. konkreten Arbeitsbedingungen weitere Hürden auf: Die Ungewissheit über die Reaktion der Interaktionspartner (Teilnehmende, Kollegen, Vorgesetzte) auf neue Verhaltensweisen und die Angst vor möglicherweise negativen Erfahrungen können Veränderungsinitiativen lähmen. Oder Zeit- und Stoffdruck scheinen unüberwindbar zu sein und „Experimente" nicht zu erlauben. So kommt es oft gar nicht zur Erprobung von Neuem, oder zaghafte Versuche werden nach anfänglichen Schwierigkeiten wieder aufgegeben (vgl. Mutzeck 1988; 2005). Der Weg vom Wissen zum Handeln ist also nicht nur lang, sondern auch mit vielen Hindernissen und Unwägbarkeiten „gepflastert".

... ein kollegiales Stütznetzwerk erstellen

Die Lösung, mit der „Kommunikativen Praxisbewältigung in Gruppen" (KOPING) ein kollegiales Stütznetzwerk bereitzustellen, in dem Veränderungswillige Hilfe suchen und finden können, hat sich in den letzten zwanzig Jahren der Anwendung nicht nur als höchst effektiv, sondern auch als ausgesprochen ökonomisch herausgestellt (Wahl 2006; Schmidt 2001; 2005). Diese positive Wirkung ist mit dem Social-Support-Ansatz zu erklären, der besagt, dass Belastungen und Stresssituationen dann besser bewältigt werden, wenn eine Person „in ein Netzwerk gut funktionierender sozialer Beziehungen integriert ist, emotionalen Austausch erfährt und sich potentieller Hilfeleistung sicher ist" (Franz 1985, 80f.). Zwar verfügen pädagogische Experten in der Regel über mehr oder weniger funktionierende soziale Netze (Familie, Freundeskreise etc.), für ihre beruflichen Anliegen und Probleme finden sie dort jedoch meist wenig Interesse oder gar kompetente Unterstützung. Außerdem haben amerikanische Studien ergeben, dass die Hilfe von Kollegen (und Vorgesetzten) bei Burnout oder der Bewältigung neuer beruflicher Aufgaben viel effektiver ist als etwa die des Lebenspartners oder anderer Familienmitglieder (Constable & Russel 1986; LaRocco & Jones 1978).

Gute Beziehungen als Voraussetzungen

Wie nun muss so ein (kollegiales) Stütznetzwerk beschaffen sein? Im Rahmen der Social Support Forschung werden ganz allgemein folgende Kriterien genannt: Es sollte sich um ein relativ überschaubares System mit dichten, direkten Beziehungen handeln, die sich durch Intensität und Vielartigkeit auszeichnen und über einen längeren Zeitraum bestehen. Das Individuum muss die Möglichkeit haben, leicht und unkompliziert mit seinen Ansprechpartnern Kontakt aufzunehmen. Von Vorteil ist es, wenn innerhalb eines solchen Netzes Geben und Nehmen in ausgeglichenem Maße stattfinden, die Leistungen also nicht einseitig sind.

Die Organisation von KOPING entspricht diesen Kriterien: Kleingruppen und in sie eingebettete Tandems bzw. Tridems bilden zusammen ein differenziertes Netzwerk von unterschiedlich dichten und intensiven Beziehungsmöglichkeiten. Sie sind (in der Regel) regional begrenzt und überschaubar genug, damit jeder mit jedem unmittelbar Kontakt haben kann. Die Dauer der Zusammenarbeit ist mindestens auf mehrere Monate angelegt bzw. erstreckt sich über den gesamten Aus- und Fortbildungszeitraum, z.B. über eineinhalb Jahre. Ein bestimmtes Maß an Kontakten ist verpflichtend. Auch die Inhalte der Treffen sind zwar nicht im Detail, so doch eindeutig vorgegeben: Es geht um spezifische gegenseitige Unterstützung bei der Optimierung beruflichen Handelns. Da dies alle Mitglieder betrifft, sollten Geben und Nehmen in etwa gleich verteilt sein.

Tandems und Tridems bilden ein differenziertes Netzwerk

Die Arbeitsweisen von Kleingruppen und Tandems sind in den beiden Anwendungsgebieten etwas unterschiedlich und sollen im Folgenden detailliert vorgestellt werden.

1 KOPING als kollegiale Praxisberatung

Wie oben schon erwähnt, finden sich bei dieser Form der Kommunikativen Praxisbewältigung in Gruppen (KOPING) die Teilnehmenden freiwillig zusammen. Ihnen geht es in der Regel um die Veränderung und Verbesserung ihres Interaktionshandelns. Problembewusstsein, manchmal auch Leidensdruck ist bei ihnen in der Regel vorhanden. Alle vier bis sechs Wochen treffen sie sich in der Kleingruppe, bestehend aus fünf bis sieben Mitgliedern. Dauer der Treffen: zwischen zwei und vier Stunden. Jeweils zwei, manchmal auch drei Teilnehmende der Kleingruppe bilden ein Tandem (bzw. Tridem). Sie kommen im Abstand von etwa zwei Wochen zusammen.

Freiwillige Teilnahme bei regelmäßigen Treffen

Wie bei anderen Verfahren der kollegialen Praxisberatung gibt es für das KOPING-Konzept eine Struktur für die Kommunikation. Für die Einhaltung dieser Struktur ist jeweils eine Person verantwortlich, Moderatorin oder Moderator genannt. Diese Person leitet die Sitzung. Wichtig ist, dass jede KOPING-Sitzung von einer anderen Person geleitet wird. Die Rollen wechseln also systematisch. Wir haben sehr schlechte Erfahrungen damit gemacht, dass immer die gleiche Person die Moderation leitet. Dies wirkt der Symmetrie in der Gruppe entgegen und bringt diese aus der Balance. Die zweite Rolle ist die der Gastgeberin oder des Gastgebers. Diese Person sorgt für den Ort, an dem sich die KOPING-Gruppe trifft. Sie ist auch für Getränke und Mahlzeiten verantwortlich, falls die Gruppe diese Dinge vorsieht. Auch diese Rolle wechselt der Rollenbalance wegen in jeder Sitzung. Manche Gruppen sehen noch eine dritte Rolle vor, jene des „Zeitwächters". Diese Person achtet darauf, dass die Gruppe die selbst erstellte Agenda zeitlich einhält. Ansonsten sind alle Gruppenmitglieder gleichermaßen für die Einhaltung der Problemlösestrategie verantwortlich, können sich also jederzeit und an allen

Symmetrie durch systematischen Rollenwechsel

Stellen in den Beratungsprozess einschalten. Die moderierende Person trägt Sorge dafür, dass der Beratungsprozess insgesamt eine klare Struktur behält. Dieser umfasst die folgenden Schritte (vgl. hierzu auch Wahl 1991, 196ff.), in die alle Gruppenmitglieder eingeführt und eingeübt sind:

Tab. 1: Methodisches Vorgehen bei der kommunikativen Praxisbewältigung in Gruppen (KOPING)

In der KOPING – Gruppe	Im Praxis – Tandem
0. Einführung a) Blitzlicht: Anliegen thematisieren b) Agenda aktuell erstellen	
1. Problemauswahl a) Erste Problemskizzen: „Woran möchte ich arbeiten?" b) Probleme ordnen: „Welche sind in der Gruppe bzw. im Tandem und welche sind nicht durch KOPING zu bearbeiten?" c) Reihenfolge der Bearbeitung festlegen: „Wer beginnt?"	
2. Rekonstruktion a) Beschreibung des Problems: personenzentriert zuhören, präzisierend nachfragen b) Wechsel zur Perspektive der Gruppe: „Was löst die schwierige Situation in mir aus?" c) Wechsel zur Perspektive des Kontrahenten: „Ich (Kontrahent) verhalte mich so, weil …" d) *Diagnoseaufträge für die Tandem – Arbeit zur Rekonstruktion der Außensichtperspektive und Innensichtperspektive*	
	3. Diagnostizieren a) Befragen mit dem Strukturiertem Dialog: „Was lief innerlich in dir ab?" b) Beobachten mit MFB, BIRS usw. c) Triangulieren (wenn möglich)
4. Problemlösen a) *Diagnose-Ergebnisse berichten* b) Zusammenhänge erkennen (Bilden von Hypothesen) c) Zukunftsbild beschreiben (Zielsetzung) d) Lösungssuche e) Lösungsauswahl f) *Realisierungsaufträge für die Tandem-Arbeit*	

In der KOPING – Gruppe	Im Praxis – Tandem
	5. Handeln in Gang bringen a) Klare Vorstellung vom neuen Handeln schaffen b) Handeln planen und simulieren c) Umsetzung flankieren mit Vorsatzbildung, innerem Sprechen usw. d) Lösung erproben e) Effekte erfassen durch Befragung und Beobachtung f) Ergebnisse der Erprobung diskutieren
6. Evaluation a) Umsetzungsergebnisse berichten b) Bearbeitung weiterführen oder abschließen	

Tab. 1: Methodisches Vorgehen bei der kommunikativen Praxisbewältigung in Gruppen (KOPING)

0. Einführung (Gruppe)

Die Sitzung beginnt mit einem Blitzlicht. Dabei sagt jede Person, welche Themen aus ihrer Sicht heute besprochen werden sollen. Danach wird unter Leitung der moderierenden Person das Sitzungsprogramm (Agenda) zusammengestellt. Dieses wird z.B. in Form von Karten an einer Pinnwand visualisiert (Moderationstechnik). Wenn eine Problembearbeitung ansteht, dann erfolgt diese in sechs Schritten.

Erstellung einer Agenda

1. Problemauswahl (Gruppe)

Jede in der KOPING-Gruppe mitarbeitende Person legt einen einzigartigen Lernprozess zurück. Sie arbeitet an einer ganz speziellen Veränderung ihres eigenen Handelns. Folglich gibt es so viele verschiedene Lernwege, wie Personen in einer Gruppe sind. Dennoch gibt es auch verbindende Elemente. Erstens benötigen alle Personen, so unterschiedlich ihre inhaltlichen Schwerpunkte auch sein mögen, Gruppe und Tandem als soziale Unterstützung, um zu ihrem Ziel zu gelangen. Zweitens befinden sich alle Personen in einem Modifikationsprozess, wollen also bisherige Handlungsweisen bearbeitbar machen, Lösungen für ihre Probleme entwickeln und neues Handeln in Gang bringen. Einzigartigkeit und Verschiedenheit sind im KOPING-Konzept keine Widersprüche, sondern vorzüglich miteinander vereinbar. Dies zeigt sich schon im ersten Schritt, der Problemauswahl. Hier geht es darum, für sich selbst zu definieren, welches der persönliche Schwerpunkt des Lernprozesses sein soll. Dies geschieht in den Teilschritten a, b und c.

Trotz einzigartiger Persönlichkeiten

... gibt es gemeinsame Elemente

a) Erste Problemskizzen: „Woran möchte ich arbeiten?"

Entscheidung für sein persönliches Problemthema

Reihum erläutert jede Person, an welchem Problem sie arbeiten möchte. Die anderen Gruppenmitglieder hören personenzentriert bzw. klientenzentriert zu. Unter einer personenzentrierten Gesprächsführung ist eine professionelle Form der Interaktion auf der Basis von Akzeptanz und Empathie zu verstehen, strukturiert durch Gesprächstechniken. Hierzu gehören Anteilnahme zu zeigen, Zeit zu geben, Gefühle zu verbalisieren, Gedanken anzusprechen, zur Konkretisierung zu veranlassen usw. (vgl. Mutzeck 2002, 81ff.). Ziel des ersten Teilschrittes ist es, der Gruppe offenzulegen, welchen Ausschnitt des eigenen Handelns jede Person systematisch bearbeiten möchte. Es kommt (noch) nicht darauf an, die Probleme ausführlich zu schildern. Es reicht aus, wenn das jeweilige Problem in seinen Umrissen so skizziert wird, dass die Zuhörenden einen ersten Eindruck erhalten. Pro Person reichen wenige Minuten für die Problemskizze aus.

b) Probleme ordnen: „Welche sind in der Gruppe bzw. im Tandem und welche sind nicht durch KOPING zu bearbeiten?"

Entscheidung für die angemessene Bearbeitungsform

Sind alle Probleme geschildert, dann wird gemeinsam überlegt, welche sich davon für eine Bearbeitung in Gruppe bzw. Tandem eignen. Möglicherweise sind Probleme geschildert worden, die so einfach zu lösen sind, dass dies dem Akteur alleine zugetraut werden kann. Möglicherweise sind aber auch Probleme geschildert worden, die so schwierig sind, dass die Gruppe in ihrer Kompetenz überfordert erscheint. KOPING ist ja eine Form der *kollegialen* Praxisberatung. Darunter verstehen wir eine kontinuierliche, horizontale Beratung in einer Gruppe oder einem Tandem mit Personen, die für diese Beratungsarbeit ausgebildet sind und die mit einem strukturierten Beratungskonzept arbeiten, um ausgewählte berufliche Probleme zu bewältigen. Die Gruppenmitglieder sind zwar einerseits mit dem Beratungsverfahren vertraut, können also strukturiert vorgehen, aber sie besitzen andererseits in der Regel keine professionellen therapeutischen Kompetenzen. Insofern müssen die Grenzen jeder kollegialen Praxisberatung klar gesehen werden. Es wäre gefährlich, der KOPING-Gruppe jede Art von Problemen zuzutrauen bzw. zuzumuten. Die Mitglieder müssen bei schwierigen, tiefgehenden Problemen prüfen, ob eine Bearbeitung in Gruppe bzw. Tandem zielführend erscheint oder ob dem Akteur nicht empfohlen werden sollte, sich an professionelle Beratungsstellen zu wenden. Am Ende dieses Auswahlprozesses entscheidet sich jede Person für einen einzigen Arbeitsschwerpunkt, der in Gruppe und Tandem angegangen werden soll. Nach unseren Erfahrungen ist es nicht sinnvoll, sich mehrere Schwerpunkte vorzunehmen. Dies hängt damit zusammen, dass jede Veränderung mit Verunsicherungen verbunden ist. Die Arbeit an mehreren Aspekten des eigenen Handelns bringt das Handlungs-Gesamt zu sehr durcheinander. Besser ist es, sich im Laufe des Lernprozesses immer dann einen neuen Arbeitsschwerpunkt zu setzen, wenn die Bearbeitung des vorangegangenen erfolgreich abgeschlossen ist.

c) Reihenfolge der Bearbeitung festlegen: „Wer beginnt?"
Im Laufe der KOPING-Arbeit schildern alle Mitglieder ihr Problem und die Gruppe bearbeitet es mit dem strukturierten Beratungskonzept. Dabei wird nicht jedes Problem, wie es bei den anderen kollegialen Beratungsverfahren der Fall ist, „am Stück" durchgearbeitet und abgeschlossen, bevor das nächste angegangen wird. Vielmehr läuft die Bearbeitung aller (z.B. sechs) Probleme parallel ab. Dies hängt damit zusammen, dass die Änderung menschlichen Handelns Monate oder gar Jahre dauert. Eine Gruppensitzung allein kann hierfür zwar einen wichtigen Anstoß geben, reicht aber in der Regel nicht aus, um eine nachhaltige Modifikation zu gewährleisten. Folglich geht es im dritten Teilschritt lediglich darum, eine Reihenfolge festzulegen, in der die einzelnen Akteure ihr Problem ausführlich schildern. Dabei sollte jene Person beginnen, deren Problem die höchste „Situationsdynamik" aufweist. Damit ist gemeint, dass deren Praxisfeld so beschaffen ist, dass ein Aufschub der Problembearbeitung die Situation am ehesten verschlimmern würde. Weiter hinten können sich jene Mitglieder einreihen, deren Praxisfeld trotz der Unzufriedenheit mit bestimmten eigenen Handlungsweisen einigermaßen stabil ist. Nach unseren Erfahrungen bereitet es keine größeren Schwierigkeiten, die Reihenfolge der Bearbeitung festzulegen. Jedes Gruppenmitglied weiß, dass die KOPING-Gruppe über längere Zeit zusammenarbeitet und dass es genügend Raum gibt, das eigene Problem zu thematisieren. Gewöhnungsbedürftig ist allerdings die Vorstellung, dass alle Probleme parallel bearbeitet werden. Doch das ist einfacher, als es sich anhört. Durch die Überschaubarkeit der Gruppe und die Regelmäßigkeit der Kontakte ist es bald selbstverständlich, dass beispielsweise die erste Person am Umgang mit ihrem Vorgesetzten arbeitet, die zweite Person mit Unruhe im Unterricht zu kämpfen hat, die dritte Person ihr Lehrverhalten verbessern möchte, die vierte Person die eigene Hektik bewältigen möchte, die fünfte Person von „Burnout" betroffen ist und die sechste Person mit ihrem Arbeitsteam nicht zurechtkommt. Da diese Probleme wiederholt thematisiert werden sowie durch Diagnosen und Lösungsbemühungen immer deutlichere Konturen erhalten, werden sie nicht nur als gut nachvollziehbar, sondern mehr noch als „spannend" erlebt. Es besteht großes Interesse daran, zu erfahren, welche Fortschritte jeweils bei der Problembearbeitung gemacht werden. Insgesamt ist der erste Schritt der „Problemauswahl" mit seinen drei Teilschritten „Problemskizzen", „Probleme ordnen" und „Reihenfolge festlegen" recht einfach zu durchlaufen.

Mehrere Probleme werden

... parallel über mehrere Gruppensitzungen hinweg bearbeitet

2. Rekonstruktion (Gruppe)

a) Beschreibung des Problems
Die moderierende Person bittet den Akteur, sein Problem so präzise wie möglich zu beschreiben. Diese Vorgehensweise ist in der kollegialen Praxisberatung üblich (vgl. z.B. Mutzeck 2002, 106f.; Schlee 2004, 86f.). Standard ist es auch, dass die Gruppenmitglieder personenzentriert zuhören auf der Basis der Grundhaltungen Empathie,

Das Problem empathisch beschreiben

Akzeptanz und Echtheit. Dies geschieht „sorgfältig und anteilnehmend", wie es Schlee (2004, 86) formuliert. Signalisiert wird dies durch Mimik, Gestik, Körperhaltung, Verbalisieren von Gedanken und Gefühlen und präzisierende Rückfragen, verbunden mit dem unvermeidlichen „therapeutischen Grunzen" (hmhm, aha, so usw.). Spezielle Fragen wie „Was ist dir noch am lebendigsten in Erinnerung?", „Was hat das Geschehen in dir ausgelöst?", „Was macht dieses Problem so bedeutsam für dich?" „Welche Lösungsversuche hast du bisher unternommen?" usw., wie sie Mutzeck (2002, 178f.) vorschlägt, können zwar gestellt werden, sind aber nicht zwingend erforderlich. Damit die Beratungsstruktur nicht durch gegenläufige alltagstheoretische Handlungsweisen entwertet wird, sind Fragen nach dem Warum und alle Ratschläge oder Lösungshinweise an dieser Stelle verboten. Es ist die Aufgabe der moderierenden Person, auf die Einhaltung dieser Regeln zu achten. Die für die Problembeschreibung erforderliche Zeit ist sehr verschieden. Dem Akteur wird so viel Zeit zugestanden, wie es erforderlich erscheint. Manche Probleme lassen sich in 15 Minuten beschreiben, andere benötigen mehr als eine Stunde.

b) Wechsel zur Perspektive der Gruppe: „Was löst die schwierige Situation in mir aus?"

Anregungen durch einen Perspektivenwechsel

Als Alltagsmenschen gibt es wohl nur wenige Probleme, die wir nicht in irgendeinem Zusammenhang direkt erlebt oder indirekt miterlebt haben. Folglich kann man davon ausgehen, dass während der Problembeschreibung in allen Gruppenmitgliedern viele vertraute Gedanken und Gefühle aktiviert werden. Diese Eindrücke können für die Rekonstruktion genutzt werden. Die Gruppenmitglieder versetzen sich in die Rolle der Kontrahentin oder des Kontrahenten der berichtenden Person hinein. Aus deren Perspektive sprechen sie in der Ich-Form. Bevor diese spezielle Form des Perspektivenwechsels durchgeführt wird, klärt die moderierende Person mit allen Anwesenden, ob dieses Vorgehen als zielführend eingeschätzt wird. In vielen Fällen, jedoch nicht in allen, wird die Problembearbeitung durch den Wechsel zur Perspektive der Gruppe intensiver und zugleich lebendiger, weil zur bisher monologischen Perspektive der berichtenden Person weitere Wahrnehmungen und neue Eindrücke hinzutreten.

c) Wechsel zur Perspektive des Kontrahenten: „Ich (Kontrahent) verhalte mich so, weil ..."

Protagonist versetzt sich in Kontrahenten

Alternativ oder ergänzend kann eine zweite Form des Perspektivenwechsels durchgeführt werden. Die berichtende Person versucht, sich selbst in die Rolle der Kontrahenten zu versetzen, also beispielsweise in die Situation von Schülerinnen und Schülern, die mit geringer Motivation, jedoch hoher Geräuschentwicklung am Unterrichtsgeschehen teilnehmen. Der Perspektivenwechsel kann dabei mit großem Aufwand betrieben werden, indem die berichtende Person den Namen der Kontrahentin oder des Kontrahenten annimmt, sich als sichtbares Zeichen des Rollenwechsels auf einen freien Stuhl setzt und dann in der Ich-Form sagt: „Ich verhalte mich so, weil ..." Nicht alle Personen möchten sich in der KOPING-Gruppe auf diese Weise exponieren. Etliche wollen lieber am bisherigen Platz sitzen bleiben und den eigenen Namen behalten. In diesen Fällen reicht es aus, wenn einfach die jeweils andere Perspektive eingenommen und in der Ich-Form gesprochen wird. Obwohl der Wechsel der Perspektiven ein geläufiges Vorgehen ist, das in etlichen Konzepten der kollegialen Praxisberatung eine Rolle spielt (vgl. z.B. Mutzeck 2002, 108f.; Schlee 2004, 89ff.), ist er nicht immer angezeigt und auch nicht immer erfolgreich. Dies hat kognitive wie emotionale Gründe. Für manche Akteure ist es schwierig, sich kognitiv in die Situation ihrer Gegenüber zu versetzen. Sie haben sich manche Erklärungen für deren Handeln zurechtgelegt und sind auf diese fixiert. Die mentale Flexibilität, auch andere Sichtweisen in die Überlegungen einzubeziehen, ist nicht immer vorhanden. Dazu kommt die emotionale Seite. Oftmals haben sich durch das Andauern einer Problematik so starke, abweisende Emotionen verfestigt, dass der Akteur keine wirkliche Bereitschaft für einen Perspektivenwechsel hat. Auch hier erweist sich dieses Verfahren als wenig fruchtbar. Es ist Aufgabe der moderierenden Person, eine Einigung in der Gruppe darüber herbeizuführen, ob der berichtenden Person einer der beiden Perspektivenwechsel, beide oder keiner vorgeschlagen werden sollen. Die berichtende Person prüft den Vorschlag und entscheidet, ob sie diesen annehmen oder lieber auf andere Weise in der Problembearbeitung fortfahren möchte. Wichtig ist, dass sie ihre Autonomie behält und nicht von der Gruppe oder der moderierenden Person zu Vorgehensweisen gezwungen wird, die sie „eigentlich" gar nicht möchte.

Protagonist prüft Bereitschaft zu einem Perspektivenwechsel

d) Diagnoseaufträge für die Tandem – Arbeit zur Rekonstruktion der Außensichtperspektive und Innensichtperspektive.
Subjektive Theorien haben es an sich, die Welt aus der eigenen Perspektive zu interpretieren. Deshalb wird jeder Rekonstruktionsbericht das im Praxisfeld ablaufende Geschehen auf eine recht einseitige Art und Weise darstellen. (Hinter)fragt man nicht, was dort an beobachtbarem Geschehen abläuft, so kann man oftmals die beschriebenen Probleme nicht oder nur unzureichend lösen, weil wesentliche Informationen fehlen. Im Gegensatz zu anderen Konzepten der kollegialen Praxisberatung ist deshalb im KOPING-Verfahren ausdrücklich vorgesehen, dass die Problembearbeitung nach den Schritten 1 und 2 *unterbrochen* wird. Ziel ist es, vor der Lösungssuche Informationen aus dem Praxisfeld einzuholen. Diese sollen helfen, die Problemrekonstruktion abzurunden. Sie sollen es der Gruppe ermöglichen, realitätsangemessene Problemlösungen zu entwickeln. Als Instanz für die Diagnosephase kommt das Praxistandem ins Spiel. Es erhält den Auftrag, in das Praxisfeld zu gehen, um durch Beobachtung, Befragung und im Idealfall durch Triangulation weitere Daten zu gewinnen. Sind Akteur und Tandemperson hierzu bereit und ist es auch organisatorisch wie institutionell möglich, eine Person in die alltägliche Praxis mitzunehmen, dann schlägt die KOPING-Gruppe diagnostische Maßnahmen vor. Das Tandem

Zum besseren Verständnis weitere Daten im Praxisfeld ermitteln prüft, welche es davon umsetzen möchte. Die moderierende Person schließt die Problembearbeitung vorerst ab und nimmt diese in einer späteren Sitzung wieder auf.

3. Diagnostizieren (Tandem)

a) Befragen mit dem Strukturierten Dialog: „Was lief innerlich in dir ab?"

> Der Tandempartner erhebt die persönliche Innensicht

Kommt eine Person mit einer beruflichen Anforderung nicht zurecht, so kann dies bedeuten, dass ihre Situationsorientierung und/oder ihre Aktionsplanung defizitär sind. Folglich muss analysiert werden, wie sie das Geschehen auffasst. Dies kann durch verschiedene Formen des Befragens geschehen. Am sinnvollsten ist es sicherlich, dass die Tandemperson den Akteur in dessen Praxisfeld besucht – stets vorausgesetzt, dass dies möglich ist. Tritt die Problemsituation auf, so führt die Tandemperson in möglichst geringem Zeitabstand einen „Strukturierten Dialog" mit dem Akteur durch. Dies kann in einer Pause geschehen oder direkt im Anschluss an die Intervision. Ziel des „Strukturierten Dialoges" ist es, die Innensicht – Perspektive des Akteurs zu erfassen. In Vereinfachung des „Strukturierten Dialoges" als Forschungsmethode (Wahl 1991, 68ff.) kann die Tandemperson wie folgt vorgehen:

1) Metakommunikatives Vorgespräch
Dem Akteur wird deutlich gemacht, dass seine handlungsleitenden Gedanken und Gefühle erfasst werden sollen. Er soll diese so schildern, wie er sie als innerliche Eindrücke wahrgenommen hat, auch wenn es nur Gedankenfetzen oder Anmutungen sind.

2) Situationsauswahl
Es wird ein Konsens darüber hergestellt, zu welcher konkreten Problemsituation die Befragung durchgeführt werden soll.

3) Dialog
Der Bericht des Akteurs über dessen innerpsychische Prozesse wird durch folgende Frage eingeleitet: „Was lief in dieser Situation innerlich in dir ab?" Ergänzend kann nach der Situationsorientierung und der Aktionsplanung gefragt werden, falls diese nicht schon differenziert berichtet wurden. Zur Situationsorientierung: „Bitte beschreibe so genau wie möglich, was du beobachtet hast." „Was ging dir durch den Kopf, was hast du gefühlt?" Zur Aktionsplanung: „Bitte beschreibe so genau wie möglich, wie du selbst gehandelt hast." „Was ging dir durch den Kopf, was hast du gefühlt?" Während der Akteur berichtet, hört die Tandemperson personenzentriert zu.

4) Dialog-Konsens
Die Tandemperson notiert die berichteten Kognitionen und Emotionen und legt diese Rekonstruktion dem Akteur vor. Dieser stimmt zu oder korrigiert.

5) Metakommunikatives Nachgespräch
Die beiden Personen kommunizieren darüber, ob die Befragungssituation so geartet war, dass der Akteur offen und ohne bewusste Verstellung über die von ihm innerlich wahrgenommenen Prozesse berichten konnte.

Mit dem „Strukturierten Dialog" kann nicht nur der Akteur, sondern es können auch dessen Interaktionspartner im Praxisfeld befragt werden. Dies können Teilnehmende an einem Kurs, Studierende in einer Lehrveranstaltung, Schülerinnen oder Schüler im schulischen Unterricht usw. sein. Stets ist vorher zu klären, ob dies der Akteur möchte, ob es institutionell und organisatorisch möglich ist und ob die Interaktionspartner hierzu bereit sind. Insgesamt ist der „Strukturierte Dialog" – wie alle Formen der Befragung – eine relativ anspruchsvolle Methode, deren Anwendung eine gewisse Übung voraussetzt.

b) Beobachten
Die Tandemperson kann im Praxisfeld das problematische Geschehen beobachten. Dazu verwendet sie Methoden wie die Minutenweise freie Beobachtung MFB, die Beobachtung in relevanten Situationen BIRS oder Beobachtungsbögen (vgl. Wahl, Weinert & Huber 2006; Wahl 2006).

Beobachtungen und Eindrücke

c) Triangulation
Besteht die seltene Möglichkeit, den Akteur, dessen Interaktionspartner und die Tandem-Person an einen „runden Tisch" zu setzen, um die drei Wahrnehmungs-Perspektiven miteinander zu vergleichen, dann ist dies besonders zu begrüßen.

... mehrerer Personen miteinander vergleichen

4. Problemlösen (Gruppe)

a) Diagnose – Ergebnisse berichten
In der nächstmöglichen Sitzung der KOPING-Gruppe berichtet das Tandem, welche Ergebnisse bei Befragung, Beobachtung und Triangulation erzielt wurden. Dies sind für die Gruppe ungewöhnlich spannende Momente im Bearbeitungsprozess, weil hierdurch bisherige Überlegungen bestätigt, relativiert oder ganz außer Kraft gesetzt werden.

b) Zusammenhänge erkennen (Bilden von Hypothesen)
Jetzt ist die Zeit reif, an die Analyse des Problems zu gehen. Gemeinsam wird überlegt, welchen Beitrag zur Problematik die berichtende Person mit ihrem mittlerweile aus Außen- und Innensichtperspektive bekannten Handeln leistet. Ebenso wird gefragt, welche Rolle die Interaktionspartner beim Zustandekommen des Problems spielen. Auch die Bedeutung umfassender systemischer Bedingungen wird in die Überlegungen einbezogen. Ergebnis sind einige Hypothesen. Diese können einerseits in weitere Diagnoseaufträge an das Praxistandem einmünden. In diesem Fall wird die Beratungsarbeit erst dann fortgesetzt, wenn das Tandem erneut berichtet hat. Andererseits sind die Hypothesen Ausgangspunkt für Überlegungen, wie das Problem zu bewältigen ist. Dabei stellt sich unter dem Gesichtspunkt neuen Handelns insbesondere die Frage, welchen Beitrag der Akteur hierzu selbst leisten kann.

Gemeinsame Hypothesen zur Problementstehung erarbeiten

c) Zukunftsbild beschreiben (Zielsetzung)

Entwicklung einer persönlichen Zielperspektive

Damit eine Vorstellung davon entwickelt werden kann, in welcher Richtung mögliche Problemlösungen zu suchen sind, soll der Akteur jenen Zustand definieren, den er anstrebt. Dieses Ziel oder Zukunftsbild ist so eindeutig wie möglich zu beschreiben. Aufgabe der Gruppe ist es, mit dem Akteur in einen Diskurs einzutreten, in dem die Angemessenheit der Zielsetzung bezogen auf das geschilderte Problem geprüft wird.

d) Lösungssuche

Im Brainstorming Lösungsideen sammeln

Alle Mitglieder überlegen sich nun Lösungen. Dies geschieht in Form eines Brainstormings, d.h. zunächst werden möglichst viele verschiedenartige Ideen gesammelt. Es hat sich hierbei bewährt, mit der Methode „Kartenabfrage" zu arbeiten. Bei dieser Moderationstechnik wird jeder Lösungsvorschlag mit Filzstiften gut leserlich auf eine eigene Karte geschrieben. Die Zahl der Karten bzw. Lösungsvorschläge je Person ist freigestellt. Jedes Gruppenmitglied erläutert seine Vorschläge. An einer Pinnwand, auf dem Tisch oder am Boden werden die Vorschläge geordnet.

e) Lösungsauswahl

Eigenständige Entscheidung des Akteurs für eine Lösung

Die berichtende Person kommentiert die Angemessenheit der Lösungsideen aus ihrer Perspektive. Sie schließt Vorschläge aus, die für sie nicht in die engere Wahl kommen. Sie greift Anregungen auf, die ihr sinnvoll erscheinen. Auf diese Weise reduziert sie die Zahl der Lösungen auf möglichst wenige. Die Entscheidung, welche Lösung gewählt wird, hat der Akteur. An dieser Stelle entsteht häufig enormer Gruppendruck. Lösungen, eingebracht von dem einen oder anderen Gruppenmitglied, leuchten der Mehrheit ein und diese versucht, den Akteur mit allen Mitteln von dieser Lösung zu überzeugen. Hier ist die moderierende Person gefordert. Sie sorgt dafür, dass die Entscheidung über das eigene Handeln beim Akteur verbleibt, so kränkend es auch für andere Gruppenmitglieder sein mag, dass ihr schöner Vorschlag nicht ausgewählt wurde. In etlichen Fällen schwankt der Akteur zwischen mehreren Lösungen oder er kombiniert einzelne Aspekte unterschiedlicher Lösungen. Beide Ergebnisse sind durchaus akzeptabel. Probleme sind eben manchmal so schwierig, dass selbst die Ideen einer ganzen Gruppe es nicht vermögen, sofort die Ideallösung zu finden. Umgekehrt benötigt der Akteur auch Zeit, um die verschiedenen Alternativen durchzudenken. Deshalb kommt nun wieder die Tandem-Arbeit ins Spiel.

f) Realisierungsaufträge für die Tandem-Arbeit

Die häufig recht lange Phase des Problemlösens schließt mit Aufträgen an das Praxistandem ab. Erstens sollen im Tandem die ins Auge gefassten Lösungen noch einmal gründlich durchdacht werden mit dem Ziel, eine davon auszuwählen. Diese soll erprobt werden. Die Umsetzungsergebnisse werden dann wieder in der KOPING-Gruppe berichtet. Die moderierende Person schließt die Problembearbeitung das zweite Mal ab und nimmt diese in einer späteren Sitzung wieder auf.

5. Handeln in Gang bringen (Tandem)

a) Klare Vorstellung vom neuen Handeln schaffen
Das Praxistandem beginnt seine Arbeit mit einem Rückblick auf die von der Gruppe vorgeschlagenen Lösungen. Die in die engere Wahl genommenen Ideen werden noch einmal durchgegangen und bewertet. Da beide, Akteur und Tandemperson, den Tätigkeitsbereich kennen, in dem die Lösungen realisiert werden sollen, hat diese Diskussion einen besonders fundierten Praxisbezug. Als Ergebnis wird jene Lösung ausgewählt, die als erste erprobt werden soll. Nun geht es darum, dass beide konkretisieren, wie diese Lösung in der Praxis aussehen soll. Innerhalb der fünf Stufen zum In-Gang-Bringen neuer Handlungen ist dies die erste. Es soll eine klare Vorstellung vom neuen Handeln geschaffen werden.

Die Lösungsidee konkretisieren

b) Handeln planen und ggfs. simulieren
Auf der Basis der Vorstellung des neuen Handelns arbeitet das Tandem die gewählte Maßnahme detailliert aus. Dies können die einzelnen Schritte sein, in denen vorgegangen wird. Dies können auch wörtliche Formulierungen sein. Erscheint es schwierig, die gewählte Lösung „aus dem Stand" in die Praxis umzusetzen, so können Simulationen (Szene-Stopp-Reaktion, Rollenspiel, Micro-Acting usw.) helfen, die neue Handlung ausführen zu lernen (vgl. Wahl 2006).

Eventuelles Probehandeln

c) Umsetzung flankieren mit Vorsatzbildung, innerem Sprechen usw.
Der Akteur schlägt die „Brücke" über den „Rubikon", indem er einen konkreten Zeitpunkt nennt, zu dem das neue Handeln erstmals gezeigt werden soll. Er lädt die Tandemperson hierzu ein. Dies erhöht einerseits die Verbindlichkeit zum Einhalten des Vorsatzes, andererseits schafft es die Gelegenheit, die Effekte des Handelns aus einer zweiten Perspektive zu erfassen. Gemeinsam wird überlegt, ob es notwendig erscheint, die Handlungsausführung mit innerem Sprechen zu begleiten. Ist dies der Fall, dann wird ein Stopp-Code ausgearbeitet oder es werden im Sinne der Stress-Impfung Formen des inneren Sprechens für verschiedene Zeitpunkte des Handelns entwickelt.

Vorsatzbildung unterstützen

d) Lösung erproben
Zum vereinbarten Zeitpunkt versucht der Akteur, die ausgearbeitete Lösung in der Form eines „vorgeplanten Agierens" in die Praxis umzusetzen. Dabei achtet er bewusst auf die Beschaffenheit der Situation („Handelt es sich genau um jene Art von Situationen, für die ich eine Lösung gesucht habe?"), auf seine Handlungsausführung („Führe ich die Handlung genau so aus, wie ich es geplant habe?") und auf die Effekte seines Handelns. Wenn es erforderlich

ist, dann macht er sich Notizen zur Situation, zu seiner Handlung und zu den beobachteten Effekten.

e) Effekte erfassen durch Befragung und Beobachtung
Kann die Tandemperson bei der Erprobung anwesend sein, so beobachtet sie das Geschehen mit einem hierfür geeigneten Verfahren (MFB, BIRS, Beobachtungsbogen usw.). Zur Erfassung der Innensichtperspektive kann sie sowohl den Akteur als auch dessen Interaktionspartner z.B. mit dem Strukturierten Dialog befragen.

f) Ergebnisse der Erprobung diskutieren
So zeitnah wie möglich setzt sich das Praxistandem zusammen und diskutiert den Verlauf und die Ergebnisse der Erprobung. Anschließend bereitet es den Bericht für die KOPING-Gruppe vor.

6. Evaluation (Gruppe)

a) Umsetzungsergebnisse berichten

Rückmeldung an die KOPING-Gruppe

In der KOPING-Gruppe berichtet das Praxistandem über die durchgeführte Erprobung. Dies ist sicherlich der faszinierendste Moment im KOPING-Prozess, weil sich hier zeigt, ob der durchlaufene Bearbeitungsprozess erfolgreich war oder nicht.

b) Bearbeitung weiterführen oder abschließen

Gemeinsame Bilanzierung

Je nach Ergebnissen wird gemeinsam überlegt, ob es erforderlich ist, das Problem weiterhin in der KOPING-Gruppe zu bearbeiten, ob es an das Praxis-Tandem delegiert wird oder ob es als abgeschlossen gelten kann. Nach unseren Erfahrungen ist es selten so, dass eine einmalige Erprobung so erfolgreich ist, dass das Problem nicht mehr weiter bearbeitet werden muss. Deshalb ist eine Wiederaufnahme des Problems in der Gruppe oder eine Weiterverfolgung im Tandem die Regel.

„Handwerkzeug" erhältlich

> Hinweis:
> Die eben beschriebenen Schritte des KOPING-Konzeptes gibt es als praktischen A5-Kartensatz: Jeder Teilschritt ist auf einer der 24 Karten erläutert. Die Karten haben zwei Farben: Blaue Karten signalisieren die Gruppenphasen, rote die Tandemphasen. Der Kartensatz kann zum Selbstkostenpreis von Euro 5.- (incl. Porto) angefordert werden bei Diethelm Wahl, Am Galgenberg 1, 88370 Ebenweiler (E-Mail: diethelm.wahl@freenet.de).

Das in seinen sechs Arbeitsschritten beschriebene KOPING-Konzept mit dem systematischen Wechsel von Kleingruppen- und Tandemarbeit ist recht komplex und geht von längeren Umstrukturierungsprozessen aus. Es verlangt den Teilnehmenden ein erhebliches Maß an Offenheit und Engagement ab. Diese Voraussetzungen treffen jedoch auch auf die anderen Verfahren der kollegialen Praxisberatung zu. Es ist mühevoll und langwierig, menschliches Handeln zu ändern, weil die komprimierten subjektiven Theorien sehr stabil sind. Nun könnte man annehmen, es würde wohl nur wenige Personen geben, die sich auf solch lang andauernde und aufwändige Modifikationsprozesse einlassen. Das ist nicht zutreffend. Seit 1984 wird das KOPING-Konzept mit Erfolg praktiziert. Insgesamt zeigt sich, dass das KOPING-Konzept eine gut leistbare und zugleich äußerst nachhaltige Form der kollegialen Praxisberatung ist.

Das KOPING-Konzept als typisches Verfahren der kollegialen Praxisberatung, bei dem sich Kolleginnen und Kollegen des gleichen Berufsfeldes zusammenschließen, um mit einem strukturierten Beratungskonzept ausgewählte berufliche Probleme zu bewältigen, wurde an selbstorganisierten KOPING-Gruppen, an von einem ausgebildeten Moderator geleiteten KOPING-Gruppen sowie an vom Autor selbst geleiteten Lehrer- und Hochschullehrergruppen erprobt (vgl. zusammenfassend Wahl 1991, 207ff.). Auch wenn der oben beschriebene Beratungsablauf nicht immer optimal eingehalten wurde, führte die Zusammenarbeit doch zu eindeutig nachweisbaren Veränderungen im Handeln der Beteiligten. Die Teilnahme zeichnete sich durch Regelmäßigkeit, Offenheit und Engagement aus. Teilweise wurde die Kooperation auf unbestimmte Zeit fortgesetzt. „Die Lehrer erlebten es als Erleichterung und als Aufmunterung, ihre beruflichen Probleme in einer derartigen Gruppe thematisieren zu können" (Wahl 1991, 212) – ein Hinweis auf die Bedeutung von Social Support. Es zeigten sich aber auch die generellen Grenzen kollegialer Praxisberatung. Erstens ist es nicht einfach, Lehrerinnen oder Lehrer, Erwachsenenbildnerinnen oder Erwachsenenbildner bzw. Hochschullehrerinnen und Hochschullehrer anzuregen, ihre Probleme mit diesem Verfahren zu bearbeiten. Erfahrungsgemäß ist meist nur ein kleiner Teil jener Personen, die über ein kollegiales Praxisberatungskonzept informiert werden, auch bereit, sich einer Gruppe anzuschließen. Zweitens sind diese Gruppen in der Regel nicht sehr langlebig. Sie arbeiten bei gutem Verlauf etwa ein Jahr lang. Gruppen von Hochschullehrenden schaffen es in der Regel ein Semester lang gut und ein zweites Semester lang schleppend. Dann ist wieder neu anzusetzen. Natürlich gibt es auch Ausnahmen. Manchmal arbeiten Gruppen bis zu drei Jahre zusammen. Dennoch fallen die Stabilitäts-Differenzen zu jenen Gruppen, die in eine umfassende Lernumgebung eingebunden sind, deutlich ins Auge (siehe unten). Dort arbeiten die Teilnehmenden in nahezu allen Fällen mindestens eineinhalb Jahre zusammen und setzen dann zu einem erfreulich großen Teil ihre Beratungstätigkeit selbstorganisiert fort. Die Schwierigkeit, kollegiale Praxisberatungsgruppen zu implementieren, zu betreuen und „am Leben zu erhalten", ist sicherlich allen derartigen Beratungsformen (wie beispielsweise Rotering-Steinberg 1992; Nold 1998; Humpert & Dann 2001; Mutzeck 2002; Schlee 2004 usw.) eigen. Die Gründe dafür sind organisatorischer, institutioneller und systemischer Natur. Das zeigt sich beispielsweise darin, dass KOPING als flankierende Maßnahme in Aus- und Fortbildungsveranstaltungen eine deutliche höhere Beteiligungsquote hat, nämlich nahezu 100%, und eine deutlich höhere zeitliche Stabilität

Veränderungen sind nachweisbar und nachhaltig

Gruppen haben unterschiedliche Dauer

(in Extremfällen mehr als 10 Jahre). Darüber soll nun berichtet werden.

2 KOPING als flankierende Maßnahme von Aus- und Fortbildungsveranstaltungen

Seit vielen Jahren wird „Kommunikative Praxisbewältigung in Gruppen" im Rahmen des Kontaktstudiums Erwachsenenbildung an der Pädagogischen Hochschule Weingarten (University of Education) praktiziert. Es handelt sich bei diesem Kontaktstudium um eine Fortbildungsmöglichkeit für bereits in der Erwachsenenbildung tätige Dozentinnen und Dozenten, die sich mit neuen Formen des Lehrens und Lernens vertraut machen wollen. Ziel von KOPING ist es dabei, das im Studium Gelernte in die je eigene Praxis umzusetzen. Das Studium erstreckt sich über drei Semester und beinhaltet neben Selbststudienphasen, in denen jede/r Teilnehmende sich mit vorgegebener Literatur auseinandersetzt, noch insgesamt 10 Wochenendseminare, so genannte Präsenzphasen. Zwischen diesen Präsenzphasen, die etwa drei Mal pro Semester im Abstand von gut einem Monat stattfinden, sollen sich die Teilnehmenden regelmäßig in eigener Regie zur KOPING-Arbeit treffen. Die Kooperation in Kleingruppen und Tandems ist hier allerdings verpflichtend und erfolgt nicht aus freien Stücken – ein wichtiger Unterschied zu der oben beschriebenen Form von KOPING als kollegialer Praxisberatung.

> KOPING-Gruppen erleichtern den Transfer in die Praxis

Auch die Inhalte der Zusammenarbeit unterscheiden sich in einigen Punkten. Sie orientieren sich im Wesentlichen an den Themen der Veranstaltungen und der Studientexte. Dabei stehen meist Veränderungen im methodisch-didaktischen Vorgehen sowie im Planungshandeln im Vordergrund. Entscheidungshilfen erhalten die Teilnehmenden dabei u.a. durch die gemeinsame Reflexion in den Präsenzphasen. Diese finden nach dem Prinzip des „pädagogischen Doppeldeckers" statt, was bedeutet, dass das Neue nicht nur vorgetragen, sondern auch angewendet wird, so dass persönliche Erfahrungen möglich sind. Im Austausch mit anderen während der KOPING-Phasen können diese Erfahrungen bewusst gemacht und auf ihre Übertragbarkeit im eigenen Kurs hin überprüft werden. Inhaltlich ist außerdem noch die Auseinandersetzung mit der Theorie wichtig, um strittige Fragen oder Verständnislücken zu klären.

> ... und intensivieren Studium und Fortbildung

Schon allein diese Vielfalt der möglichen Themen verbietet ein starr strukturiertes Vorgehen. Aktuelle Bedürfnisse und Befindlichkeiten müssen Vorrang haben. So lautet denn auch die Arbeitsanleitung, die den Beteiligten zu Beginn der Kooperation ausgehändigt wird, für die Kleingruppe wie folgt (Abb. 1):

Eine Kleine Hilfe für die Arbeit in KOPING-Kleingruppen

1 Es hat sich als *günstig* erwiesen, vor *jedem Treffen* zwei Rollen festzulegen:
Rolle: Gastgeber Sorgt für ungestörten Raum. Sorgt für das leibliche Wohl. Ist telefonische Anlaufstelle.
Rolle: Moderator Leitet die Sitzung
Wichtig: Alle Teilnehmer übernehmen reihum diese Rollen im Laufe mehrerer Treffen.

2 Jede KOPING-Kleingruppe findet mit der Zeit ihren eigenen Stil der gemeinsamen Arbeit. Für den Anfang können jedoch folgende *Anregungen* hilfreich sein:
- *Beginnen Sie* die Sitzung *mit einem Blitzlicht*, das der Moderator anleitet (vgl. Methodensammlung). Dabei sagt jedes Gruppenmitglied reihum, welche Themen aus seiner Sicht besprochen werden sollten.
- Stellen Sie danach – unter Leitung des Moderators – das heutige *Sitzungsprogramm* zusammen.
- Arbeiten Sie das Sitzungsprogramm unter Leitung des Moderators ab. Einige *Themen zur Anregung*:
  - Bearbeiten der jeweiligen *Hausaufgaben* für die nächste Präsenzphase (z. B. eine Methode vorbereiten, eine Overlay-Folie erstellen, eine Präsentation vorbereiten usw.)
  - *Erfahrungsaustausch* (wichtige Leitfragen können dabei sein: „Was klappt zur Zeit gut bei mir?" „Womit bin ich noch nicht so zufrieden?")
  - Berichte aus der *Tandemarbeit* (z. B. „Das haben wir geplant ..." „Das haben wir zusammen gemacht ..." „Hier haben wir noch keine Lösung ...")
  - Bitte *um Hilfe* der Gruppe (z. B. „Welche Vorgehensweise würden Sie mir empfehlen?" „Wie gehen Sie in vergleichbaren Situationen vor?")
  - Vorstellen von *Lehrversuchsplanungen*
  - Üben einzelner Kursleiter-Fertigkeiten (wie z. B. Gesprächsführung, Moderatorentechnik, Diskussionsleitung)
  - *Metakommunikation* (z. B. „Zu unseren Gruppentreffen würde ich gerne anregen ..." „Das stört mich...")

3 Es hat sich als *unverzichtbar* erwiesen, dass die Gruppe *am Ende der Sitzung* festlegt, wann sie sich treffen will (Termin), wer die Sitzung vorbereitet (Gastgeber), wer die Sitzung leitet (Moderator) und welche Aufgaben jeder bis zum nächsten Treffen angehen will (Vorsatzbildung).

Abb. 1: Hilfe für die Kleingruppenarbeit

Die Arbeitsanweisung für das Tandem lautet (Abb. 2):

Abb. 2: Hilfe für die Tandemarbeit

Eine Kleine Hilfe für die Arbeit in Praxis-Tandems

1 *Wählen Sie Ihren Tandempartner/Ihre Tandempartnerin nach Merkmalen der Symmetrie* (beide sollen etwa gleich „mächtig" sein), der *Sympathie* und der *räumlichen Entfernung* (kurze Wege) aus. – (Auch „Dreiräder" sind möglich.)
2 *Tandem-Treffen sind sinnvoll*
   - *zur gemeinsamen Planung von Unterricht und Lehrversuchen.* (Wichtige Leitfragen können sein: „Was will ich in welchen Schritten erreichen?" „Welche Methoden will ich dabei einsetzen?" „Welche Sozialformen?" „Welche Medien?" „Wie soll die zeitliche Einteilung aussehen?" „Welche Alternativen will ich für Notfälle bereithalten?" etc.)
   - *zur gemeinsamen Ausarbeitung von Materialien und Medien* (z. B. Anfertigen einer „Bildkartei" oder eines „Wissenslottos")
   - *zur gegenseitigen Hilfe bei aktuellen Praxisproblemen* (etwa Problemen mit bestimmten Methoden, mit Teilnehmern, Kollegen und/oder Organisatoren)
   - *zur Vorbereitung von gegenseitigen Unterrichtsbesuchen* (z. B. gemeinsame Erörterung folgender Fragen: Gibt es etwas an meinem Kursleiterverhalten, das ich mit Hilfe des Kontaktstudiums gezielt verbessern oder verändern möchte? Lege ich mehr Wert auf eine allgemeine Rückmeldung? Möchte ich etwas Bestimmtes ausprobieren und dazu Rückmeldung erhalten? Was macht mich unsicher? Wo liegen meine Probleme? Was genau sollte mein Partner in meinem Unterricht beobachten? Wie bereite ich meine TN auf seinen Besuch vor? Gemeinsames Festlegen der Beobachtungsziele und -methoden)
   - *zur Nachbesprechung der Unterrichtsbesuche* (z. B. gegenseitige Rückmeldung und Beratung)
   - *zu Vereinbarungen in Bezug auf Vorsätze und Vorhaben* (z. B. „Was will ich mir spätestens wann vornehmen?" „Welche Probleme behindern die Umsetzung?" „Welche Hilfsmaßnahmen können nützlich sein?").
3 *Es hat sich bewährt*, dass sich die Tandempartner vor jedem Tandem-Treffen noch einmal absprechen, was genau Sie sich vornehmen wollen (vgl. dazu Punkt 2). Ebenfalls hat es sich als günstig erwiesen, wenn am Ende jedes Tandem-Treffens die Vorhaben für die nächste Zeit gemeinsam ausformuliert werden.
4 *Die beste Lösung* ist es, von vornherein *regelmäßige Termine* für Tandemtreffen während des gesamten Kontaktstudiums festzulegen (z. B. jeden 1. und 3. Dienstag im Monat).
5 *Telefonische Kontakte* können „richtige" Treffen zwar nicht ganz ersetzen, sie haben jedoch immer dann eine wichtige Funktion, wenn akuter Gesprächs- oder Beratungsbedarf besteht (etwa bei besonderen Erfolgen oder Problemen) bzw. wenn Termine zu weit auseinanderliegen.

Kleingruppen und Tandems haben also auch bei dieser Variante des KOPING-Konzeptes unterschiedliche Schwerpunkte. Auch hier wird der Gruppe vorwiegend die Rolle als Superhirn, Ideenlieferant, Motivator und Anteil nehmendes Publikum zugeschrieben, während im Tandem hauptsächlich die konkrete Umsetzung der Vorhaben stattfindet.

Diese an den aktuellen Lern- und Bewältigungsbedürfnissen orientierte, offene Arbeitsweise beider KOPING-Elemente hat sich in den fast 20 Jahren der Durchführung im Kontaktstudium Erwachsenenbildung hervorragend bewährt. Eine über mehrere Studiengänge ausgelegte wissenschaftliche Begleituntersuchung, an der insgesamt 77 Untersuchungspersonen beteiligt waren, bestätigte nicht nur die durch Social Support hervorgerufene Stress abbauende, anregende und zu Umsetzungen motivierende Wirkung dieser flankierenden Maßnahme von Aus- und Fortbildungsveranstaltungen, sondern belegt auch den enormen Effekt für den Lernerfolg der Teilnehmenden (Schmidt 2001). Insbesondere der Transfer der Studieninhalte in den individuellen beruflichen Alltag war beachtlich. 72 der insgesamt 77 Befragten gaben an, dass die Kleingruppe und/oder das Tandem an fast allen Phasen des Lern- und Umsetzungsprozesses beteiligt waren.

Günstiger Lerneffekt konnte belegt werden

Bei all diesen positiven Rückmeldungen sollte jedoch nicht der Eindruck entstehen, die Zusammenarbeit sei nur friedlich und komplikationslos verlaufen. Da gab es Gruppen mit heftigen Positionskämpfen, Teilnehmende, die sich gegenseitig nicht ausstehen konnten, Tandems, in denen eher Privates ausgetauscht als an der konkreten Praxis gearbeitet wurde. In einigen Fällen führten die Konflikte gar zur Einstellung der Zusammenarbeit. Hier nun bewährte sich die Beschaffenheit desKOPING-Stütznetzes (Abb. 3). Durch die Vielfalt der möglichen Beziehungen wirkten sich negative Erlebnisse im einen oder anderen Teilbereich nicht schädigend für die jeweils Betroffenen aus. Im „Notfall" blieb immer noch eine Quelle von Social Support übrig, die bei Bedarf für die einzelne Untersuchungsperson wirksam wurde. Im Untersuchungszeitraum traten Komplikationen für den bzw. die Einzelne tatsächlich jeweils nur *entweder* in der Kleingruppe *oder* im Tandem auf. Kam es zu Defiziten in einem KOPING-Bereich, wurden sie in der Regel durch die jeweils andere KOPING-Komponente in etwa ausgeglichen. Nur fünf der insgesamt 77 Untersuchungspersonen (ca. 6 %) gaben an, überhaupt nicht von KOPING profitiert zu haben. Sie suchten sich jedoch teilweise ihre Ansprechpartner in den ständig wechselnden Ad-hoc-Arbeitsgruppen während der Präsenzphasen bzw. im Plenum. Zu ernsthaften Problemen oder gar negativen Auswirkungen durch KOPING kam es in keinem Fall.

Bewährung des KOPING-Stütznetzes

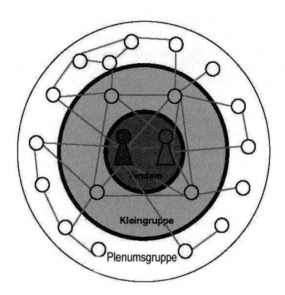

Abb. 3: Das KOPING-Stütznetz

Ein weiteres Indiz für die Wirksamkeit und Akzeptanz von KOPING ist die Tatsache, dass viele Gruppen weit über das Kontaktstudium hinaus weiter arbeiten. Eine dieser Gruppen besteht seit 13 Jahren, freilich in der Mitgliederzahl nicht mehr vollständig. Ein ganzer Studiengang trifft sich seit nunmehr 6 Jahren in regelmäßigen Abständen zu „Gesamt-KOPING-Treffen", organisiert von jeweils einer der ehemaligen Kleingruppen. Zwei weitere Studiengänge handhaben es ähnlich.

Deutliche Steigerung der Effektivität

Diese Ergebnisse machen deutlich, dass KOPING eine sehr erfolgreiche Maßnahme zur Steigerung der Effektivität der Aus- und Fortbildung durch geglückten Transfer darstellt. Bedenkt man, dass Kleingruppen und Tandems in eigener Regie und in privaten Räumen arbeiten und daher keine zusätzlichen personalen oder materiellen Mittel benötigen, und bezieht man die Möglichkeit der selbstverantwortlich organisierten Weiterführung des entsprechenden Kurses mit ein, muss KOPING als außerordentlich ökonomisches Verfahren bewertet werden.

Beachtenswerte Hinweise

Für die Organisation von KOPING im Rahmen von Fortbildungsveranstaltungen haben sich im Laufe der jahrelangen Erfahrung folgende Hinweise bewährt (Schmidt 2001, 209):

- Die Teilnahme sollte verpflichtend sein. Je nach Dauer der jeweiligen Aus- oder Fortbildungsveranstaltung sollte eine Mindestanzahl an Kleingruppen- und Tandemtreffen sowie gegenseitigen Intervisionen festgelegt werden. Dadurch wird zum einen die Bedeutung von kommunikativer Praxisbewältigung und Transfer für den gesamten Lernprozess unterstrichen, zum andern den einzelnen Teilnehmenden geholfen, eigene Vermeidungsstrategien zu umgehen, aber auch u.U. das zusätzliche zeit-

liche Engagement vor Familie und/oder Arbeitgeber zu rechtfertigen.
- Die Organisation der Kleingruppen und Tandems sollte gleich am Anfang der Aus- oder Fortbildungsmaßnahme gemeinsam im Plenum stattfinden und verbindlich sein.
- Die Teilnehmenden müssen sorgfältig auf die Zusammenarbeit vorbereitet werden. Dazu gehören (möglichst schriftliche) Anregungen zum Ablauf von Treffen, aber auch das Einüben bestimmter Fertigkeiten wie
  – die Leitung von Arbeitsgesprächen bzw. die Moderation von Gruppen,
  – systematisches Beobachten von Unterricht,
  – das Geben von Feedback, etc.

KOPING-Fertigkeiten sind auch in anderen Zusammenhängen nützlich

Es handelt sich dabei in der Mehrzahl um Fertigkeiten, die auch in anderen beruflichen Kooperationszusammenhängen hilfreich und nützlich sind – ganz besonders für Kursleiter in der Erwachsenenbildung. Der Aufwand lohnt sich also.

- In der Anfangsphase helfen besondere Aufgaben, die gemeinsam zu lösen und in den Präsenzphasen bzw. im Plenum einzubringen sind, über erste Konstituierungsschwierigkeiten hinweg.
- Es hat sich bewährt, den Kleingruppen und Tandems spezielle Ansprechpartner aus dem Kreis der Lehrenden zur Seite zu stellen, an die sie sich bei Fragen oder auftretenden Problemen wenden können.
- Gelegentlicher Erfahrungsaustausch zwischen den Kleingruppen hilft, die KOPING-Arbeit zu optimieren. Sinnvoll ist es außerdem, Protokolle über die gemeinsamen Treffen anfertigen zu lassen. Auch Lerntagebücher, in denen die eigenen Erlebnisse reflektiert werden, können von Nutzen sein.
- Eine weitere Maßnahme ist in der Zwischenzeit erfolgreich eingesetzt worden: Tandems und Kleingruppen werden verpflichtet, jeweils am Ende der einzelnen Sitzungen ein Kurzprotokoll über die Inhalte und Ergebnisse ihrer Zusammenarbeit auszufüllen, zu unterschreiben und an die die KOPING-Arbeit betreuende Lehrperson zu schicken. Dadurch erhält diese einen Überblick über das zeitliche Engagement der Teilnehmenden (Umfang der Treffen), aber auch über die bearbeiteten Themen, und kann notfalls intervenieren, wenn Fehlentwicklungen stattfinden. Da auf diesen Kurzprotokollen auch Fragen und Probleme notiert werden können, wird es möglich, gezielt auf die Bedürfnisse der Teilnehmenden einzugehen, sie u.U. regelrecht zu coachen.

Durch gegenseitige Information das Gelingen und die Verbindlichkeit sichern

3 Schlussbemerkung

Wie Erfahrungen und Untersuchungsergebnisse belegen, hat sich „Kommunikative Praxisbewältigung in Gruppen" als flankierende

Maßnahme auf dem Weg vom Wissen zum Handeln hervorragend bewährt – sowohl in der Variante der Kollegialen Praxisberatung als auch in der Variante als flankierende Maßnahme von Aus- und Fortbildungsveranstaltungen. Hier wie dort führte die Zusammenarbeit zu nachweisbaren Verhaltensänderungen.

Literatur

Constable, J. F. & Russel, D. W. (1986):The Effekt of Social Support and the Work Environment Upon Burnout Among Nurses. In: Journal of Human Stress, 12, 20–26.
Franz, H. J. (1986): Bewältigung gesundheitsgefährdender Belastungen durch soziale Unerstützung in kleinen Netzen. Konstanz.
Humpert, W. & Dann, H.-D. (2001): KTM kompakt. Bern.
LaRocco, J. & Jones, A.P. (1978): Co-worker and Leader Support as Moderators of Stress-Strain Relationships in Work Situations. In: Journal of Applied Psychology, 1978, 629–634.
Mutzeck, W. (1988): Von der Absicht zum Handeln. Weinheim.
Mutzeck, W. (1993): Kooperative Beratung. Habilitationsschrift. Oldenburg.
Mutzeck, W. (2002): Kooperative Beratung. Grundlagen und Methoden der Beratung und Supervision im Berufsalltag. 4. Auflage. Weinheim.
Mutzeck, W., Schlee, J. & Wahl, D. (Hrsg.) (2002): Psychologie der Veränderung. Subjektive Theorien als Zentrum nachhaltiger Modifikationsprozesse. Weinheim.
Mutzeck, W. (2005): Von der Absicht zum Handeln – Möglichkeiten des Transfers von Fortbildung und Beratung in den Berufsalltag. In: Huber, A. A. (Hrsg.): Vom Wissen zum Handeln – Ansätze zur Überwindung der Theorie-Praxis-Kluft in Schule und Erwachsenenbildung. Tübingen, 79–97.
Nold, B. (1998): Kollegiale Praxisberatung in der Lehrerausbildung. Tübingen.
Rotering-Steinberg, D. (1992): Ein Modell kollegialer Supervision. In: Pühl, H. (Hrsg.): Handbuch zur Supervision. Berlin, 428–440.
Schmidt, E. (2001): Mit Social Support vom Wissen zum Handeln. Aachen.
Schmidt, E. & Wahl, D. (1999): Kooperatives Lehren lernen: Die Wirkung kommunikativer Praxisbewältigung in Gruppen (KOPING) auf den Lernprozess von ErwachsenenbildnerInnen. Gruppendynamik 30, 3, 281–293.
Schmidt, E. (2005): Kommunikative Praxisbewältigung in Gruppen (KOPING) – Ein in der Praxis bewährtes Konzept zur Handlungsmodifikation. In: Huber, A. A. (Hrsg.): Vom Wissen zum Handeln – Ansätze zur Überwindung der Theorie-Praxis-Kluft in Schule und Erwachsenenbildung. Tübingen, 175–187.

Schlee, J. (2004): Kollegiale Beratung und Supervision für pädagogische Berufe. Stuttgart.

Wahl, D., Weinert, F. E. & Huber, G. L. (2006; 1. Korr. Neuauflage): Psychologie für die Schulpraxis. Osnabrück.

Wahl, D. (1991): Handeln unter Druck. Der weite Weg vom Wissen zum Handeln bei Lehrern, Hochschullehrern und Erwachsenenbildnern. Weinheim.

Wahl, D., Wölfing, W., Rapp, G. & Heger, D. (1995): Erwachsenenbildung konkret: Mehrphasiges Dozententraining; eine neue Form der erwachsenendidaktischen Ausbildung von Referenten und Dozenten. Weinheim.

Wahl, D. (2006): Lernumgebungen erfolgreich gestalten. Bad Heilbrunn.

Wolfgang Mutzeck

Kollegiale Supervision.
Eine Möglichkeit der beruflichen Unterstützung, Weiterentwicklung und Qualitätssicherung

1   Bedarf an Unterstützung, Weiterentwicklung und Supervision

Bedarf an Unterstützungssystem

Der Berufsalltag von Pädagoginnen und Pädagogen (Lehrern, Erziehern, Sozialpädagogen) ist komplexer, anspruchsvoller und belastender geworden. Zum einen gibt es fortlaufende Weiterentwicklungen und Veränderungen, die viel psychische Kraft kosten, zum anderen werden die Schüler zunehmend als schwieriger erlebt. Beide Situationen führen oft zu großen Belastungen. Der Wunsch nach Entlastung und Unterstützung ist gewaltig, er wird allerdings nur selten erfüllt. Die Folgen sind meistens hoher Krankenstand, starke Fluktuation, Burnout und überproportionales Auftreten von psychischen, psychosomatischen und psychiatrischen Erkrankungen sowie Frühpensionierungen (Näheres siehe Mutzeck 2006). Die Verbesserung der materiellen Bedingungen ist wichtig, aber manchmal nicht möglich und oft nicht ausreichend. Daher sind Unterstützungssysteme wie Supervision notwendig. Eine weitere, häufig anzutreffende Belastungssituation tritt auf, wenn Probleme, Konflikte oder Krisen nicht gesehen, verharmlost, geleugnet etc. werden (s. Abb. 1). Angst, Angriff, Rückzug u.ä. sind oft die Reaktionen darauf. Wichtig ist, die Problematik als vorhanden anzunehmen und sie in einen vertrauensvollen Gespräch zu bearbeiten (s. Abb. 1), um aus dem Teufelskreis von destruktiven Handlungen herauszukommen.

Bewältigungsformen

Diese Beispiele zeigen, dass konstruktive Bewältigungsformen für schwierige und belastende Situationen des Berufsalltags angeboten werden müssen. Eine Möglichkeit, effektiv psychischen Belastungen vorzubeugen bzw. mit problematischen Situationen umzugehen, ist die Supervision. Weitere wären z.B. die Beratung, das Coaching oder das Mentoring (Mutzeck 2008) sowie Entspannungs- und Meditationsprogramme.

Chancen von Supervision

Supervision hat außer diesem präventiven und kurativen Charakter auch einen hohen Bildungswert. Für die Weiterentwicklung, Verbesserung und Sicherung von Professionalität insbesondere im Bereich Erziehung ist Supervision eine sehr wertvolle Möglichkeit, situationsnah und handlungsorientiert zu lernen. Sie schafft die Gelegenheit systematischer Reflexion der Praxis in Verbindung mit neuen

Wissen und Erkenntnissen. Das ist eine sehr wirksame Art von Fortbildung: Reflektieren, Lernen, Üben, Vertiefen, Unterstützen.

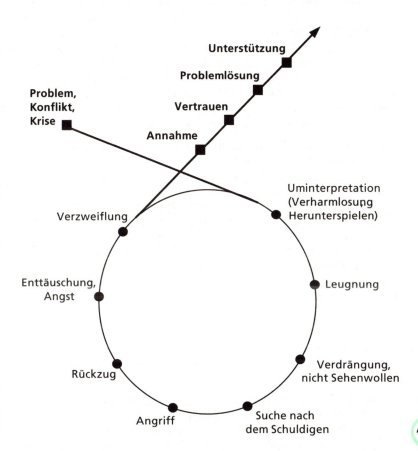

Abb. 1: Teufelskreis

2 Was ist Supervision und was ist Kollegiale Supervision?

Supervision, aus dem lateinischen (supervidere) kommend, bedeutet „von oben sehen, etwas aus der Distanz, von einem übergeordneten Standpunkt aus betrachten". Bei der Supervision geht es um Reflexions-, Beratungs-, Weiterbildungs- und Unterstützungsmethoden für schwierige berufliche Situationen. Sie ist keine Psychotherapie oder eine Beratung, bei der überwiegend persönliche und/oder familiäre Konflikte und Aspekte im Vordergrund der Arbeit stehen (vgl. Belardi 2002).

Begriffsbestimmung

Supervision ist eine systematische Reflexion des beruflichen Handelns im Kontext institutioneller Situationen und Bedingungen vor dem Hintergrund des persönlichen und gesellschaftlichen Umfelds (Mutzeck 2004a). Sie ist eine besondere Form von Beratung, die auf psychologischen und pädagogischen Ansätzen und Methoden basiert. Die Zielgruppe von Supervision, die Supervisanden, sind Personen, bei denen das professionelle Handeln auf zwischenmenschliche Beziehungen bei beratenden, helfenden, pflegenden, lehrenden, menschenführenden Tätigkeiten gerichtet ist. Gegenstand von Supervision sind vor allem schwierige bzw. gestörte Interaktionsprozesse im Berufsalltag. Das Thema erwächst aus dem jeweiligen Berufsfeld und Arbeitsplatz der Supervisanden.

Zielgruppe und Gegenstand

Supervisanden sind Psychologen, Ärzte, Sozialarbeiter und -pädagogen, Lehrer, Erzieher oder Manager und andere Berufsgruppen, z.T. in Leitungsfunktionen. Der Supervisor ist die Person, die eine Supervision anbietet und methodisch geschult leitet. Es handelt sich um eine Dienstleistung, die meist vom Arbeitgeber des Supervisanden bezahlt wird (im Schulbereich ungewöhnlicherweise häufig vom Supervisanden selbst). Der Arbeitgeber verspricht sich von der Supervision seiner Mitarbeiter, dass sich die Qualität der Arbeit, der Dienst am Kunden bzw. Klienten (Patienten, Ratsuchende, Schüler, Eltern, Kunden etc.) verbessert und problemfreier wird. Gleiches gilt für die Zusammenarbeit der Mitarbeiter insbesondere in der Teamarbeit (Mutzeck 2004b).

Bei der Analyse der Literatur zur Supervision muss man feststellen, dass es weder eine einheitliche noch eine allgemeingültige Definition gibt. Es sollen im Folgenden wesentliche Bestimmungsstücke genannt werden:

Bestimmungsstücke

- Berufliche Situationen und Kompetenzen im Kontext des Umfelds reflektieren und optimieren können (Professionalität),
- persönliche, interaktionelle und institutionelle Situationen und deren Zusammenhänge wahrnehmen und verstehen können (Wahrnehmung, Reflexion, Analyse und Bewertung eigener Situationen und Handlungen und die anderer Personen),
- Verbesserung der Selbst- und Fremdrückmeldung; Lernen, Anerkennung, Lob und konstruktive Kritik geben und empfangen zu können,
- Ressourcen – insbesondere persönliche – erkunden, nutzen, pflegen und optimieren können,
- Erhöhung der Problemlösekompetenz,
- Ergebnisse und Erkenntnisse in Ziele, Planungen und Handlungen in der Supervision und am Arbeitsplatz umsetzen können (Transfer und Implementation),
- zentrale Kompetenzen unterstützen und fördern (wie Sachkompetenz, Sozial- und Arbeitskompetenz),
- Weiterentwicklung und Stärkung von beruflichen Sichtweisen, Haltungen und Verhaltensweisen (Mutzeck 2006).

Die Beschreibung der unterschiedlichen Formen von Supervision sind bei Belardi (2002) und Mutzeck (2000, 2005a, 2006) zu finden.

Supervision soll hier verstanden werden als eine professionelle Hilfe zur Selbsthilfe. Es gilt, die Kompetenzen zur Selbstwirksamkeit und Handlungsfähigkeit des Supervisanden, unter Einbezug seiner Potentiale und Ressourcen zu erhöhen. Supervision ist eine kurz- oder mittelfristige, systematische und professionelle Begleitung und Unterstützung im oben gemeinten Sinne („Ein Stück des Weges mit jemanden gehen."). Sie soll geschehen, befreit vom direkten Handlungsdruck des Berufsalltags, d.h. es wird die Gelegenheit geboten, Erlebnisse am Arbeitsplatz aus einer gewissen Distanz und unter stützenden Bedingungen zu bearbeiten und damit Erkenntnis- und Lernprozesse zu fördern. Die Supervisionsarbeit hat das Ziel, bestimmte Wirkungen zu intensivieren und/oder zu unterstützen, z.B.:

- berufliche schwierige Situationen, Konflikte und Belastungen (besser) bewältigen,
- die Professionalität und die Qualität der Arbeit verbessern, stützen und sichern,
- das Arbeitsklima und die Kooperation stützen, verbessern und ggf. verändern,
- zur Weiterentwicklung der Kultur einer Einrichtung, ihrer Konzeption, Strukturen und Organisationsformen beitragen (Schlee & Mutzeck 1996; weitere Aspekte s. Belardi 2002; Hoffmann-Gabel 2001).

Besondere Charakteristika und Prinzipien von Supervision hat die hier vorgestellte spezifische Form, die Kollegiale Supervision. Vom Setting ist das Besondere, dass es einen Hauptsupervisor und mehrere Co-Supervisoren gibt (Näheres s. Kap. 4). Ferner wird die Kollegiale Supervision (auch Kollegiale Praxisberatung in der Gruppe genannt) häufig als Peer-Group-Supervision durchgeführt. Sie ist eine Arbeitsform, bei der die Mitgliedschaft durch Gleichrangigkeit gekennzeichnet ist. Es ist eine wechselseitige Supervision ohne formelle Leitung. Belardi hat die Erfahrung gemacht: „Sie ist dann erfolgreich, wenn die Teilnehmerinnen und Teilnehmer über langjährige Berufserfahrungen verfügen und in der Lage sind, das Gruppengeschehen von Neid, Missgunst, Rivalitäten oder anderen Störungen freizuhalten. Wenn:

- gute Selbstreflexion und Gruppenerfahrung der Teilnehmer,
- hohe Professionalität (beispielsweise gute Ausbildung, langjährige Berufserfahrung),
- geringe Konkurrenz,
- weitgehende Angstfreiheit,
- realistische Ansprüche,
- vorherige positive Erfahrung mit geleiteter Supervision

vorhanden sind" (2002, 91).

Sehr ähnliche Erfahrungen hat der Autor mit der Kollegialen Supervision gemacht, wo es einen Übergang von einem externen Supervisor zu einem internen Supervisoren gibt (Mutzeck 1989, 1996, 2005a; s. Kap. 4). Solche Gruppen sind kostengünstig und können über viele Jahre sehr effektiv zusammenarbeiten. Peer-Group-Supervision kann auch Teil einer Ausbildung oder Zusatzqualifikation sein, z.B. zur Lehrer-, Berater-, Supervisor-Aus- und Weiterbildung.

Bei der Kollegialen Supervision, egal ob sie von einem externen Supervisor durchgeführt oder als Peer-Group-Supervision veranstaltet wird, sind in jedem Fall alle Teilnehmer (Haupt- u. Co-Supervisoren und der Supervisand, s. Abb. 5) Experten. Sie haben unterschiedliche Kompetenzen, die sich aber meistens sehr gut ergänzen. Diese Form von Supervision setzt jedoch eine besondere Konzeption von Supervision voraus. Sie wird im Folgenden beschrieben, danach die Struktur und die Methodik des Vorgehens.

3 Wissenschaftstheoretische Grundlagen der Kollegialen Supervision

Bezugsrahmen der Kollegialen Supervision

Die Konzeption der Kollegialen Supervision ist als eine Meta- oder Schachteltheorie zu sehen. Die äußere Hülle bilden die Menschenbildannahmen, welche die Supervisionskonzeption als Basis hat. Der darunter liegende Rahmen beinhaltet die Gegenstandskonzeption, d.h. die Handlungs-, Entwicklungs- und Störungstheorie sowie die Wirklichkeitskonzeption. Den Kern bildet die Supervisionskonzeption im engeren Sinne (i.e.S.), d.h. Struktur, Methoden und Setting der Kollegialen Supervision.

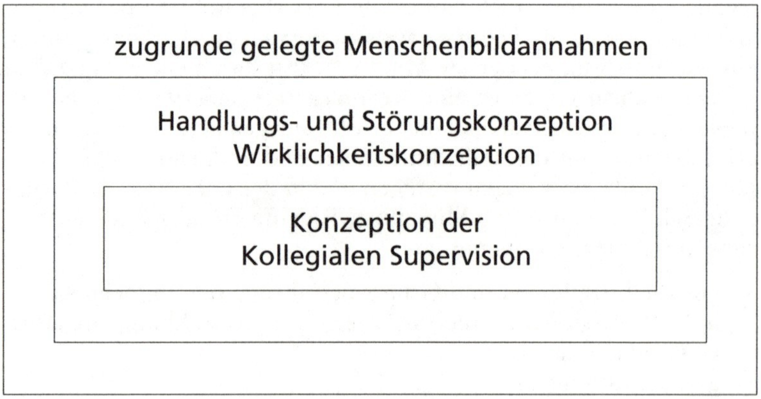

Abb. 2: Bezugsrahmen und Bestandteile der Konzeption „Kollegiale Supervision"

zugrunde gelegte Menschenbildannahmen
Handlungs- und Störungskonzeption Wirklichkeitskonzeption
Konzeption der Kollegialen Supervision

3.1 Menschenbildannahmen

Die Offenlegung und Erläuterung der Menschenbildannahmen ist für eine Theorie, die den Menschen als Gegenstand von Supervision hat, eine notwendige Voraussetzung. Diese Menschenbildannahmen dienen zur Orientierung mit dem Ziel einer regulativen und korrektiven Funktion. Alle nachfolgenden Elemente der Supervisionskonzeption haben sich auf diese Grundannahmen zu beziehen und sollten nicht im Widerspruch zu ihnen stehen (Groeben u.a. 1988; Mutzeck 1988).

Mensch als Gegenstand

Das vorliegende Modell orientiert sich an einem humanistischen Menschenbild, insbesondere an der „Psychologie des reflexiven Subjekts" (Groeben u.a. 1988; Mutzeck 1988) sowie an den Ansätzen der personzentrierten, der systemischen und der kommunikationstheoretischen Psychologie.

Der Mensch als reflexives Subjekt

Der Mensch ist ein universelles, ganzheitliches Wesen, welches von seinen generellen Möglichkeiten her (potentiell) die Fähigkeiten des Denkens, einschließlich des Entscheidens und Wollens, des Fühlens, des Sprechens und des Handelns, besitzt. Bezugssystem dieser potentiellen Fähigkeiten sind dessen Körperlichkeit und Spiritualität einerseits und die Umwelt, Sozialität und Historizität andererseits. Der Mensch kann zu sich selbst in Beziehung treten (Intra-Aktion) und zu seiner Umwelt, insbesondere zu seinen Mitmenschen (Interaktion). Er ist ein potentiell aktives Wesen. Die Menschenbildannahmen der psychologischen und pädagogischen Theorie „Der Mensch – ein reflexives Subjekt" umfassen vor allem folgende potentielle Fähigkeiten:

Potentielle menschliche Fähigkeiten

- Reflexivität
- Rationalität, Intentionalität
- Sinnorientierung, Erkenntnisfähigkeit
- Emotionalität
- Verbalisierung- und Kommunikationsfähigkeit
- Handlungskompetenz
- Autonomie.

Auch wenn diese wesentlichen Fähigkeiten des Menschen einzeln benannt sind, bilden sie doch eine Einheit, eine Ganzheit (weitergehende Ausführungen s. Mutzeck 1988, 1989). Dass der Mensch diese potentiellen Fähigkeiten besitzt, heißt nicht, dass er zu jeder Zeit und in jeder Situation rational denkt, handelt usw.; es wird nur postuliert, dass er grundsätzlich dazu fähig ist und diese Ressourcen (weiter-)entwickeln und nutzen kann.

3.2 Handlungskonzeption

Der zweite Rahmen des Supervisionsansatzes „Kollegiale Supervision" (siehe Abb. 2) ist eine Handlungs- und Störungskonzeption auf der Grundlage der explizierten Menschenbildannahmen. Der

Merkmale einer Handlung

Mensch ist ein überwiegend handelndes Wesen. Handlung ist durch folgende Merkmale gekennzeichnet:

- Handlung geht über den Begriff Verhalten hinaus, da sie die mentalen Prozesse einbezieht und sie in Verbindung zur Umwelt in Bezug auf Aktualität, Sozialität und Historizität setzt.
- Für die Erklärung von Handlung sind die internen mentalen Prozesse, die Welt- und Selbstsicht einer Person in Bezug zum Verhalten und zur Umwelt ausschlaggebend.

Handlung zeichnet sich dadurch aus, dass sie

- bewusst,
- zielgerichtet,
- geplant bzw. planvoll,
- absichtlich (willentlich),
- interaktiv (Mensch-Umwelt-bezogen),
- normen- und wertorientiert,
- aus mehreren Möglichkeiten gewählt, abgewogen und entschieden und damit subjektiv sinnvoll mit einer Bedeutung versehen ist, und
- dass der Handelnde (unter diesen Prämissen) mit den ihm als geeignet und sinnvoll erscheinenden Mitteln versucht, etwas zu verändern, zu erhalten oder eine Veränderung zu verhindern bzw. sie absichtlich zu unterlassen.

So gesehen ist davon auszugehen, dass das Verhalten von Menschen im Wesentlichen auf Zielorientierung, Planung, Entscheidung und Sinnhaftigkeit beruht und daraus folgend eine Handlung darstellt. Die Zielorientiertheit und Sinnhaftigkeit von Handlungen kann ein Außenstehender, ein Beobachter aber nur erschließen, indem er das von ihm Beobachtete interpretiert. Der Handelnde selbst (jedoch) kann, soweit er sich der Inhalte seiner mentalen Prozesse bewusst ist, Auskunft über sie geben. Indem er sein Handeln in Verbindung setzt zu seinen Zielen, Plänen und Entscheidungen, interpretiert er auch, da er die Wirklichkeit nur so darstellen (konstruieren) kann, wie er sie sieht und erlebt.

Wirklichkeitskonstruktion

Innenperspektive und Sicht von außen

Eine Interpretation geschieht also sowohl vom Außenstehenden, vom Beobachter als auch vom Handelnden selbst. Der entscheidende Unterschied ist aber: „Die Interpretation des Beobachters (hinsichtlich der Intentionen, Handlungsgründe etc.) kann nie unmittelbar in Richtung auf eine Handlungsentscheidung, -ausführung etc. wirksam werden; die Selbstinterpretation des Handelnden jedoch muss nicht, kann aber operativ wirksam werden" (Scheele & Groeben 1986, 5). Im Vordergrund der Beschreibung und Erklärung von Handlungen steht somit die Innenperspektive, das Erfassen der subjektiv-individuellen Sichtweise (Konstruktion) von Wirklichkeit. Die Sicht von Außen, die beobachtbaren Verhaltensweisen und Situationsbedingungen sollen jedoch ebenso festgestellt werden. Der Verhaltenstheoretiker unterliegt somit einer Illusion, wenn er meint, die Wirklichkeit objektiv (unabhängig von sich selbst) erfassen zu können. Der Konstruktivist v. Förster bringt die grundlegenden Argumente des Denkmodells auf den Punkt, wenn er sagt: „Objektivität ist die Wahnvorstellung eines Subjekts, dass er beobachten könnte ohne sich selbst!" (zit. n. Rotthaus 1987, 21). Der „rigorose Rückzug der empirischen Wissenschaften" (Scheele und Groeben 1986, 4) auf das (Weber'sche) Werturteilsfreiheits-Postulat ist anzuzweifeln.

Die Handlung einer Person ist als ein kontextgebundenes Geschehenssystem zu sehen, wobei die jeweilige Person mehreren Systemen gleichzeitig angehört. Ein Schüler z.B. lebt in den Systemen Familie, Schule, Freundeskreis, Sportverein etc. Seine Handlungen sind an den jeweiligen Kontext gebunden, beziehen aber entsprechend seiner Wahrnehmung und Informationsverarbeitung andere Systeme mit ein. Ein Handlungsmodell auf der Grundlage des Menschen als reflexivem Subjekt in seinen systemischen Bezügen stellt somit keine geradlinige Ursache-Wirkungs-Beziehung dar, sondern eher einen zirkulären Rückkopplungsprozess. Handlung ist ein wechselseitiges inter- und intraaktives Geschehen (s. Abb. 3).

Kontextgebundenheit

Handlungsmodell

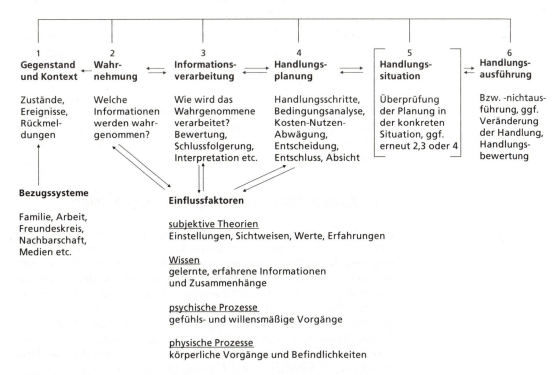

Abb. 3: Handlungsmodell der Kollegialen Supervision

Nicht der Kontext an sich bestimmt die Handlung einer Person, sondern deren individuelle mentale Prozesse der Wahrnehmung, Informationsverarbeitung und Handlungsplanung sowie deren Einflussfaktoren in Bezug zum Kontext. Ein Individuum nimmt aus einem *Kontext* bestimmte Informationen wahr, andere nicht (*Wahrnehmungsprozesse*). Diese wahrgenommenen Informationen verarbeitet es, indem es Bedeutungszuschreibungen, Schlussfolgerungen und Interpretationen vornimmt (*Informationsverarbeitung*). Bei der Erschließung kann es auch zu Informationen kommen, die nur zu einem kleinen Teil auf beobachteten Informationen beruhen (z.B. auf Grund nonverbaler Körpersprache oder Kleidung). Diese Prozesse werden von unterschiedlichen Faktoren beeinflusst (s. Abb. 3), die wiederum auf den Informationen der dargestellten Prozesse beruhen. Die inter- und intraaktiven Wahrnehmungs- und Informationsverarbeitungsprozesse führen dann zur subjektiv konstruierten Wirklichkeit, auf deren Grundlage eine *Handlungsplanung* und die *Ausführung einer Handlung* bzw. deren Unterlassung, Aufschiebung, Unterbrechung vorgenommen werden. Wird eine Handlung an einem anderen Ort geplant als am Handlungsausführungsort, kann es nach der Planung noch zu Veränderungen, Anpassungen und neuen Entscheidungen kommen, entsprechend den erneuten Bewertungen der Handlungssituation, z.B. den veränderten antizipierten Handlungsfolgen. Insbesondere können plötzliche, starke Emotionen eine Handlungskonzeption völlig verändern.

Zusammenfassung

Aus der Sicht dieser Handlungstheorie ist bei den meisten normalen wie abweichenden Verhaltensweisen davon auszugehen, **dass die Person, die ein Verhalten ausführt, sich etwas dabei gedacht hat oder sogar ganz gezielt und planvoll vorgeht**. Ein von Gedanken und Empfindungen ausgehendes Verhalten wird als Handeln bezeichnet. Eine ausführliche Darstellung der Handlungs-, Entwicklungs- und Störungstheorie, die der Kollegialen Supervision zu Grunde liegt und aus der viele Strukturierungen und Orientierungen zur Supervision erfolgen, ist zu finden in Mutzeck 2005a.

3.3 Konzeption der Kollegialen Supervision

Der Supervisionsansatz „Kollegiale Supervision" (Mutzeck 1989, 1996, 2005a) **vermeidet eine belehrende und asymmetrische Haltung und Vorgehensweise des Supervisors.** Hingegen soll eine **verstehende, kooperierende und symmetrische Interaktion aufgebaut und unterstützt werden.** Diese beiden Arten von Supervisor-Supervisanden-Beziehung unterscheiden sich grundsätzlich voneinander:

Vertikale Supervision

Bei der direktiven (vertikalen) Supervision bestimmt und lenkt allein der Supervisor den Gesprächsverlauf. Er zeigt ein aktives Gesprächsverhalten, indem er viele direkte Fragen stellt, informiert, erklärt, interpretiert, Vorschläge und Handlungsanweisungen unterbreitet, aus seiner Expertensicht heraus. Die Kommunikationsbeziehung zwischen Supervisor und Supervisand ist asymmetrisch und vertikal (s. Abb.4). Das heißt, es gibt ein „Oben", das Expertenwissen des Supervisors, und ein „Unten", die Hilfsbedürftigkeit des Supervisand. Die Mitarbeit des Klienten ist reaktiv und rezeptiv und selten nachhaltig. Bei dieser vertikalen Supervision wird von einer Hierarchie der unterschiedlichen Wertigkeit der Kompetenzen ausgegangen. Höherwertig („oben") sind die Fähigkeiten und Kenntnisse des Supervisors, seine Beratungs- und Fachkompetenz. Niederwertig („unten") hingegen werden die Kompetenzen des Supervisanden eingestuft. Überspitzt formuliert lautet die Sichtweise eines so eingestellten Supervisors: „Ich kenne Ihr Problem und sage Ihnen, wie Sie es lösen sollten".

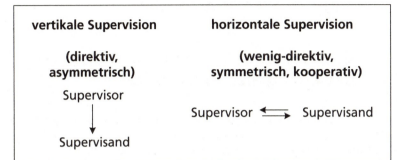

Abb. 4: Vertikale und horizontale Supervision

Die horizontale, wenig direktive Supervision hingegen ist gekennzeichnet durch Herstellung und Stützung der Aktivität des Supervisanden. Ihm werden Kompetenzen zugeschrieben, seine Ressourcen und Möglichkeiten so zu aktivieren, dass er sein Problem mitlösen bzw. weitgehend selbst lösen kann. Der Supervisor gibt hierzu Impulse und Hilfestellungen. Die Kommunikationsbeziehung ist beim kooperativen Vorgehen symmetrisch und horizontal sowie nachhaltig vertrauensvoll und umsetzungsorientiert. Bei dieser kooperativen Art von Supervision werden die Kompetenzen des Supervisors und des Supervisanden als gleichwertig angesehen, d.h. die Kenntnisse und Sichtweisen des Supervisanden über sich und seine Lebens- und Berufswelt sowie seine Ressourcen und Fähigkeiten mit sich selbst und seinen Mitmenschen umzugehen, sind wertvoll und sehr bedeutsam. Durch die Explikation der Selbst- und Weltsicht des Supervisanden wird der Sinn seines Handelns offenbar und damit eine Veränderung oder Erweiterung seiner handlungsleitenden Gedanken und Empfindungen (s. Kap. 3.1 und 3.2). Supervisor und Supervisand erkennen die Bedeutung der Kompetenzen des anderen an und versuchen zu kooperieren, „sich miteinander zu beraten". Bei dieser symmetrischen, horizontalen Vorgehensweise ist die Rollenverteilung nicht, „Ratschläge erteilen" bzw. „Ratschläge empfangen und befolgen", sondern gemeinsam unter methodischer Leitung des Supervisors den Weg der Klärung und der Lösung des Problems (Frage, Aufgabe, Konflikt) sowie der Umsetzung des erarbeiteten Handlungswegs zu gehen. Der Supervisand wird bei dieser Form von Supervision stets zu einem aktiv Handelnden. Die Supervisoren in einer horizontalen, symmetrischen kooperativen Supervision bringen ihre Haltung (Konzeptionsverständnis) und ihre Handlungskompetenz zum Ausdruck,

Horizontale Supervision

- indem sie sich bemühen, eine vertrauensvolle Kommunikation sowie eine durch Akzeptanz, Empathie und Kongruenz geprägte Beziehung herzustellen, und
- dass sie durch ein kooperatives, zielgerichtetes, strukturiertes, transparentes und dialogkonsensuales Vorgehen mit ihm gemeinsam sein Problem zu verstehen und zu erklären versuchen, Ressourcen erkunden und nutzen, Lösungen erarbeiten, Handlungsschritte planen und deren Durchführung begleiten und reflektieren (Näheres s. Kap. 5 und Mutzeck 2005a).

4 Grundlegende Aspekte der Prinzipien der Kollegialen Supervision

Bevor die Struktur und der Ablauf einer Supervisionssitzung dargestellt wird, müssen noch einige grundlegende Aspekte zur Durchführung einer Kollegialen Supervision dargestellt werden:

– Persönliche Voraussetzungen und Kontrakt

Kollegiale Supervision ist keine Therapie

Es ist den Interessenten, künftigen Gruppenmitgliedern eindeutig mitzuteilen, dass es sich bei Kollegialer Supervision nicht um eine Therapie oder Therapiesupervision handelt. Ggf. sind Hinweise für entsprechende Möglichkeiten andernorts zu geben. Den Teilnehmern sollte ferner mitgeteilt werden, dass eine Bereitschaft zum Lernen und Erproben neuer, teils ungewohnter Handlungen und Methoden sowie das Einbringen eigener Problemereignisse und Arbeitsvorhaben eine notwendige Voraussetzung für eine Teilnahme ist, ebenso das Interesse an der Reflexion der im Arbeitsalltag angewendeten Handlungskompetenzen und Routinen. Die Zusicherung der Verbindlichkeit bei Terminabsprachen, der regelmäßigen Teilnahme und des vertraulichen Umgangs mit Informationen ist

Kontrakt

ebenfalls eine unabdingbare Voraussetzung. Nach der Einführungssitzung, vor Beginn der Fortbildungsphase, muss jeder Teilnehmer die endgültige Entscheidung über seinen Verbleib und seine Mitarbeitsbereitschaft bekannt geben (Kontrakt). „Voyeure" sind arbeitshemmend und darum nicht zulässig.

– Gruppengröße

Nachteile zu großer Gruppen

Die Größe der Gruppe sollte zwischen fünf und acht Teilnehmer betragen. Wird eine größere Anzahl von Mitgliedern zugelassen, so entstehen insbesondere für die interne, selbstständig durchgeführte Supervision erhebliche Nachteile. Vertrautheit, Arbeitsfähigkeit und Verbindlichkeit sind schwerer zu erreichen und zu erhalten. Mit dem Einbringen eigener Anliegen (Probleme, Projekte etc.) müssen Teilnehmer oft lange warten; es sei denn, man trifft sich jede Woche. Die Motivation lässt bei ungünstiger Gruppengröße und sehr unterschiedlichen Erwartungen erheblich nach. Ein (fortlaufender)

Drop-out, oft positiv als „Gesundschrumpfen" formuliert, ist zu hinterfragen und war bisher auch bei Gruppen, die nach der Methode der Kollegialen Supervision gearbeitet haben, kaum zu verzeichnen. Bei 10 und mehr Anmeldungen sollte die Gruppe für eine selbstgeleitete Supervision geteilt werden. Bei einer Kollegialen Supervision mit einem externen Supervisor muss dieser unter Einbeziehung des Wunsches der Teilnehmer bzw. des Auftraggebers (z.B. Teilkollegium, Team aller Integrationsklassenlehrer) entscheiden, welche Gruppengröße er für sich für arbeitsfähig hält.

– Häufigkeit und Ort der Gruppensitzungen

Bei einer Gruppengröße z.B. von sechs Teilnehmern sollte die Frequenz der Treffen mindestens alle drei bis vier Wochen betragen. Größere Abstände erschweren die erforderliche Vertrautheit und Arbeitsintensität und führen zu ständigen Beziehungsklärungen. Um Zeit und Fahrkosten möglichst gering zu halten, sollten die Gruppentreffen auf lokaler oder regionaler Ebene stattfinden. Der Raum für die Supervision ist so zu wählen, dass eine distanzierte Reflexion der Arbeit der Teilnehmer möglich ist. Schulen eignen sich daher oft für Lehrergruppen weniger, eher Räume in Beratungsstellen, in Lernwerkstätten etc. Räume in Gaststätten oder in Wohnungen können leicht eine Debattier- oder Stammtisch-Atmosphäre auslösen, was dem Arbeitscharakter von Kollegialer Supervision zuwiderläuft. Der Sitzungsraum sollte eine Atmosphäre des Wohlbefindens und der Arbeitslust hervorrufen. Dazu sollten außer den genannten örtlichen Bedingungen die Raumbeschaffenheit und die Raumgestaltungsmöglichkeiten beachtet werden, z.B. gute Lichtverhältnisse, bequemes Gestühl, ausreichende Raumgröße, Möglichkeiten zum Aufhängen von Wandzeitungen. Getränke und kleine Snacks (Gebäck, Obststücke etc.) können in den Pausen angeboten werden. Vorher oder in der Pause eine größere Mahlzeit einzunehmen, hat sich für das gemeinsame Arbeiten als sehr ungünstig erwiesen.

Monatliche Treffen

Angenehme Arbeitsumgebung

– Expertenteam und Rollenverteilung

Das Kernprinzip der Kollegialen Supervision, dass alle Teilnehmer, egal welche Rolle (Haupt-Supervisor, Co-Supervisor, Supervisand) sie haben, *Experten* sind, ist in den Kapiteln 2 und 3 dargestellt worden. Kompetenzen ergänzen sich bei der Kollegialen Supervision in zweifacher Hinsicht: Zum Einen die Fähigkeiten der Supervisoren untereinander (Synergieeffekte von Sehen, Hören, Denken, Fühlen etc.), zum Anderen sind es die Wirkungs- und Handlungskompetenzen der Supervisoren und des Supervisanden, die sich nicht nur bei der Klärung, sondern auch bei Lösung und Umsetzungsplanung ergänzen. Der Hauptsupervisor aber auch die Co-Supervisoren haben die Aufgabe und müssen darin geschult sein, Vertrauen aufzubauen und psychische Sicherheit geben zu können als auch den Supervisanden so anzuleiten bzw. zu begleiten, dass er Erkenntnisse über sich selbst und das Problemsystem bekommt, dass er in seiner

Sich ergänzende Kompetenzen

Die Supervisoren als Experten

Der Ratsuchende als Experte

Problemlösekompetenz gestärkt wird (s. Kap. 2). Die Supervisoren dürfen solange uneingeschränkt handeln, solange sie die Konzeption (Kap. 3) und Struktur (Kap. 4) der Kollegialen Supervision beachten und vor allem die Autonomie und Selbstbestimmungskompetenz des Supervisanden fördern und stützen (vgl. Neveling & Schlee 1996, Schlee 2004, Mutzeck 2005a). Der Ratsuchende ist Experte für sich selbst und seine Bezugssysteme. An die Selbst- und Weltsicht des Supervisanden, die der Schlüssel einer Problemklärung und -lösung ist, können die Supervisoren nur über ihn selbst Auskunft erhalten. Je eher und mehr sie die o. g. Aufgaben kompetent erfüllen, wird der Supervisand sein Expertenwissen einbringen. Dieses gilt für alle Phasen der Kollegialen Supervision (s. Kap. 6) insbesondere für die Ressourcenerkundung, Lösungsfindung und -entscheidung sowie der Anwendungskompetenz im Berufsalltag. Im Gegensatz zu anderen Supervisionsansätzen und -arten gibt es in der Kollegialen Supervision nicht nur einen Supervisor, sondern mehrere (s. Abb. 5).

Wechselnde Rollen

Jedes Mitglied einer Kollegialen Supervisionsgruppe ist bis auf den Ratsuchenden Supervisor. In der nächsten Sitzung ist der Supervisand dann auch wieder Supervisor. Die Potentiale und die Ressourcen der Mitglieder einer Supervisionsgruppe, vor allem dann, wenn alle die Methode dieser pädagogischen Supervision beherrschen, sind sehr groß. Diese Fähigkeiten des Wahrnehmens, der Klärung, des Lösungen Findens, der Ermutigung, des Unterstützens usw. werden in diesem Supervisionsansatz genutzt und schaffen auf diese Weise auch eine Qualitätsverbesserung bzw. -sicherung der zentralen pädagogischen Kompetenzen. Um besser strukturiert, regelgeleitet und den Supervisanden unterstützend arbeiten zu können, ist es notwendig, dass einer der Supervisoren als Hauptsupervisor fungiert. Die *Rollenverteilung* z.B. bei einer fünfköpfigen Gruppe gestaltet sich folgendermaßen:

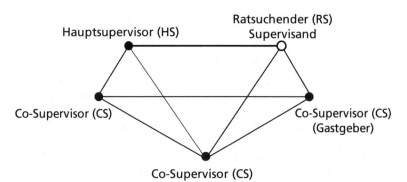

Abb. 5: Rollenverteilung in der Kollegialen Supervision

Aufgaben des Hauptsupervisors

Der Hauptsupervisor leitet die Supervision. Er führt in den jeweiligen Supervisionsschritt (s. Abb. 6) ein und kann zwischendurch strukturieren (z.B. durch einen Dialogkonsens) oder etwas initiieren etc. Wichtig ist, dass er sobald wie möglich das Stellen von (offenen)

Fragen etc. an die Co-Supervisoren abgibt. Er greift nur ein, wenn sich jemand nicht an die Konzeption der Kollegialen Supervision hält (s. Kap. 3–5). Die Co-Supervisoren unterstützen den Hauptsupervisor bei seiner Arbeit. Die Kooperation zwischen Hauptberater und den Co-Supervisoren geht von beiden aus, auch wenn es der Hauptsupervisor ist, der durch den Ablauf der weitgehend vorgegebenen Grundstruktur (s. Abb. 6) führt. Eine gute Zusammenarbeit zwischen den Supervisoren ist für das Wohlbefinden aller und den Erfolg einer Kollegialen Supervision entscheidend. Die in der Abbildung 5 dargestellte Sitzordnung ist nicht willkürlich, sondern basiert auf Erfahrungen. Neben dem Supervisor sitzt das Gruppenmitglied, welches Rat sucht (Supervisand). Hier sollte die stärkste Beratungsbeziehung bestehen. Auf der anderen Seite des Hauptberaters sitzt der Co-Supervisor, der gleichzeitig, wenn gewünscht, Protokollant ist. Es folgen im Kreis die anderen Co-Berater. Eines der Gruppenmitglieder hat außer der Rolle des Co-Supervisors auch die Funktion des Gastgebers. Er sorgt einerseits für einen ungestörten und möglichst gemütlichen Raum, für Getränke und die Medien (Flip-Chart, Filzstifte, Papier etc.) und achtet andererseits auf die Einhaltung der vereinbarten Zeiten und Regeln. Der Gastgeber eröffnet und beendet eine Sitzung und leitet von einer zur nächsten Strukturphase (s. Kap. 5) über. Bei der externen Form der Kollegialen Supervision ist es im Voraus klar, dass der beauftragte Supervisor die Rolle des Hauptsupervisors innehat. Bei der internen Supervision, bei der alle Teilnehmer in der Methode der Kollegialen Supervision ausgebildet sind (s. Kap. 6), wird von Sitzung zu Sitzung vorher durch ein Reihum-Verfahren oder zu Beginn der Sitzung durch die Entscheidung des Supervisanden bestimmt, wer der Hauptsupervisor ist (weitere Verfahren in Mutzeck 2005a).

Zusammenarbeit der Supervisoren

Aufgaben des Gastgebers

5 Struktur und Ablauf einer Kollegialen Supervision

Um den Sitzungen der Kollegialen Supervision einen möglichst günstigen Arbeitsrahmen zu geben, sind außer den genannten räumlichen, zeitlichen und personellen Bedingungen und Vereinbarungen folgende Strukturen zu setzen, die den organisatorischen und inhaltlichen Ablauf einer Supervisionssitzung bestimmen.

Ablauf einer Supervisionssitzung

- Zusammenfinden und Austausch,
- Nachgehende Begleitung,
- Kollegiale Supervision,
- Vorbereitung der nächsten Sitzung.

Zusammenfinden und Austausch

Zeit: ca. 15 Minuten, Leitung: Gastgeber. In der Eingangssituation wird Raum gegeben, sich äußerlich und innerlich als Gruppe zu-

Informeller Austausch

sammenzufinden. Bei einer Tasse Kaffee oder Tee werden persönliche Erlebnisse und andere Neuigkeiten ausgetauscht. Diese Art Psychohygiene wird als sehr angenehm und wichtig erlebt und beugt späteren Störungen durch Seitengespräche weitgehend vor. Da keiner Neuigkeiten verpassen möchte, ist außerdem pünktliches Erscheinen meistens gesichert.

Nachgehende Begleitung

Bericht über die Problembewältigung

Zeit: 20 Minuten. Der Haupt-Supervisor der letzten Sitzung bittet seinen Supervisand, von dessen Versuch der Problembewältigung zu berichten. Danach äußern sich die Teilnehmer dazu und loben auch Ansätze der Verwirklichung. Ein „Wehklagen" über Misserfolge und die widrigen Umstände ist zu vermeiden. Ggf. werden andere Handlungswege und weitere Unterstützungen geplant. Auch andere Teilnehmer können über den Stand ihrer Problembewältigung kurz berichten. In dieser Phase soll aber keine neue (vollständige) Supervision erfolgen.

Kernphase: Kollegiale Supervision

Bestimmen des Supervisanden

Zeit: 100 bis 120 Minuten. Leitung: Haupt-Supervisor. Vorbereitung: In dieser Phase der Kollegialen Supervision übernimmt ein ausgebildetes Gruppenmitglied (s. Kap.4) die Rolle des Hauptsupervisors. Er bittet die Teilnehmer, Probleme ihres Berufsalltags zu benennen. Falls, was häufiger vorkommt, mehrere Gruppenmitglieder ihre Arbeitssituation zum Gegenstand der Supervision machen möchte, einigen sich die Betroffenen selbst, wer in dieser Sitzung sein Problem vorträgt bzw. wer in der nächsten Sitzung dazu Gelegenheit bekommt. Die Kollegiale Supervision wird nach den in Abb. 6 aufgeführte Elemente und Schritte durchgeführt.

Schritte der Kollegialen Supervision

Die einzelnen Kompetenzen der personzentrierten Gesprächsführung, die Rahmenbedingungen und die Schritte (1.-8.) der Kollegialen Supervision können an dieser Stelle nicht ausführlich beschrieben werden, hier muss auf das Trainingsmanual (Mutzeck 2005a) verwiesen werden. Von der Problematik, Lösungsideen in den Berufsalltag zu transferieren, wird häufig in der Praxis berichtet (vgl. Mutzeck 1988). Die Kollegiale Supervision ist eines der wenigen Supervisionsverfahren, welches sich dieser Schwierigkeit stellt und durch die Phase „Vorbereitung der Umsetzung" (s. Abb. 6) dem allzu häufigen Scheitern im Alltag vorbeugt (s. auch Mutzeck 2005b).

Vorbereitung der nächsten Sitzung

Zeit: 10–15 Minuten. Leitung: Gastgeber. Den Abschluss dieses kollegialen Treffens bildet die Vorbereitung der nächsten Sitzung. Es werden der Gastgeber und der Protokollant der nächsten Sitzung bestimmt sowie der Ort und die Zeit festgelegt, insofern dies nicht anderweitig (Reihum-Verfahren und feste Termine) geregelt ist.

Struktur und Ablauf einer Kollegialen Supervision

Elemente der Kollegialen Supervision

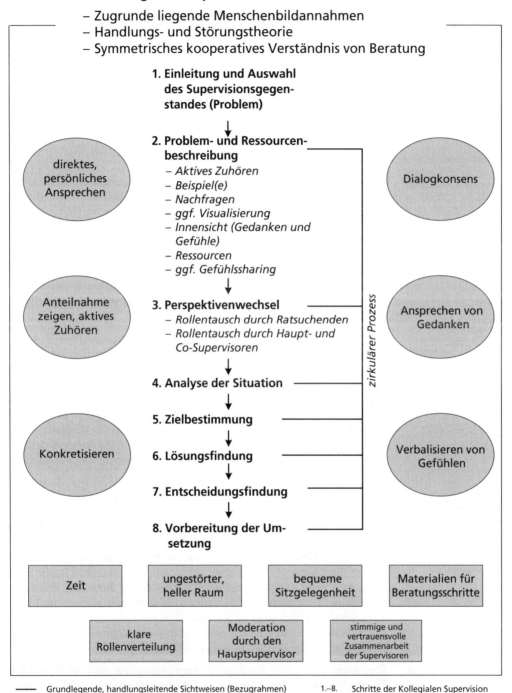

Abb. 6: Elemente der Kollegialen Supervision (nach Mutzeck 2005a)

6 Formen der Durchführung der Kollegialen Supervision

Die Kollegiale Supervision kann in drei Formen der Leitung durchgeführt werden

Abb. 7: Formen der Leitung bei der Kollegialen Supervision

In jedem Fall sind aber die Mitglieder der Supervision aktiv Teilnehmende, sei es als Co-Supervisoren oder als Supervisand (s. Kap. 4). Der Hauptsupervisor (s. Abb. 7), egal ob er von außen kommt, extern ist, ob er in der eigenen Institution tätig ist oder ob er aus der Gruppe der Mitglieder der Supervisionsgruppe kommt, muss Konzeption und Methode der Kollegialen Supervision überzeugend ausüben können.

Chancen externer Supervision

Ein *externer* Supervisor sollte zwar mit dem Berufsfeld der Teilnehmer vertraut sein, aber er ist nicht Mitglied einer der beteiligten Einrichtungen. Diese Distanz zum Beziehungsgefüge der Beteiligten ist u.a. notwendig, um blinde Flecken, unreflektierte, routinierte Handlungen und Bewertungen erkennen zu können. Ein von außen kommender Supervisor kann eine Stellung in einer Praxisgruppe einnehmen, die es wesentlich erleichtert, zwar persönlich, aber doch neutral die notwendigen Regeln und Umfangsformen des Supervisionsprozesses zu initiieren bzw. zu vermitteln und Verstöße zu besprechen.

Externer Leiter aus der eigenen Einrichtung

In der zweiten Form der Kollegialen Supervision übernimmt ein erfahrender *Mitarbeiter der eigenen Einrichtung* (Schule, Heim etc.) die Leitung. Vorteil ist, dass diese Person für die Institution finanziell meistens wesentlich günstiger ist als ein externer Supervisor, und sie kennt auch die Arbeitsbedingungen der Mitglieder der Kollegialen Supervisionsgruppe recht gut. Ein Nachteil kann aber sein, dass die Gruppenmitglieder wegen dieser Betriebsnähe nicht das nötige Vertrauen zu dem Supervisor aufbauen können und sehr zurückhaltend ihm gegenüber sind. Ein institutionsinterner Supervisor muss oft einige Kommunikationskompetenzen einsetzen, um akzeptiert zu werden (s. Mutzeck 2005a, Kap. 3.2.3).

Interner Leiter aus der eigenen Gruppe

Die dritte Form von Kollegialer Supervision ist die rein kollegiale Form. Das heißt, ein *Teilnehmer der Gruppe* übernimmt mit Unterstützung der anderen Gruppenmitglieder die Rolle des Haupt-Supervisors (s. Kap. 4 und 5). Die Leitung dieser Kollegialen Supervision wird meist von Sitzung zu Sichtung gewechselt. Diese Art von

Gruppenberatung setzt allerdings ein fortgeschrittenes Stadium in der Kommunikations-, Kooperations- und fachlichen Handlungskompetenz bei den Teilnehmern einer Gruppe voraus. Eine derartige Voraussetzung ist aber nur selten in einer Gruppe vorhanden, sie muss erst durch einen Lernprozess geschaffen werden. Sinnvollerweise geht eine entsprechende Fortbildung der Teilnehmer in Kollegialer Supervision voraus. Eine Vorgehensweise, die sich sehr gut bewährt hat, ist der Übergang von einer Kollegialen Supervision mit einem qualifizierten, erfahrenden und von außen kommenden Fortbildner und Supervisor (Ausbildungssupervisor) hin zu einer rein Kollegialen Supervision. Im Folgenden wird die Entwicklung von einer extern zu einer intern geleiteten Kollegialen Supervision dargestellt.

7 Von der extern zu einer intern geleiteten Kollegialen Supervision

Das Ziel einer internen Kollegialen Supervision ist es, dass ihre Teilnehmer selbständig und eigenverantwortlich die Beratung durchführen. Die Entwicklung von einer extern zu einer intern geleiteten Kollegialen Supervision geschieht folgendermaßen:

Phasen zu einer intern geleiteten Supervision

(1) Bildung einer Gruppe zur Kollegialen Supervision;
(2) Fortbildungsphase
(3) Kollegiale Supervision mit einem externen Supervisor;
(4) Interne Kollegiale Supervision.

[handschriftlich: Concertationen]

(1) Bildung einer Gruppe zur Kollegialen Supervision (Gruppenbildungsphase)

Über den Ausschreibungstext einer Fortbildungseinrichtung oder durch das Interesse an Kollegialer Supervision einer Einrichtung bildet sich die Supervisionsgruppe. Vor oder nach der Gruppenbildungsphase sucht sich die Gruppe einen Supervisor und Fortbildner. In der ersten gemeinsamen Sitzung stellt der Fortbildner nach einer ersten Kennenlernphase die Ziele, Möglichkeiten und Grenzen der Kollegialen Supervision dar. Danach folgt die Vorstellung des Gesamtprogramms. In einem weiteren Arbeitsschritt werden die Erwartungen und eventuellen Befürchtungen geklärt. Ferner werden Arbeitsbedingungen abgesprochen bzw. geschaffen, die Gesamtdauer, Häufigkeit und Sitzungszeiten des Supervisionsprojekts, Ort, Raum und Rahmenbedingungen. Die Bedeutung dieser Modalitäten ist nicht zu unterschätzen. Die vereinbarten Bedingungen (Arbeitsvertrag) können die Arbeit in der Supervision entscheidend beeinflussen. Sicherlich können während der Abfolge von Supervisionssitzungen noch Bedingungen ergänzt oder verändert werden: Unklarheiten und Missverständnisse stören den Supervisionsprozess unnötig.

Rahmenbedingungen und Arbeitskontrakt

(2) Fortbildungsphase

Training in Kollegialer Supervision

Die Fortbildungsphase umfasst zeitlich ein dreitägiges Kompaktseminar oder – falls nicht möglich – zwei bis drei eintägige Veranstaltungen. Ziel dieser Phase ist es, einerseits ein Arbeitsklima zu schaffen, das ermöglicht, personenzentriert zu arbeiten. Andererseits werden die Handlungskompetenzen erarbeitet und geübt, die den Teilnehmern später ermöglichen sollen, selbständig die Kollegiale Supervision durchzuführen. Hier sind vor allem Kooperative Gesprächsführung und Methoden zur Problemlösung zu nennen. Es hat sich eine stringente Trainingskonzeption bewährt, die auch stimmig zur Supervisionskonzeption ist (s. Kap. 3 u. Mutzeck 2002, 2005b, 2008).

(3) Kollegiale Supervision mit einem externen Supervisor (Ausbildungssupervisor)

Extern geleitete Supervision mit Prozessanalyse

Der Ausbildungssupervisor, der auch die Phasen 1 und 2 durchführt, leitet vier bis sechs Supervisionssitzungen. Da diese Sitzungen auch Lehr- und Anschauungsmedium für spätere interne Kollegiale Supervision sind, wird nach den Supervisionssitzungen eine Phase der Prozessanalyse durchgeführt. So lernen die Teilnehmer durch Modellernen und Reflexion auch den Umgang mit Gruppenprozessen kennen. Der Supervisionsablauf ist in Kap. 5 beschrieben.

(4) Phase der Kollegialen Supervision

Intern geleitete Kollegiale Supervision

Gelegentliche externe Supervision

Nach der Fortbildung in und der Demonstration von Kollegialer Supervision führen nun die Teilnehmer diese pädagogische Supervision selbständig durch. Der Supervisor bespricht nach jeder Sitzung den Ablauf mit dem Haupt- und den Co-Supervisoren. Nach drei bis vier Sitzungen dieser Art nimmt der Ausbildungssupervisor nur noch gelegentlich an der internen Supervision teil. Die Sitzungen sollten in zwei- bis dreiwöchigem Abstand durchgeführt werden und mindestens über ein halbes Jahr gehen. Eine gelegentliche Supervision durch einen externen Supervisor ist kein Zeichen der Schwäche oder des Misserfolgs einer Gruppe, sondern sie bietet die Möglichkeit zur Reflexion (i.S. von Erkennen und Klären „blinder Flecken" im kommunikativen und fachlichen Bereich) und zur weiteren gruppeninternen Fortbildung. In manchen Fällen ist allerdings eine extern geleitete Kollegiale Supervision auf jeden Fall angezeigt, z.B. bei Teamkonflikten (Mutzeck 2004b). Da die geschulten und supervidierten Teilnehmer einer Kollegialen Supervision ihre Wissens- und Handlungskompetenz in ihren Schulen oder Einrichtungen direkt oder indirekt weitervermitteln, ist die zeitliche und finanzielle Investition in eine Kollegiale Supervision auch ein sehr kostengünstiger Beitrag für eine interne Fortbildung und zur Weiterentwicklung der jeweiligen Einrichtung.

8 Erfahrungen mit der Kollegialen Supervision und Möglichkeiten der Ausbildung und des Selbststudiums

Die Kollegiale Supervision wurde in unterschiedlichen Handlungsfeldern und beruflichen Konstellationen angewendet. Es liegen Einzelerfahrungen vor. Im Folgenden werden zur Anregung einige Arbeitsbereiche beispielhaft dargestellt:

– Kollegiale Supervision in allgemein bildenden Schulen und sozial-pädagogischen Diensten

In Ergänzung und zur Eingrenzung der Einzelberatung von Regelschullehrern bietet die Kollegiale Supervision Präventions- und Interventionsmöglichkeiten in der Gruppe. Eine kontinuierliche und langfristige Kollegiale Supervision stellt über den individuellen Nutzen hinaus ein Innovationsinstrument für eine Schule dar. Durch die stetige berufliche Reflexion und Qualifizierung konnte sie zur Weiterentwicklung einer Schule führen. Gleiches gilt auch für die Kollegiale Supervision in sozialen Diensten (Jugendamt, Dienste und Projekte freier Träger etc.).

<small>Stetige berufliche Reflexion</small>

– Die Kollegiale Supervisionsgruppe als berufliche Unterstützung für Sonderpädagogen in allgemein bildenden Schulen

Häufig sind Sonderpädagogen an Regelschulen Einzelkämpfer. Oft haben sie auch mehrere Schulen zu betreuen. Mangelnder Erfahrungsaustausch, kaum Möglichkeiten zur methodisch-systematischen Reflexion der eigenen Arbeit, geringe gegenseitige Unterstützung, wenig Fortbildung im Bereich Beratung kennzeichnen häufig ihre berufliche Situation. Trotz guter Kontakte zu den Lehrern der betreuten Schulen suchen sie nach einer „Heimat" unter Ihresgleichen. Die Kollegiale Supervision im Kreise von Fachkollegen konnte über das notwendige Zusammengehörigkeits- und Geborgenheitsgefühl die o.a. Ziele von gegenseitiger Beratung und Weiterqualifizierung ermöglichen. In Bezug auf die Zusammensetzung der Supervisonsgruppen gab es sowohl fachrichtungsspezifische (homogene) Gruppen als auch Gruppen mit unterschiedlichen sonderpädagogischen Professionen.

<small>Austausch und gegenseitige Beratung</small>

– Kollegiale Supervision als ein Element der Zusammenarbeit in Netzwerken

Die Zusammenarbeit verschiedener Institutionen wird allerorts angestrebt. Häufig kommt es dabei aber zu Schwierigkeiten bei der Kooperation der verschiedenen Berufsgruppen. Die Reflexion und Weiterentwicklung erster Ansätze und fortlaufender Arbeit konnte mit Hilfe der Kollegialen Supervision geschehen und zu einem grundlegenden und richtungsweisenden Bestandteil kooperativer Arbeit in einem Netzwerk von pädagogischen, sonder- und sozialpä-

<small>Weiterentwicklung von Zusammenarbeit</small>

dagogischen, psychologischen und medizinischen Einrichtungen werden (z.B. in der Erziehungshilfe: Sonderpädagoge, Sozialpädagoge, vom ASD und Ganztagsbetreuer).

– Kollegiale Supervision mit Eltern und Schülern

In leicht abgewandelter Form und mit einem nicht so hohen Anspruch an die Handlungskompetenz der Gruppenmitglieder wurde die Kollegiale Supervision auch in der Arbeit mit Eltern oder Schülern erfolgreich durchgeführt.

– Kollegiale Supervision in sonderpädagogischen Einrichtungen

Bewältigung des Berufsalltags

Diese Methode der Kollegialen Supervision und Praxisbegleitung ist als Möglichkeit zur persönlichen und fachlichen Bewältigung des oft schweren Berufsalltags in sonderpädagogischen Einrichtungen genutzt worden. Auch Heime bis hin zu Strafanstalten konnten in mehrfacher Hinsicht von dieser kooperativen Vorgehensweise profitieren.

Erfahrungen mit Kollegialer Supervision

Insgesamt sind die Erfahrungen, die seit 19 Jahren mit der Kollegialen Supervision von Lehrern und anderen Berufsgruppen gemacht wurden, sehr positiv. Die Teilnehmer berichten überwiegend,

1. dass diese Form vom Supervision ihnen den Schulalltag erleichtert und dass stets praktikable Lösungen gefunden werden konnten;
2. dass sie viele pädagogische Kommunikationskompetenzen durch die Reflexion der Qualität ihrer Arbeit gelernt haben, die sie in der Arbeit mit Schülern, Kollegen und Eltern präventiv und integrativ einsetzen;
3. dass sie durch diese kollegiale Gruppe eine „pädagogische Heimat" gefunden haben und
4. dass sich erlernte pädagogisch-psychologische und in der Supervisionsgruppe praktizierte Haltungen und Kompetenzen auch auf ihren Unterrichts- bzw. Arbeitsstil (sehr) positiv ausgewirkt haben.

Das Konzept des Erlernens und Anwendens der internen Kollegialen Supervision (s. Kap. 6 und 7) wurde als praktikabel und erfolgreich bewertet. Supervisoren, die in der beschriebenen Weise ausgebildet wurden, waren nach zwei bis drei Sitzungen mit externer Leitung fast immer in der Lage, die Kollegiale Supervision selbstständig und in eigener Verantwortung durchzuführen. Der externe Supervisor wurde nur gelegentlich beratend hinzugezogen.

Fortbildung und Training

Möglichkeiten, die Kooperative Beratung und die Kollegiale Supervision zu erlernen, gibt es mehrere; hier zwei häufig praktizierte Beispiele:

1. Teilnahme an der „Länderübergreifenden Zusatzqualifikation". Dieses ist ein akkreditierter Trainingskurs, der mit einem Zertifikat zum Berater, Supervisor und Trainer in Kooperativer Beratung und Kooperativer Supervision abschließt. Näheres siehe www.kooperative-beratung.de.

2. Liegen schon viele Kompetenzen und Erfahrungen im Beratungs- und/oder im Aus-, Fort- oder Weiterbildungsbereich vor, ist auch ein Selbststudium möglich. Als Literatur sollten dazu außer dem vorliegenden Artikel folgende Beiträge gelesen und durchgearbeitet werden: zu Inhalt und Methode Mutzeck: 2005a; und zum Training der zu erlernenden Haltungen und Kompetenzen: Mutzeck 2002, 2004b und 2007. Zur Vorbeugung und zur Lösung von Teamkonflikten ist die Kooperative Teamberatung zu empfehlen (Mutzeck 2004b). Sie kann ohne Weiteres aufgrund der hohen Stimmigkeit der Ansätze und Methoden dieser pädagogisch-psychologischen Beratungsformen in einer Kollegialen Supervisionsgruppe sinnvoll und hilfreich zur Anwendung kommen.

Ich hoffe, liebe Leserinnen und Leser, dass Sie Interesse an der Kollegialen Supervision gefunden, sich eine Ausbildungs- bzw. Selbststudiumsmöglichkeit schaffen und den Nutzen dieser kollegialen Form von Supervision in Erfahrung bringen. Ich wünsche ein gutes Gelingen!

Literatur

Belardi, N. (2002): Supervision. Grundlagen, Techniken, Perspektiven. München.
Groeben, N., Wahl, D., Schlee, J. & Scheele, B. (1988): Das Forschungsprogramm Subjektive Theorien. Eine Einführung in die Psychologie des reflexiven Subjekts. Tübingen.
Hoffmann-Gabel, B. (2001): Supervision. Grundlagen, Orientierung, Erscheinungshilfen. Hannover.
Mutzeck, W. (1988): Von der Absicht zum Handeln. Rekonstruktion und Analyse Subjektiver Theorien zum Transfer von Fortbildungsinhalten in den Berufsalltag. Weinheim.
Mutzeck, W. (1989): Kollegiale Supervision. Wie LehrerInnen durch reflektierte Erfahrung, gegenseitige Beratung und Stützung lernen, ihren Berufsalltag besser zu bewältigen. Forum Pädagogik 2, 178–183.
Mutzeck, W. (1996): Kollegiale Beratung in Gruppen. In: Witruk, E. & Reschke, K. (Hrsg.): Zur gesunden Schule unterwegs. Regensburg, 139–148.
Mutzeck, W. (2000): Supervision. In: Borchert, J. (Hrsg.): Handbuch der Sonderpädagogischen Psychologie. Göttingen, 562–584.
Mutzeck, W. (2002, 3. Aufl.): Kooperative Beratung. Konzeption einer Zusatzqualifikation. In: Pallasch, W., Mutzeck, W. & Reimers, H. (Hrsg.): Beratung, Training, Supervision. Weinheim & München, 143–160.
Mutzeck, W. (2004a): Supervision. In: Häcker, H. O. & Stapf, K. H.: Dorsch Psychologisches Wörterbuch. Bern, 924–925.

Mutzeck, W. (2004b): Kooperative Teamberatung zur Vorbeugung und Bearbeitung von Teamkonflikten. Studienbrief. Hagen.

Mutzeck, W. (2005a, 5. Aufl., 1996): Kooperative Beratung. Grundlagen und Methoden der Beratung und Supervision im Berufsalltag. Weinheim & Basel.

Mutzeck, W. (2005b): Von der Absicht zum Handeln – Möglichkeiten des Transfers von Fortbildungsinhalten in den Berufsalltag. In: Huber, A. (Hrsg.): Vom Wissen zum Handeln. Tübingen, 79–98.

Mutzeck, W. (2006): Supervision. In: Gasteiger-Klicpera, B. (Hrsg.): Handbuch Förderschwerpunkt soziale und emotionale Entwicklung. Göttingen.

Mutzeck, W. (2007): Pädagogisches Training als Möglichkeit der Vermittlung von Handlungskompetenzen am Beispiel des Studiengangs Beratung. In: Mutzeck, W. & Popp, K. (Hrsg.): Professionalisierung in der Lehrerbildung. Weinheim, 405–419.

Mutzeck, W. (2008): Spezielle Methoden der Kooperativen Beratung. Supervision, Teamberatung, Coaching, Fallarbeit etc. Weinheim & Basel.

Neveling, A. & Schlee, J. (1996): Keine Angst vor Supervision. In: Neukäter, H. (Hrsg.): Erziehungshilfe bei Verhaltensstörungen. Vernetzung der sozialen, pädagogischen und medizinischen Dienste. Oldenburg, 253–261.

Rotthaus, W. (1987): Erziehung und Therapie in systemischer Sicht. Dortmund.

Scheele, B. & Groeben, N. (1986): Eine Dialog-Konsens-Variante der Ziel-Mittel-Argumentation. Heidelberg.

Schlee, J. & Mutzeck, W. (Hrsg.) (1996): Kollegiale Supervision. Modelle zur Selbsthilfe für Lehrerinnen und Lehrer. Heidelberg.

Schlee, J. (2004): Kollegiale Beratung und Supervision für pädagogische Berufe. Stuttgart.

www.kooperative-beratung.de

Heike Schnoor

„Stillstand ist für alle Schulen eine Katastrophe." Qualitätszirkel als kollegiales Unterstützungssystem in Schulen

1 Einleitung

Das in der Überschrift genannte Zitat stammt von einer Lehrerin, die nach ihren Motiven für die Teilnahme an einem Qualitätszirkel gefragt wurde. Sie begründet ihr Engagement mit den steigenden und sich wandelnden Herausforderungen, denen Lehrer gegenüberstehen, und der daraus resultierenden Notwendigkeit, die eigene Arbeit selbstkritisch zu hinterfragen und zu verbessern. In der Tat sind Lehrer mit einer Vielzahl aktueller Herausforderungen in ihrem Beruf konfrontiert. Die derzeit öffentlich diskutierte Situation an der Rütlischule in Berlin ist nur ein Ausdruck davon. Problemlagen erfordern die Entwicklung neuer und praktikabler Wege der Problemlösung. Außerdem ist das Thema Qualitätsentwicklung durch das schlechte Abschneiden bundesdeutscher Schüler in den internationalen Schulleistungsvergleichsstudien auf die Agenda bildungspolitischer Bemühungen gekommen. In der Folge werden derzeit Maßnahmen aus dem Bereich des Qualitätsmanagements, die in vielen Wirtschafts- und Dienstleistungsbereichen schon seit Jahren durchgeführt werden, auch in Schulen eingeführt.

<small>Herausforderungen an Lehrer</small>

<small>... erfordern neue Wege</small>

Viele dieser Maßnahmen haben jedoch den Charakter *externer Qualitätskontrollen*: regelmäßig durchgeführte Schulleistungsvergleichsstudien, die Einführung externer Abschlussprüfungen, die Entwicklung verbindlicher Bildungsstandards, Schulinspektionen und Zertifizierungen gehören dazu. All diese Maßnahmen konfrontieren Lehrer mit der Forderung, die Qualität der Ergebnisse ihrer Arbeit nachzuweisen und ihre Arbeit zu verbessern. Aus den Arbeitsbereichen mit einer langen Tradition des Qualitätsmanagements ist jedoch bekannt, dass Maßnahmen externer Qualitätskontrolle nur von beschränktem Nutzen sind. Sie können von außen auf Probleme hinweisen aber sie lösen diese Probleme nicht.

<small>Externe Qualitätskontrolle</small>

Die Lösung konkreter Alltagsprobleme wird letztlich von den Betroffenen in der jeweiligen Schule selbst geleistet werden müssen, weil Problemlösungen die jeweils vor Ort herrschenden Bedingungen zu berücksichtigen haben, um Wirkung zeigen zu können. Gefragt ist deshalb eine *interne, dezentrale Strategie der Qualitätsentwicklung.*

<small>... durch interne Qualitätsentwicklung sichern</small>

Während in externen Ansätzen das Ergebnis der Leistungen einer Schule hinsichtlich vorher festgelegter Kriterien durch Außenstehende kontrolliert wird, bemühen sich Lehrer in der internen Qualitätsverbesserung selbst um eine Weiterentwicklung ihrer Arbeit. Damit dies gelingen kann, sollten Ansätze interner Qualitätsverbesserung in einer Schule so angelegt sein, dass sie den Betroffenen individuelle und kollektive Lernprozesse ermöglichen. Die Schulleitung hat hier die wichtige Aufgabe, die Voraussetzungen dafür zu schaffen: eine Vertrauenskultur innerhalb des Kollegiums und eine Toleranz gegenüber Fehlern Einzelner sind dazu notwendig. Bedenkt man, dass in der Schulpraxis viele gute Ideen und Beschlüsse letztlich nicht in die Praxis umgesetzt werden, so ist zudem ein Verfahren notwendig, welches einerseits Entwicklungsprozesse in systematischer Weise vorantreiben kann und andererseits sicherstellt, dass die Betroffenen selbst von den Verbesserungsansätzen überzeugt sind. Nur so kann eine Implementierung von Maßnahmen letztlich gelingen. Lehrer als „Einzelkämpfer" sind mit der Aufgabe der Professionalisierung ihrer Arbeit jedoch überfordert. Jedoch ist Kooperation unter Lehrern derzeit keineswegs selbstverständlich. Obwohl die Nachteile der weithin isolierten Arbeitsform von Lehrern bekannt sind und die Betroffenen oft unter einer mangelhaften Kooperation und schlechten Kommunikation im Kollegium klagen, gibt es nur wenig institutionalisierte Ansätze in der Schule, dies zu verändern.

Schulleitung hat für das Entstehen einer Vertrauenskultur eine Schlüsselstellung

Es bleibt die Frage, ob Lehrer bei aller Arbeitsbelastung, die sie täglich zu bewältigen haben, bereit sind, die Qualität ihrer Arbeit systematisch zu verbessern. Nicht alle Lehrer sind dazu bereit, aber die Befragung von Kollegien im Zusammenhang mit der Begleitforschung schulischer Qualitätszirkel ergab – entgegen aller Vorurteile gegenüber Lehrern – eine große Bereitschaft dazu. Die eingangs wiedergegebene Meinung einer Lehrerin ist dafür nur ein Beispiel. Ich erkläre mir dies damit, dass Lehrer ihre Arbeit in hohem Maße intrinsisch motiviert verrichten. Sie schöpfen aus einer befriedigenden Arbeit Kraft, andersherum leiden sie auch persönlich darunter, wenn ihre Arbeit nicht erfolgreich verläuft. Im Folgenden möchte ich einen Ansatz zur *internen Qualitätsentwicklung* vorstellen, in dem Betroffene gemeinsam Problemlösungen entwickeln, sich vor Ort gegenseitig unterstützen, zumindest zeitweise ihre Einzelkämpferposition überwinden und zugleich die Professionalisierung in ihrem Beruf und die Qualität ihrer Arbeit vorantreiben können. Die Rede ist von Qualitätszirkeln. Sie haben sich in vielen Berufsfeldern bewährt und dort eine rasche Verbreitung gefunden. Qualitätszirkel sind so zu einer tragenden Säule der Qualitätsentwicklung geworden.

Erfolgreiche Tätigkeit stärkt intrinsische Motivation

Das hier vorgestellte Konzept ist eine Weiterentwicklung des von Bahrs, Gerlach, Szecsenyi und Andres entwickelten Qualitätszirkelansatzes für den ärztlichen Bereich (vgl. Bahrs, Gerlach, Szecsenyi & Andres 2001). Die hier vorgelegte Weiterentwicklung ist eine Anpassung dieses Konzeptes an die schulische Situation und fußt auf zwischenzeitlich vorliegenden Ergebnissen der Begleitforschung schulischer Zirkel. Eine ausführliche Beschreibung wurde kürzlich als Handbuch veröffentlicht (vgl. Schnoor, Lange & Mietens 2006).

2 Was ist ein Qualitätszirkel?

Definition: Qualitätszirkel kann man definieren als „auf Dauer angelegte Kleingruppe, in der Mitarbeiter einer hierarchischen Ebene mit einer gemeinsamen Erfahrungsgrundlage in regelmäßigen Abständen auf freiwilliger Basis zusammenkommen, um Themen des eigenen Arbeitsbereichs zu analysieren und unter Anleitung eines geschulten Moderators mit Hilfe spezieller, erlernter Problemlösungs- und Kreativtechniken Lösungsvorschläge zu erarbeiten und zu präsentieren, diese Vorschläge selbständig oder im Instanzenweg umzusetzen und eine Ergebniskontrolle vorzunehmen, wobei die Gruppe als Bestandteil in den organisatorischen Rahmen des Qualitätszirkel-Systems eingebunden ist und zu den anderen Elementen Kommunikationsbeziehungen unterhält." (Gerlach 2001, 189)

Ziel: die konkrete und pragmatische Problemlösung mit dem Ziel der Verbesserung der beruflichen Tätigkeit.

Arbeitsprozess: Die Mitglieder dokumentieren – bezogen auf das gewählte Thema – ihr Alltagshandeln und stellen dies in der Gruppe zur Diskussion. Im Zirkel werden die dort auftretenden Probleme beschrieben, analysiert und es werden Lösungsvorschläge erarbeitet. Diese Lösungsvorschläge werden umgesetzt. Danach dokumentieren die Mitglieder ihre dann veränderte Praxis abermals und prüfen, zu welchen Verbesserungen das veränderte Verhalten geführt hat. Der hier kurz skizzierte Arbeitsprozess umfasst sechs Phasen und lässt sich graphisch folgendermaßen darstellen:

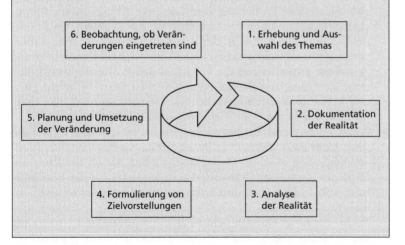

Im Folgenden werde ich auf zentrale Punkte des Qualitätszirkelansatzes noch ausführlicher eingehen.

3 Hinweise zur Durchführung von Qualitätszirkeln

3.1 Hinweise zum Arbeitsprozess eines Qualitätszirkels

Ein Qualitätszirkel durchläuft immer sechs, systematisch aufeinander aufbauende Arbeitsschritte:

Das Problemfeld eingrenzen

1. *Wahl des Themas*: Zu Beginn eines jeden Qualitätszirkels wird das Thema gewählt, für das die Gruppe eine Problemlösung erarbeiten will. Wichtig ist eine präzise und eingegrenzte Themenstellung. Von daher ist es manchmal notwendig, nach der Wahl eines umfangreichen Problemfeldes noch die Auswahl des zu bearbeitenden Themas vorzunehmen. Bei Problemlösungen, die die ganze Schule oder größere Teile von ihr betreffen, sollte sich der Qualitätszirkel den Arbeitsauftrag von der Gesamtkonferenz und der Schulleitung geben lassen.

Ist-Stand dokumentieren

2. *Problemdokumentation*: Bei jeder Diagnose eines Problems geht es zunächst darum, die Symptome dieser Problemlage in ihrer Vielfalt und in ihrer Häufigkeit zu erfassen. Aus diesem Grund erfolgt im zweiten Schritt die Dokumentation des Ist-Zustandes bezogen auf das zu bearbeitende Problem. Hier wird das Ausmaß der Problemlage mit all ihren Teilaspekten sichtbar. Die Dokumentation ist der Ausgangspunkt für die gründliche Analyse des Problems und stellt zudem die Basis für die Evaluation der erreichten Veränderungen am Ende des Arbeitsprozesses des Qualitätszirkels dar.

Problemursachen analysieren

3. *Problemanalyse*: Auf der Basis der erstellten Dokumentation analysieren die Teilnehmer ihre konkrete Alltagspraxis. Sie suchen gemeinsam nach den Ursachen für das Problem. Da Praxisprobleme in der Schule in der Regel vielfältige Ursachen haben, verschafft man sich zunächst einen Überblick und analysiert und gewichtet anschließend die Ursachen des Problems hinsichtlich ihrer Relevanz und Beeinflussbarkeit. Hat man die wichtigsten und beeinflussbarsten Ursachen identifiziert, so wird man diese im weiteren Verlauf der Zirkelarbeit zu lösen versuchen.

Zielvorstellungen formulieren

4. *Formulierung von Zielvorstellungen*: Im vierten Schritt werden Ziele formuliert, die man in Bezug auf das zu bearbeitende Problem erreichen möchte. Damit überprüfbar ist, ob die Ziele am Ende des Zirkels auch realisiert wurden, hat sich die Formulierung von Indikatoren und Kriterien für die Zielerreichung bewährt.

5. *Problemlösung*: Danach geht es an die Planung und Umsetzung der Veränderungen. Auch bei der Handlungsplanung kann man systematisch vorgehen:

    5.1 *Mögliche Lösungsansätze*: In einem Brainstorming können alle nur denkbaren kreativen Lösungsmöglichkeiten gesammelt werden.

5.2 *Prioritäten realisierbarer Problemlösungen:* Erst im nächsten Schritt wird dann die Realisierungsmöglichkeit der einzelnen Vorschläge geprüft. Die Teilnehmer des Zirkels können den Nutzen der Maßnahmen und die Realisierbarkeit von Lösungsvorschlägen gut einschätzen. Eine Analyse möglicher Hemmnisse bei der Realisierung dieser Vorhaben hilft der Gruppe, erwartbare Schwierigkeiten in die Überlegungen einzubeziehen und proaktiv zu bewältigen.

Lösungsvorschläge prüfen

5.3 *Tätigkeitskatalog:* Nach einer Überprüfung aller Ideen einigt man sich im Qualitätszirkel auf einen Tätigkeitskatalog, in dem verbindlich festgelegt wird, wer bis wann, welche Aufgaben erledigt.

5.4 *Umsetzungsphase:* Sodann werden die notwendigen Teilvorhaben arbeitsteilig umgesetzt.

Aufgaben bestimmen

6. *Erfolgskontrolle:* Im sechsten Schritt untersucht man schließlich, ob die geplanten Ziele eingetreten sind und zu einer Reduzierung des Problems beigetragen haben. Ist dies der Fall, wird die Arbeit in dem Qualitätszirkel abgeschlossen. Offenbart die Dokumentation der eingetretenen Veränderungen kein befriedigendes Ergebnis, steigt die Gruppe wieder in die zweite Phase des Qualitätskreislaufs ein und durchläuft den Prozess erneut.

Zufriedenheit kontrollieren

3.2 Hinweise zu den Teilnehmern eines Qualitätszirkels

Qualitätszirkel sind sogenannte geschlossene Gruppen: Sie arbeiten kontinuierlich bis zum Abschluss der Aufgabe zusammen und lösen sich dann auf. Dieses Prinzip erleichtert Lehrern ein Engagement in Qualitätszirkeln, weil es zeitlich überschaubar bleibt. Als Gruppengröße für den Qualitätszirkel hat sich eine Zahl von fünf bis zehn Personen bewährt, da diese Gruppengröße eine effektive Zusammenarbeit ermöglicht. Eine Arbeit im Qualitätszirkel setzt bei den Teilnehmern Motivation, Offenheit und Vertrauen voraus. Das erste Prinzip der Qualitätszirkelarbeit ist deshalb das der Freiwilligkeit der Mitarbeit. Die freiwillige Mitarbeit in einem Qualitätszirkel hat zwar den Nachteil, dass sich zunächst nur die aktiveren Kollegen engagieren, aber gleichwohl hat sich dieses Prinzip bewährt, weil so sichergestellt werden kann, dass Einzelne die partnerschaftliche Arbeitsform im Zirkel nicht stören. Darüber hinaus sind ein Veränderungswille aller Beteiligten Voraussetzung für eine Mitarbeit, aber auch eine Kooperations- und Diskussionsbereitschaft sowie eine Sensibilität im Umgang mit Kritik. Üblicherweise arbeiten Teilnehmer einer Hierarchieebene zusammen. In der Qualitätszirkelarbeit in Schulen ergibt sich jedoch auch häufiger eine Zusammensetzung von Lehrern und Schulleitung. Die Praxis zeigt, dass eine solche Zusammensetzung Vorteile für die Realisierung der erarbeiteten Vorschläge hat, aber es können auch gruppendynamische Probleme auftauchen, wenn Schulleitung und Kollegium keine ungetrübte

Überschaubare Gruppengröße und Freiwilligkeit

Zusammenarbeit pflegen. Es ist günstig, diese Frage vor Beginn der Zirkelarbeit zu prüfen.

Ein Moderator unterstützt die Gruppe

Um die Arbeitsfähigkeit der Gruppe zu unterstützen, hat es sich bewährt, einen *Moderator* im Qualitätszirkel einzusetzen. Der Moderator ist nicht der Leiter der Gruppe, er ist auch nicht der Fachmann für das zu bearbeitende Problem, aber er unterstützt die Gruppe in ihrem Arbeitsprozess. Dazu benötigt der Moderator spezifische Kenntnisse und Fähigkeiten:

... durch kommunikative Kompetenzen

- Zunächst einmal sind Kompetenzen zur Gesprächsführung und Moderation von Gruppen notwendig, denn der Moderator hat die Aufgabe das Arbeitsgeschehen im Fluss zu halten, geäußerte Meinungen zusammenzufassen und unklare Sachverhalte zur Klärung zu bringen. Zugleich muss er sicherstellen, dass die Meinungen aller Teilnehmer gehört und die Bedürfnisse des Einzelnen und der Gruppe in ein ausgewogenes Verhältnis gebracht werden. So können sich alle Teilnehmer wohl fühlen und zum Gruppengeschehen gleichberechtigt beitragen. Diese Aufgaben des Moderators sind nicht zu unterschätzen, denn die psychosozialen Prozesse in der Gruppe sind wesentlich für das Gelingen der Arbeit in einem Qualitätszirkel.

... und eine zielorientierte Strukturierung

- Da eine zügige und effiziente Arbeit im Qualitätszirkel erheblich zur Zufriedenheit der Teilnehmer mit dem Zirkel beiträgt, hat der Moderator die Aufgabe, den Arbeitsprozess zu strukturieren und zielorientiert zu gestalten. Dazu benötigt er spezifische Kenntnisse hinsichtlich der Selbstevaluation, des Arbeitsprozesses des Qualitätszirkels und der möglichen methodischen Vorgehensweisen, die dort zum Einsatz kommen können. Diese Inhalte sind den meisten Lehrern bislang noch nicht vertraut, da sie noch kein Bestandteil ihrer Ausbildung sind. Insofern muss der Moderator dieses Wissen in den Zirkel einbringen. Er benötigt dazu auch selbst eine Schulung.

Die Moderation kann sowohl durch sogenannte interne als auch durch externe Moderatoren geschehen. Erstere sind selbst Lehrer in der Schule, in der sie den Zirkel moderieren. Letztere kommen von außen. Beide Ansätze werden derzeit an Deutschlands Schulen praktiziert und haben spezifische Vor- und Nachteile. Während interne Moderatoren den Vorteil haben, die spezifischen Bedingungen der Schule genau zu kennen, können sie doch als Kollegen in die internen Auseinandersetzungen der Schule verwickelt und auch selbst von den Ergebnissen der Arbeit des Zirkels betroffen sein. Sie haben von daher größere Schwierigkeiten, eine neutrale Position einzunehmen. Zudem kann der zeitweilige Rollenwechsel – vom Kollegen zum Moderator – dazu führen, dass den Moderatoren die Anerkennung als Experten für das Verfahren durch ihre Lehrerkollegen streitig gemacht wird. Allerdings sind Zirkel mit interner Moderation für Schulen kostengünstiger und schneller zu organisieren. Eine Befragung praktizierender Moderatoren ergab, dass eine externe

Moderation leichter und vor allem in konfliktbeladenen Kollegien vorzuziehen ist (vgl. Schnoor & Engelhardt 2006).

Fachleute für das zu bearbeitende Thema können punktuell hinzugezogen werden. Beispielsweise könnte bei einem Zirkel zum Thema „Drogenkonsum an der Schule" ein Mitarbeiter der ansässigen Drogenberatungsstelle eingeladen werden, um sein Spezialwissen in den Zirkel einzubringen. Dies könnte bei der Analyse der Ursachen für das Praxisproblem und bei der Diskussion möglicher Problemlösungsstrategien sinnvoll sein.

Bei speziellen Fragen Fachleute einbeziehen

3.3 Hinweise zur Themenfindung

Die Arbeit im Qualitätszirkel erfolgt themenbezogen. Das Thema wird von den Teilnehmern selbst gewählt. Steht es schon vor Beginn der Zirkelarbeit fest, so arbeiten die Lehrer mit, die sich für die Lösung dieser Fragestellung engagieren wollen. Durch die Themenzentrierung, die während des gesamten Arbeitsprozesses beibehalten wird, kann sich die Zusammenarbeit aller Teilnehmer im Qualitätszirkel auf ein gemeinsames Arbeitsziel hin ausrichten.

Das Konzept des Qualitätszirkels lässt eine breite Themenvielfalt zu. Es können Themen aus den Bereichen Lehren und Lernen, Lebensraum Klasse und Schule sowie Schulpartnerschaft und Außenbeziehungen in Qualitätszirkeln bearbeitet werden. Häufig genannte Themen sind beispielsweise die Verbesserung des Unterrichts und der Elternarbeit, die Gestaltung des Schulhofs, die Einführung neuer didaktischer Ansätze, die Aufnahme neuer Schüler, der Umgang mit erziehungsschwierigen Schülern, die bewusste Einführung von Ritualen im Schulalltag, die bessere Vorbereitung der Schulabgänger auf die Berufsausbildung, die Kooperation mit Jugendhilfeeinrichtungen oder die Einführung von Konfliktschlichtungsprogrammen.

Prinzipiell sind viele Themen möglich

Da jedoch das zu Beginn der Zirkelarbeit beschlossene Thema den ganzen weiteren Arbeitsprozess beeinflusst, sollten bei seiner Formulierung einige wichtige Hinweise beachtet werden:

- Die Problemlösung im Zirkel erfolgt erfahrungsbezogen. Lehrer sind eine stark belastete Berufsgruppe. Damit sie Qualitätszirkel nicht als eine zusätzliche Aufgabe erleben, sondern als eine Hilfestellung bei der Lösung ihrer Alltagsprobleme, muss die konkrete alltägliche Berufspraxis zum Thema gemacht werden. Um die Motivation der Teilnehmer sicherzustellen, sollte das zu bearbeitende Problem häufig vorkommen und von zentraler Relevanz für alle im Qualitätszirkel engagierten Kollegen sein.
- Probleme, die von den Zirkelteilnehmern nicht selbst beeinflussbar sind, sollten nicht zum Thema eines Qualitätszirkels gemacht werden.
- Wenn die Teilnehmer eines Zirkels bei der Problemlösung auf die Unterstützung Außenstehender angewiesen sind (z.B. Eltern, Schulleitung, Schulaufsicht), sollten sie sich vor Beginn der Zir-

... jedoch ist berufliche Relevanz wünschenwert

kelarbeit unbedingt deren Unterstützung versichern und abklären, ob und wie diese Personen in den Arbeitsprozess eingebunden werden wollen.
- Das Thema sollte nicht zu umfangreich sein: Die relevantesten Kriterien für die Themenwahl können als KISS (*Keep it small and simple*) zusammengefasst werden.
- Da Lehrer in einem vielschichtigen Arbeitsfeld tätig sind, in dem es wenig monokausale Ursache-Wirkungsketten gibt, sind die zunächst ins Auge gefassten Themen häufig zu komplex, um erfolgreich bearbeitet werden zu können. Wenn dies der Fall ist, dann sollte der Formulierung des endgültigen Themas zunächst eine Orientierungsphase vorausgehen, in der die Themenstellung präzisiert und eingegrenzt wird.

3.4 Hinweise zum Methodeneinsatz in Qualitätszirkeln

Qualitätszirkelarbeit ermöglicht große Flexibilität

Der eingangs dargestellte systematische Problemlöseprozess ist das zentrale Kennzeichen der Qualitätszirkelarbeit. Im Einzelnen kann der Qualitätszirkel, abhängig von der Themenstellung und von den eingesetzten Methoden, jedoch sehr unterschiedlich gestaltet sein. Die Wahl einer möglichst effektiven Arbeitsmethode im Zirkel ist ein wichtiges Kriterium für den Erfolg einer Arbeit. Zudem können Methodenwechsel die Arbeit interessant gestalten. Einige bewährte Methoden, die in einem Qualitätszirkel zum Einsatz kommen können, sind in der nachfolgenden Graphik namentlich aufgeführt. Moderatoren können die jeweils angemessene Methode wählen und dem Zirkel als Arbeitsinstrument vorschlagen.

Eine genaue Beschreibung dieser Methoden muss hier aus Platzgründen unterbleiben. Nähere Informationen zur konkreten Durchführung dieser Ansätze können jedoch einem Handbuch zur Durchführung schulischer Qualitätszirkel entnommen werden (Schnoor, Lange & Mietens 2006).

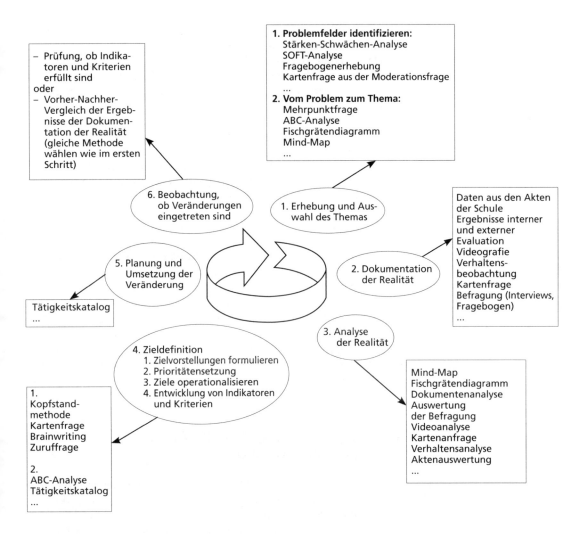

4 Vergleich mit anderen Beratungs- und Unterstützungskonzepten

4.1 Qualitätszirkel sind ein Beratungsansatz

Qualitätszirkel können dem großen und diversifizierten Feld professioneller Beratungsansätze zugerechnet werden. Von daher finden sich viele Grundsätze professioneller Beratung auch im Qualitätszirkel wieder:

- Wie in allen Beratungs- und Unterstützungskonzepten erarbeiten sich auch die Teilnehmer in einem Qualitätszirkel eine Orientie-

Qualitätszirkelarbeit versteht sich als professionelle Beratung

rungs-, Planungs-, Entscheidungs- und Bewältigungshilfe für bislang ungelöste Problemstellungen.

Gemeinsamkeiten mit anderen Beratungskonzepten

- Da in einer Beratung die Problemlösung innerhalb eines vergleichsweise kurzen Zeitraums angestrebt wird, konzentrieren sich die Bemühungen auf ein klar abgegrenztes Problemfeld. Dies gilt auch für die Qualitätszirkelarbeit.
- Wie bei allen Beratungsansätzen so wird auch beim Qualitätszirkel die Handlungssicherheit zur Bewältigung eines aktuellen Problems erhöht, in dem Informationen ausgetauscht und eine Reflexion der Problem verursachenden Faktoren durchgeführt wird. Außerdem werden die Eigenbemühungen und Kompetenzen der Teilnehmer bei der Umsetzung der Problemlösung unterstützt.
- Qualitätszirkel leisten Hilfe zur Selbsthilfe, denn Lehrer, die einmal das Prinzip und die Methoden der Qualitätszirkelarbeit kennen, können sie auf immer neue Problemlagen anwenden und so ihre Arbeitsergebnisse, aber auch die Zufriedenheit mit ihrer Arbeit verbessern.
- So wie alle Beratungsansätze spezifischen Denktraditionen, Theorien und deren methodischen Implikationen verpflichtet sind, so gilt dies auch für den Qualitätszirkel: Er entstammt dem Methodenrepertoire des Qualitätsmanagements (TQM) und legt seinen spezifischen Fokus auf die Verbesserung beruflicher Arbeitsergebnisse. Dies muss jedoch nicht in Gegensatz zur persönlichen Zufriedenheit der Lehrer stehen!

4.2 Akzentsetzungen in der Arbeit von Qualitätszirkeln

Unterschiedliche Schwerpunkte sind denkbar

Da das Arbeitsprinzip von Qualitätszirkeln recht allgemein formuliert ist, kann die konkrete Ausgestaltung der Arbeit im Zirkel unterschiedliche Schwerpunkte verfolgen und entweder stärker Fortbildungs-, Supervisions-, Selbsthilfe- oder Forschungsaspekte in den Vordergrund stellen. Auf diese Weise ergeben sich Ähnlichkeiten und Nähen der Arbeit von Qualitätszirkeln zu anderen Beratungs- und Unterstützungsansätzen. Gleichwohl weisen Qualitätszirkel auch hier spezifische Akzentsetzungen auf. An einigen Beispielen möchte ich dies vorstellen:

Fallorientierte Supervision

- *Qualitätszirkel und Supervision:* Bei einigen Fragestellungen ist es sinnvoll, die problemorientierte Analyse im Zirkel anhand von Einzelfällen durchzuführen (z.B. bei dem Thema des Umgangs mit „störenden" Schülern im Unterricht). Dann ähnelt die Arbeit im Zirkel einer fallorientierten Supervision. Im Gegensatz zu einer Arbeit in Balintgruppen behält man im Qualitätszirkel jedoch eine objektivierbare Dokumentation der „Fälle" als Basis für die Analyse, Planung und Umsetzung der Veränderungen bei. Eine objektivierbare Dokumentation hat den Vorteil, dass eine Konfrontation des Selbst- und Fremdbildes des Lehrers möglich wird und die Wahrnehmung „blinder Flecken" erlaubt. Die Arbeit im Qualitätszirkel ist insgesamt stärker auf manifeste Aspekte der Interaktion hin orientiert als dies bei einer Balintgruppe der Fall wäre. Trotzdem können in der Fallanalyse im Qualitätszirkel auch unbewusste Aspekte der Interaktionsdynamik in den Blick kommen und in die Reflexion der „Fälle" einbezogen werden.

- *Qualitätszirkel als Ansatz zur Fortbildung:* Qualitätszirkel sind ein anerkannter Ansatz schulinterner Fortbildung. Diese Form der Fortbildung unterscheidet sich jedoch in einem entscheidenden Punkt von herkömmlichen Fortbildungsmaßnahmen: Lehrer müssen nach einer referentenzentrierten Fortbildung den Transfer des gerade Gelernten auf die eigene berufliche Praxis in der Regel alleine leisten. An dieser Stelle scheitern Fortbildungsbemühungen nicht selten. Im Qualitätszirkel wird der Transfer von der Theorie in die Praxis jedoch systematisch und gemeinsam in einer kollegialen Gruppe erarbeitet. So ist sichergestellt, dass die Fortbildungsinhalte Praxisrelevanz für die Teilnehmer bekommen. In diesem Sinne können Qualitätszirkel auch im Anschluss an eine klassische Fortbildungsmaßnahme oder als Ergänzung einer Fortbildung gegründet werden, um die Lücke zwischen theoretischem Wissen und tatsächlichem Handeln zu schließen. — *Schulinterne Fortbildung*

- *Qualitätszirkel und professionelle Lerngemeinschaften:* Der Qualitätszirkelansatz ähnelt in einigen Punkten dem Konzept professioneller Lerngemeinschaften. In professionellen Lerngemeinschaften verstehen sich Lehrer als gemeinsam Lernende (vgl. Buhren & Rolff 2002, 133–135). Professionelle Lerngemeinschaften zeichnen sich durch fünf Elemente aus: (1) Gemeinsam geteilte Normen und Werte. (2) Die Konzentration auf eine effektive Lernförderung der Schüler. (3) Die Deprivatisierung der Unterrichtspraxis der Lehrer. (4) Eine gute Kooperation der Lehrpersonen. (5) Ein gemeinsames und systematisches Nachdenken über die Inhalte und Methoden des praktizierten Lehrens und Lernens in der Schule. Qualitätszirkel haben viele Ähnlichkeiten mit professionellen Lerngemeinschaften. Sie sind in ihrer Themenstellung jedoch offener und nicht so strikt auf die Verbesserung von Schülerleistungen bezogen, wie der Ansatz der professionellen Lerngemeinschaft dies vorgibt. Der Idealtypus der professionellen Lerngemeinschaft kann zudem nicht verordnet werden, sondern muss sich entwickeln können. Vor allem die Deprivatisierung des Unterrichts ist eine hohe Hürde für Lehrer. Sie braucht zunächst „vertrauensbildender Maßnahmen", die in den thematisch offeneren Qualitätszirkeln erworben werden können. Qualitätszirkel könnten ein Ansatz sein, professionelle Lerngemeinschaften in Schulen entstehen zu lassen. — *Professionelle Lerngemeinschaft*

- *Qualitätszirkel und Selbsthilfe:* Im Qualitätszirkel spielt neben der Chance zur Professionalisierung der eigenen Tätigkeit auch der Entlastungsaspekt für die Teilnehmer eine zentrale Rolle. Im Zirkel kann die Vereinzelung des Lehrers überwunden werden. Hier kann erlebt werden, dass andere Kollegen ähnliche Proble- — *Entlastung und Selbsthilfe* me haben. Hier wird gemeinsam an der Lösung drängender Fragen gearbeitet. Der Zirkel sollte auch einen Raum zur Befriedigung persönlicher Bedürfnisse nach Vertrauen, Anteilnahme, Bindung und Verbindlichkeit bieten. Erst ein stabiler, Sicherheit und Unterstützung gewährender Rahmen gewährt den Halt, der ein Durchbrechen von Alltagsroutinen und ein Ausprobieren von Neuem möglich macht. Außerdem kann kollegiale Zusammenarbeit auch Spaß bringen. Werden in einem Qualitätszirkel diese entlastenden und bestärkenden psychosozialen Erfahrungen möglich, dann trägt der Qualitätszirkel auch zur Psychohygiene der in ihr arbeitenden Teilnehmer bei.

Praxisforschung durch Konzeptentwicklung

- *Qualitätszirkel und Praxisforschung:* Pädagogik ist eine Disziplin, die Lehrern viele theoretische Konstrukte, aber wenig wissenschaftlich gesichertes Wissen für ihre Arbeit zur Verfügung stellt. Von daher kann ein wechselseitiger Transfer zwischen Theorie und Praxis auch unter Forschungsaspekten durchaus von Nutzen sein. Falls sich bei der Übertragung eines theoretischen Ansatzes in die Praxis (Theorie-Praxis-Transfer) herausstellt, dass das vermittelte Konzept in der vorliegenden Form nicht praxistauglich ist, könnte diese Erkenntnis der Beginn einer praxisorientierten Weiterentwicklung des Konzeptes bilden (Praxis-Theorie-Transfer). Qualitätszirkel können bei diesem Prozess der Praxisforschung eine zentrale Rolle spielen.

5 Resümee

Qualitätsverbesserung im fortlaufenden Prozess

Qualitätsverbesserung in der Schule ist nicht durch ein einmaliges Ereignis zu realisieren, sondern das Ergebnis eines längeren Prozesses, in dem eine Vielzahl kleinerer Veränderungen in der Summe zu einer spürbaren Qualitätsverbesserung führen. Insofern werden Qualitätszirkel auch kein sporadisches Phänomen in einer Schule bleiben, sondern ein Element in einem fortlaufenden und systematischen Prozess der Qualitätsverbesserung der Schule werden. Ziel ist es, die Problemlösungsstrategien der Institution in realen Alltagssituationen zu überprüfen und bei Bedarf zu modifizieren. So können sich allmählich pädagogische Handlungsstrategien herausbilden, die unter Praxisbedingungen erprobt sind und von den Beteiligten selbst akzeptiert werden.

Literatur

Bahrs, O., Gerlach, F., Szecsenyi, J. & Andres, E. (Hrsg.) (2001): Ärztliche Qualitätszirkel. Leitfaden für den Arzt in Praxis und Klinik. Köln.

Bastian, J. (Hrsg.) (1998): Pädagogische Schulentwicklung, Schulprogramm und Evaluation. Hamburg.

Becker, F. J. (1999): Schulische Evaluation als Taktik der kleinen Schritte. Qualitätszirkel. In: Schulmagazin 14, 3, 4–11.
Gerlach, F. (2001): Qualitätsförderung in Praxis und Klinik. Eine Chance für die Medizin. Stuttgart.
Haenisch, H. & Kindervater, C. (1999): Evaluation der Qualität von Schule und Unterricht. EU-Pilotprojekt zur Selbstevaluation: Ergebnisse der deutschen Projektschulen. Bönen, Westfalen.
Horster, L. & Rolff, H.-G. (2001): Unterrichtsentwicklung. Grundlagen, Praxis, Steuerungsprozesse. Weinheim, Basel.
Joyce, B. & Showers, B. (1995): Student Achievement through Staff Development: Fundamentals of School Renewal. New York (2. Aufl.).
Kempfert, G. & Rolff, H.-G. (1999): Pädagogische Qualitätsentwicklung. Ein Arbeitsbuch für Schule und Unterricht. Weinheim, Basel.
Kunzmann, E. (1991): Zirkelarbeit: Evaluation von Kleingruppen in der Praxis. München.
Meinhold, M. (1996): Qualitätssicherung und Qualitätsmanagement in der Sozialen Arbeit. Freiburg im Breisgau.
Mosley, J. & Tew, M. (1999): Quality circle time in secondary school. London.
Philipp, E. (1996): Teamentwicklung in der Schule. Konzepte und Methoden. Weinheim, Basel.
Schnoor, H. & Engelhardt, C. (2006): Der Lehrer der Zukunft: vom „Einzelkämpfer" zum Mitglied einer professionellen Lerngemeinschaft. Erfahrungen von Qualitätszirkelmoderatoren. In: Hofmann, Ch. & Steckow v., E. (Hrsg.): Der kritisch-konstruktive Beitrag der Sonderpädagogik zu den Ergebnissen der PISA-Studie. Bad Heilbrunn/Obb.
Schnoor, H., Hergesell, M. & Pehl, T. (2002): Qualitätszirkel an Sonderschulen. Erwartungen und Befürchtungen von Lehrern bezüglich der Mitarbeit in Problemlösegruppen. In: Sonderpädagogik 32, 3–4, 140–148.
Schnoor, H., Hergesell, M. & Pehl, T. (2003): Qualitätszirkel, ein Problemlöseansatz für Schulen? Untersuchung der Akzeptanz von Qualitätszirkeln sowie der fördernden und belastenden Einflüsse auf die Zirkelarbeit aus Sicht der Lehrer einer Schule für Erziehungshilfe. In: Heilpädagogische Forschung 2, 72–83.
Schnoor, H., Lange, C., Mietens, A. (2006): Qualitätszirkel. Theorie und Praxis der Problemlösung in Schulen. Paderborn, München, Wien, Zürich.
Tenberg, R. (2001): Unterricht als zentrales Element von Schulentwicklung. In: Erziehungswissenschaft 24, 12, 25–57.

Ralf Connemann und Doris Geiselbrecht

Das Reflektierende Team als Methode der kollegialen Fallbesprechung

> „L'ideé vient en parlant."
> Heinrich v. Kleist, Über die allmähliche
> Verfertigung der Gedanken beim Sprechen

Als Schulpsychologen werden wir oft gebeten, in problematischen, konfliktreichen oder regelrecht verfahrenen Situationen für die betroffenen Personen Lösungsperspektiven zu erarbeiten. Das ist nicht immer einfach, nicht selten sogar ausgesprochen unerfreulich. Doch gibt es in unserer beruflichen Tätigkeit auch erfreuliche Erlebnisse und Erfahrungen. Dazu gehört die Arbeit mit dem „Reflektierenden Team", einem Beratungsansatz, den der Norweger Tom Andersen (1991) vor mehr als einem Jahrzehnt entwickelt hat.

1   Zur Geschichte des Ansatzes

Eine neue Methode

Andersen hat mit dem „Reflektierenden Team" eine Methode entwickelt, die für die Arbeit mit „Problemsituationen" völlig neue Perspektiven ermöglichte. Er knüpfte zunächst an eine Richtung in der Familientherapie an, in der Familien als lebendige Systeme gesehen werden. Nach dieser Sicht haben Symptome, die einzelne Familienmitglieder zeigen, die Funktion, das jeweilige Familiensystem zu stabilisieren. Das macht ihre Veränderung oder gar Auflösung so schwer. Daher soll in der Therapie das Familiensystem durch raffinierte Interventionen zunächst aus dem Gleichgewicht gebracht werden, um auf diese Weise der Familie die Entwicklung einer neuen realitätsangemessenen Struktur bzw. den Familienangehörigen neue Sichtweisen zu ermöglichen. Bei der Entwicklung dieser raffinierten

... zur Veränderung von Sichtweisen

Methode wird der Therapeut in seiner Arbeit durch ein Team von psychosozialen Experten unterstützt, das hinter einer Einwegscheibe sitzt und die Interaktionen zwischen den Familienmitgliedern und dem Therapeuten beobachtet, diskutiert, auswertet und in Ideen für das therapeutische Vorgehen ummünzt.

Im Gegensatz zu diesem Vorgehen entschied sich Andersen dafür, die Expertendialoge hinter der Einwegscheibe auf die offene Bühne zu verlegen. Somit befindet sich nun das psychosoziale Expertenteam gemeinsam mit dem Familientherapeuten und den Familienmitglieder im selben Raum. Wenn nun das Expertenteam zu einer Stellungnahme gebeten wird, dann liefert es nicht mehr dem Therapeuten Ideen für das therapeutische Vorgehen, sondern es führt nun seinen Diskussions- und Reflexionsprozess so durch, dass der Therapeut und die Familienmitglieder dabei zuhören können. Auf diese Weise stehen nun alle Informationen und Überlegungen allen Beteiligten zur Verfügung und können unmittelbar für den beraterischen Prozess genutzt werden. Ziel ist es, über diesen Prozess neue Ideen zu liefern und neue Sichtweisen anzuregen, die Veränderungen im System der Familie bewirken können.

In den vergangenen Jahren hat Tom Andersen dann selbst die Idee des „Reflektierenden Teams" grundlegend erweitert. Er spricht jetzt von „reflektierenden Prozessen", die sich hin zu der Idee der „offenen Gespräche" entwickeln sollen, „wo viele zusammen an einem Thema arbeiten und wo niemand mit der Last der verschiedenen schweren Lebensumstände allein bleiben muss" (Andersen 1998). Dabei nimmt er auf radikale Weise Abschied von einem Expertenmodell, wie wir es aus einigen klassischen Therapieformen kennen, in denen der Therapeut direkt oder über Deutungen Anweisungen gibt, wie Klienten ihr Leben führen sollten. Stattdessen knüpft Andersen an die systemische Grundposition an, dass sich lebende Systeme nur *indirekt* beeinflussen lassen, also selbst bestimmen, wie sie mit eingehenden neuen Informationen und Denkmöglichkeiten umgehen. Hier gilt die Unmöglichkeit „instruktiver Interaktion" (Böse & Schiepek 1989, 96). Das bedeutet, dass das reflektierende Team sich nicht mehr aus psychosozialen Experten zusammensetzen muss. Anregende Impulse und neue Ideen können sich nach Andersens Ansicht und Erfahrungen auch durch die Reflexionen von Laien oder so genannten Alltagsmenschen ergeben.

Andersen bewertet daher seinen Ansatz – im Gegensatz zu traditionellen – als eine „demokratischere Arbeitsform", die von unangenehmen Gefühlen entlastet. Er spricht damit indirekt auch sein Menschenbild an, das im Wesentlichen auf den beiden Postulaten von Akzeptanz und Respekt fußt (vgl. auch Ludewig 1992, 78ff.). Ohne Akzeptanz gibt es kein Zusammenleben. Nur bei Achtung der Vielfalt menschlicher (Wahrnehmungs-)Welten, die die Konstruktion einer autonomen Person voraussetzt, kann sich eine Mitmenschlichkeit entwickeln. Die Verabschiedung aus der Expertenrolle bringt gleichzeitig den Respekt ins Spiel. Ich schätze den anderen als ebenbürtig und gleichwertig und dies definiert substanziell auch die therapeutische und beraterische Beziehung. Tom Andersens Idee vom Reflektierenden Team halten wir für ebenso einfach wie revolutionär: Nicht die Expertenratschläge, sondern das Hören von und das Nachdenken über die Sichtweisen von Anderen bringen Bewegung in die festgefahrenen Vorstellungen der Ratsuchenden und ermöglichen ihnen dadurch die Entwicklung eigener neuer (Lösungs-)Perspektiven.

Vom therapeutischen Expertenteam

... zum offenen Gespräch im Reflektierenden Team

Nachdenken über andere Sichtweisen

2 Warum sich die Arbeit mit dem Reflektierenden Team besonders für Fallbesprechungen mit Lehrkräften eignet

Nachdem in den achtziger Jahren Fallbesprechungen und Supervision[1] als Beitrag zur Reflexion der eigenen beruflichen Tätigkeit auch im pädagogischen Bereich auf zunehmendes Interesse stießen, entwickelte sich daraus schnell ein neuer Tätigkeitsschwerpunkt für uns als Schulpsychologen. In diesem Kontext begaben wir uns auf die Suche nach passenden Modellen für die Organisierung der entsprechenden Beratungs- und Unterstützungsprozesse. Dabei machten wir in Workshops, auch mit Tom Andersen, Bekanntschaft mit dem Konzept des Reflektierenden Teams.

Respektvolle Haltung als Basis

Uns beeindruckten sowohl die Klarheit und die relative Einfachheit der Methode als auch die oben beschriebene Grundhaltung. Wir stellten schnell fest, dass dieser Ansatz, obwohl eigentlich für Familien gedacht, sich geradezu anbietet für die Verwendung in der Schule und in der beraterischen Arbeit mit Lehrkräften sowie für die Fallbesprechung in von uns oder den Lehrkräften selbst organisierten Gruppen.

Dies ergibt sich aus der besonderen Struktur der Reflexionsprozesse im Reflektierenden Team, das mit seiner Zielrichtung des Gesprächs über Gespräche (Dialoge über Dialoge) in besonderer Weise die üblichen, meist ineffektiven kommunikativen Gewohnheiten in der Schule ersetzt, zumindest jedoch ergänzt.

Als üblich wären nach unserer Erfahrung zu nennen:

- Mehr Monologe als Dialoge (so der immer noch anzutreffende Frontalunterricht, in dem Schüler nur „Antworter" sind)
- Dialoge zwischen Lehrkräften sind eher die Ausnahme (wenig Austausch, kaum Kooperation)
- Lehrkräfte arbeiten in einer Institution, in der Beurteilung und damit tendenziell auch Verurteilung zum Arbeitsauftrag gehört (produziert Angst und mangelnde Bereitschaft zur Offenbarung von Schwierigkeiten)
- Neben Maßregelungen dominieren Ratschläge an andere den pädagogischen Alltag (Bereitschaft zum Zuhören und die Akzeptanz des anderen sind eher Ausnahme als Regel).

... führt zu demokratischen Arbeitsformen

Unter solchen kommunikativen Bedingungen kann die „demokratischere" Arbeitsform des Reflektierenden Teams geradezu wie eine Initialzündung für eine veränderte Kommunikationskultur in der

---

[1] Wir verwenden im Folgenden den Begriff „Fallbesprechung" und nicht den wegen Einhaltung von Qualitätsstandards umstrittenen der Supervision.

Schule wirken. Welche Voraussetzungen dafür zusätzlich gegeben sein müssen, wird bei der Darstellung des Ablaufs einer Fallbesprechung im nächsten Abschnitt deutlich werden.

3 Vorgehensweise in der Fallbesprechung

In Fallbesprechungsgruppen arbeiten wir überwiegend mit Teilnehmerzahlen zwischen 6 und 15. Dafür haben wir ein sogenanntes „Standardmodell" entwickelt, das je nach Größe der Gruppe und abhängig von Faktoren wie Zeit, Erfahrung der Teilnehmer usw. entsprechend abgewandelt werden kann.

Fallbesprechung nach Standardmodell erfordert ...

Die Arbeit in diesen Gruppen orientiert sich an Problemen des Schulalltags. Die Anliegen, die dann den Fall „konstruieren", zeigen sich in den unterschiedlichen Subsystemen: Lehrkraft-Schüler, Lehrkraft-Eltern, Lehrkraft-Schulklasse(n), Lehrkraft-Kollegium, Lehrkraft-Schulleitung. Bevor wir überhaupt mit der Gruppe in die Fallbesprechung einsteigen, ist es unabdingbar, die Teilnehmer mit den wichtigsten Besonderheiten der Methode vertraut zu machen.

Dazu greifen wir in der Regel auf zwei Vorübungen zurück:

1. Kurzeinführung in das positive Umdeuten; da beim Reflektieren im Team das Positive im Vordergrund stehen und auch die andere Seite der „Medaille" angeschaut werden soll, werden in dieser Vorübung als negativ wahrgenommene Alltagssituationen auf ihren auch möglichen positiven Gehalt hin befragt, um eine erweiterte Form des „Denkens über Probleme" anzuregen (z.B.: „Was könnte das Gute im Schlechten sein?").

... Vorübung im positiven Umdeuten

2. Arbeit mit dem im Anhang angefügten Leitfaden; die gesammelten „angemessen ungewöhnlichen" Fragen werden meist im Paargespräch an einem Alltagsproblem geringen Schwierigkeitsgrades erprobt; dabei soll insbesondere auf eine Einbettung in den Beratungskontext geachtet werden, d.h. die Fragen sind nicht einfach abzuhaken, sondern auch beziehungsfördernd zu gestalten.

... und die Anwendung ungewöhnlicher Fragen

Der Ablauf einer Fallbesprechung (mit Anleitung durch eine Außenmoderation) ergibt sich dann aus dem in der Abbildung 1 gezeigten Schaubild. Die Fallbesprechung beginnt mit einer Runde, in der die Teilnehmer nach zu besprechenden „Fällen" gefragt werden. Diese werden aufgelistet und entsprechend der subjektiven Priorität der den Fall Einbringenden wird dann eine Auswahl getroffen. In der Regel ist dies diskursiv möglich, ggf. muss per Abstimmung über die Reihenfolge der Bearbeitung entschieden werden. Nach der Auswahl wird vom „Fallgeber" das Problem kurz beschrieben. Am Ende dieser Fallbeschreibung soll eine konkrete Fragestellung stehen, die auch schriftlich fixiert wird.

Ablauf in mehreren Schritten

Anschließend teilt sich die Gruppe nach dem Standardmodell in zwei Kleingruppen. In diesen beiden Kleingruppen wird ein Gespräch mit dem Ratsuchenden vorbereitet, wobei Gruppe A sich mehr auf den Anfang, Gruppe B stärker auf den 2. Teil des Gesprächs konzentriert. Bei dieser Gesprächsvorbereitung orientieren sich die Teilnehmer an den Gesichtspunkten und Fragen des Leitfadens, den wir im Anhang 1 aufgeführt haben. In beiden Kleingruppen wird dann jeweils festgelegt, welches Gruppenmitglied das Gespräch mit dem Ratsuchenden führt. Weitere drei bis fünf Teilnehmer bilden das Reflektierende Team, bei sehr großen Gruppen können Verbleibende die Aufgabe von Außenbeobachtern übernehmen.

Gruppenaufteilung

Nach dieser Vorbereitungsphase findet in der Großgruppe das erste Gespräch durch ein als ‚Berater' ausgewähltes Mitglied der Gruppe A mit dem Ratsuchenden statt. Nach ca. 10 Minuten wird dann das Reflektierende Team der Gruppe A auf den Plan gerufen. In der Regel geschieht das so, dass der „Berater" den Ratsuchenden fragt, ob er die Ideen und Überlegungen des Teams hören möchte. Es finden dann die Erörterungen innerhalb des Reflektierenden Teams statt. Dazu setzen sich die Mitglieder zusammen und sprechen miteinander über das, was sie den Antworten des Ratsuchenden entnommen haben. Sie wählen für ihre Diskussion und Reflexionen eine Form, die sich aus dem Leitfaden im Anhang 1 ergibt. Der Ratsuchende hört in dieser Phase diesen Erörterungen von außen zu. Wenn er meint, hiervon genug gehört zu haben (erfahrungsgemäß nach etwa 10 Minuten), signalisiert er seinen Wunsch nach Beendigung des Gesprächs in der Kleingruppe A.

Flexibilisierungen sind möglich

Es beginnt nun das Gespräch des Ratsuchenden mit dem ‚Berater' der Kleingruppe B, das mit der Frage beginnt, ob der Ratsuchende die Ausführungen des Reflektierenden Teams A kommentieren möchte. Nach diesem zweiten Gespräch zwischen dem Ratsuchenden und dem ‚Berater' der Kleingruppe B folgt dann wieder eine Reflexionsrunde durch das Reflektierende Team der Gruppe B.

Nach einem kurzen Feedback durch die beiden Berater wird dann der Ratsuchende gebeten zu sagen, welche Ideen für ihn zur Bearbeitung bzw. zur Lösung seiner Anfangsfragestellung hilfreich waren. Damit ist der Reflexionsprozess zu Ende, eine Wiederaufnahme erfolgt dann erst in einer Folgesitzung, in der der Ratsuchende ggf. über den weiteren Verlauf informiert.

Wie gesagt, hier handelt es sich um den Ablauf des so genannten Standardmodells.

Abweichend davon kann in Gruppen geringerer Größe etwa auf die Kleingruppenteilung verzichtet werden. Ggf. kann auch bereits nach dem ersten Gespräch und der ersten Reflexionsrunde abgebrochen werden, wenn der Ratsuchende signalisiert, dass er bereits genügend neue Ideen hat, um damit sein Handeln anders gestalten zu können. Die Leitgedanken des Ansatzes, wie sie im ersten Abschnitt und in den beiden Anhängen zu finden sind, gilt es dabei immer im Auge zu behalten.

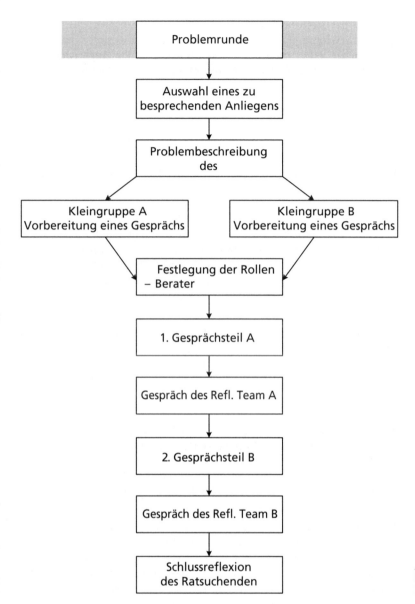

Abb.1: Standardmodell der Fallbesprechung mit dem Reflektierenden Team

4 Praxiserfahrungen

Nach unserer Erfahrung eignet sich der vorgestellte Ansatz auch gut für die Arbeit in selbstorganisierten Kollegiumsgruppen oder schulübergreifenden Fallbesprechungsgruppen. Allerdings ist für den Einstieg eine kurze Anleitung durch jemanden, der sich mit der Methode auskennt, sinnvoll. Auf jeden Fall muss in der kollegialen Fallbesprechung ein Mitglied für die Moderation zuständig sein.

Moderation ist erforderlich

Hierbei hat sich ein regelmäßiger Wechsel (Rotationsprinzip) als günstig erwiesen. Der jeweilige Moderator ist verantwortlich für den Ablauf, leitet diesen an und muss ggf. auch autorisiert sein, Verstöße gegen Regeln zu registrieren und zu unterbinden.

Mit zunehmender Erfahrung reduziert sich der Zeitaufwand

Bei noch ungeübten Gruppen dauert der Prozess zunächst etwas länger, da für die Vorbereitung in den Kleingruppen noch Zeit benötigt wird. Die gut eingespielten Gruppen brauchen hingegen pro Fallbesprechung nur noch etwa eine Stunde, so dass in einer Fallbesprechungssitzung zwei Anliegen bearbeitet werden können.

Sorgfalt in der Gesprächsführung erforderlich

Weiter oben hatten wir bereits dargelegt, dass wir in dem Verfahren des Reflektierenden Teams die besondere Struktur des Reflexionsprozesses für Gruppen mit Lehrkräften als besonders günstig erachten. Nicht zuletzt deshalb, weil sie im Gegensatz zu der traditionellen Kommunikationskultur in Schulen steht. Daher haben wir die Erfahrung gemacht, dass Fallbearbeitungsgruppen, die in ihrer Vorbereitung und Einarbeitung viel Zeit und Sorgfalt auf die Qualität der Arbeitsweise des Reflektierenden Teams verwenden, mit den ‚Beratungs'-Ergebnissen besonders zufrieden waren (Connemann & Kubesch 1991).

Dabei legten wir selbst zunächst das Augenmerk hauptsächlich auf die Arbeit in den „Beratungsphasen", also auf das direkte Gespräch mit dem Ratsuchenden, mussten dann jedoch im Verlauf der Zeit feststellen, dass die Ratsuchenden – ganz im Sinne Tom Andersens – sehr viel stärker auf Ideen aus den Reflexionsrunden reagieren. Dies dürfte im Wesentlichen zwei Gründe haben:

1. Im Gespräch mit dem Berater ist der Ratsuchende sehr auf eigene Ideen und Phantasien konzentriert, wirkt dadurch mitunter stark angespannt.
2. Beobachtungen zeigen, dass der Ratsuchende aus der Distanz heraus eher zur Selbstbetrachtung („mit Spiegel sehe ich mehr von mir als ohne") in der Lage ist.

Resümierende Metapher: Supermarkt der Ideen

Um der besonderen Bedeutung des Reflektierenden Teams gerecht zu werden, haben wir den Lehrergruppen die Metapher vom „Supermarkt der Ideen" angeboten, die meistens gern aufgegriffen und als hilfreich empfunden wurde. In diesem Supermarkt findet der Ratsuchende wahrscheinlich das für ihn Passende, auch wenn das Gesamtangebot möglicherweise seinen Bedarf (deutlich) übersteigt.

Anhang 1: Leitfaden für problemorientierte Gespräche

0. Einstiegsfragen, z.B.

- Worüber sollten wir in diesem Gespräch auf jeden Fall sprechen?
- Wenn es mehrere Anliegen/Probleme gibt, welches ist dir am wichtigsten?
- Was würde ich beobachten können, wenn ich die problematische Situation auf Video aufnehmen würde?

1. *Fragen nach dem Ausmaß der Belastung, Skalierungsfragen, z.B.*
- Auf einer Skala von 0–10, wobei 10 den höchsten Wert darstellt, wie groß schätzt du für dich die Belastung durch das Problem ein?
- Was wäre das Schlimmste, was passieren könnte, wenn sich an dem Problem nichts ändert?

2. *Zirkuläre Fragen, z.B.*
- Was würde Person X,Y,Z, über die wir gerade reden, denken, wenn sie hier wäre und uns zuhörte?
- Wenn ich X,Y,Z fragen würde, wie würde der/die ... erklären ?
- Was denkt X,Y,Z über dich/das Problem?

3. *Fragen nach Erklärungen, z.B.*
- Wie erklärst du dir, dass die Dinge so sind, wie sie sind?
- Wer sieht das genauso, wer anders?
- Wenn Erklärungen unterschiedlich sind, wie lässt sich das erklären?

4. *Fragen nach Ausnahmen, z.B.*
- Gibt es Zeiten, in denen du erfolgreich mit dem Problem umgehen kannst?
- Wann tritt das Problem wenig oder gar nicht auf?

5. *Fragen nach möglichen Zielen, z.B.*
- Was müsste geschehen, um deine Zuversicht in mögliche Lösungen zu erhöhen?
- Stell dir bitte vor, es geschähe heute Nacht ein Wunder! Woran würdest du das morgen merken?
- Woran würdest du konkret merken, dass das Problem gelöst ist?
- Stell dir vor, es würde sich auch langfristig nichts am Problem ändern! Welche Auswirkungen hätte das für dich?

6. *Lösungsbezogene Fragen, Als-ob-Fragen, z.B.*
- Angenommen, du würdest dich für eine mögliche Lösung A (die möglichen Lösungen müssen jeweils formuliert werden) entscheiden, welche Konsequenzen hätte das für dich/für andere?
- Stell dir das Gleiche vor für mögliche hypothetische Lösungen B oder C (die möglichen Lösungen müssen jeweils formuliert werden)!
- Nehmen wir an, du würdest in dieser Situation etwas total Verrücktes tun, wie sähe das aus?

7. *Abschlussfragen, z.B.*
- Möchtest du noch eine Frage beantworten, die ich bisher nicht gestellt habe?
- Denkst du, dass das, was wir bisher besprochen haben, hilfreich für dich war?
- Welche Fragen könnten in deinen Augen nützlicher sein als die bisher gestellten?

Anhang 2: Anregungen für das gemeinsame Reflektieren

- Grundhaltung: weg von der Expertenposition, sich nicht als solcher beweisen müssen, offen für den ablaufenden Prozess, Festlegungen und Empfehlungen (du solltest!) vermeiden
- Miteinander im Team reden, nicht Ratsuchende direkt ansprechen
- Für Ausgewogenheit bei den Teambeiträgen sorgen (inhaltlich, zeitlich, personell)
- Bemerkungen sollten positiv und hilfreich sein; negative Kritik wird nicht gern gehört und wirkt deshalb in der Regel nicht
- Möglichst viele (alle) Ideen präsentieren, die beim Gespräch den Teilnehmern des Reflektierenden Teams durch die Köpfe gingen
- Sich frei fühlen, *alles*, was zu hören ist, aber *nicht alles*, was zu sehen ist, auszudrücken
- Bemerkungen sollten fragend formuliert sein: „Könnte es vielleicht sein?"; viele Sätze und Fragen im Konjunktiv formulieren
- Im Gespräch ggf. auftauchende Schlüsselwörter, -begriffe oder -sätze wieder aufgreifen und reflektieren
- Offene Fragen in den Raum stellen, offen stehen lassen oder reflektierend in der Runde weiterentwickeln
- Merksatz: Halte dich nie sklavisch an irgendwelche Regeln oder Hinweise (Tom Andersen: „Mitgliedern des Teams würde ich niemals sagen, wie sie sich als Teil des Gesprächs des Reflektierenden Teams verhalten sollten.")

Literatur

Andersen, T. (1991): Das Reflektierende Team. Dialoge und Dialoge über die Dialoge, Dortmund.

Andersen, T. (1998): Systemisches Denken und Handeln in Nordnorwegen. In: Hargens, J., von Schlippe, A. (Hrsg.): Das Spiel der Ideen. Reflektierendes Team und systemische Praxis, Dortmund, 20–29.

Böse, R., Schiepek, G. (1989): Systemische Theorie und Therapie. Ein Handbuch, Heidelberg.

Connemann, R., Kubesch, B. (1991): Das Reflektierende Team als Fallbesprechungsmodell in Lehrergruppen. In: Zeitschrift für systemische Therapie 9, 2, 128–136

Ludewig, K. (1992): Systemische Therapie. Grundlagen klinischer Theorie und Praxis, Stuttgart.

David Ebert und Bernhard Sieland

Korrektive Selbststeuerung erst lernen, dann vermitteln. Kooperative Entwicklungsberatung in der Lehrerbildung

In den letzten Jahren werden die Ansprüche an die Lehrerausbildung realistischer. Angehende Lehrkräfte sollen nur noch „Startkompetenzen" erwerben, die sie befähigen, bei auftretenden Problemen möglichst schnell das Notwendige hinzuzulernen. Wie können also Lehrkräfte im Zuge ihrer Ausbildung lernen, mit Problemen wie z.B. mit unvermeidlichen Misserfolgen umzugehen? Wie lernen sie, sich möglichst lebenslang, selbstständig und ohne Lehrkraft für die Lösung der jeweils anstehenden Probleme fortzubilden sowie ihr Verhalten angemessen zu steuern?

Veränderte Ansprüche und Lernverständnisse in der Lehrerbildung

Ganz offensichtlich muss der Lerner sein eigener Lehrer und Supervisor werden oder anders gesagt, die Lerner müssen lernen, wie man lernt. Im Folgenden beschreiben wir ein Lernarrangement für die Lehrerbildung, das diesen Anspruch erhebt. Es soll (angehende) Lehrkräfte befähigen, ihr Handlungsrepertoire in ihrer konkreten Lebenswelt bewusst zu steuern, zu erweitern und mit Blick auf mögliche Nebenwirkungen eigenverantwortlich zu supervidieren.

1 Merkmale korrektiver Lernarrangements

Unser Lernarrangement geht nicht davon aus, dass man in einem formalen Bildungsprozess Neues lernt und dies dann „einfach" in geeignete Alltagssituationen transferiert bzw. anwendet. Es konzipiert Lernen überwiegend als einen korrektiven Prozess. Der Lerner hat schon bisher lebenslang gelernt. Nach Tabelle 1 kommen die Lerner in den korrektiven Lernprozess mit Erlebens- und Verhaltensmustern, die sie jahrelang stabilisiert und die für sie selbst und ihre Umwelt bisher zu einer kalkulierbaren, oft akzeptablen Gratifikationsbilanz geführt haben. Nicht nur einzelne Verhaltensketten sind habitualisiert, sondern auch die zugehörigen Kognitionen (Situationsauffassung, Handlungsauffassung, Handlungsergebnisauffassung, Handlungsfolgeneinschätzung) verlaufen automatisiert ohne Ambivalenzgefühle. Er soll nun in einem kurzen formalen Lernprozess diese langfristig stabilisierte Wahrnehmungs- und Handlungsmuster zu Gunsten neuer Optionen aufgeben. Solche korrektiven Lernprozesse sind für den Lerner oft eine Zumutung. Er soll den Spatz in der Hand frei geben, ohne die Sicherheit zu

Lernen als korrektiver Prozess

haben, die Taube auf dem Dach fangen zu können! Erst, wenn das geänderte Verhalten über längere Zeit praktiziert wird, kann der Lerner die Früchte seiner Bemühungen als Verbesserung der Handlungsergebnisse und Handlungsfolgen erleben! Bis dahin bleibt er versucht, zu den alt vertrauten Mustern zurückzukehren.

Tab. 1: Weiterbildung, Beratung und Training als korrektive Lernprozesse

1. Habitualisierung	2. Korrektive Intervention	3. Konkurrierende Stabilisierung
Lernort: Lebenswelt Lernzeit: viele Jahre	Lernort: speziell Lernzeit: Stunden	Lernort: Lebenswelt Lernzeit: viele Jahre
Lernprozess: Implizites Lernen Lebensstiltypische Anpassung an Umwelten	Lernprozess: Explizites Lernen	Lernprozess: Konkurrierendes Lernen Stabilisierung, alter oder neuer Verhaltensmuster adaptiv an Umwelten

Anforderungen an korrektive Lernarrangements

Vor diesem Hintergrund müssen Lernarrangements, die nachhaltig und korrektiv wirken sollen, folgende Gütekriterien bzw. Herausforderungen bewältigen.

- Sie müssen die Lernergebnisse und Erfahrungen vom Lernort Alltag systematisch in den korrektiven Lernprozess einbeziehen.
- Sie müssen den konfligierenden Prozess zwischen alter und neuer Handlungsregulation laufend fokussieren.
- Sie müssen die Handlungspraxis (= Performanz) im Alltag wichtiger nehmen als Kompetenzzuwächse in künstlichen Kontexten (vgl. Sieland 2007a).
- Sie müssen im Lernen nicht nur Lernkompetenzen, sondern auch Kompetenzen eines Lernberaters und eines Supervisors aktivieren und fördern.
- Sie müssen in der Regel im Alltag fortdauern, auch wenn der formale Lernprozess schon abgeschlossen ist.

Selbststeuerung betonen

Umgekehrt sollten solche Lernarrangements typische Hindernisse für selbstgesteuerte Handlungsregulation abbauen. Fremde Lehrkräfte und Trainer dürfen für den Prozess nicht mehr entscheidend sein. Die Auseinandersetzung mit verbal vertretenen Theorien über gute Praxis muss unwichtiger, die Diskussion der Vor- und Nachteile der eigenen Verhaltenspraxis muss wichtiger werden. Kurz: Wenn Lehrkräfte künftig Lernberater ihrer Schüler sein sollen, müssen sie Lernberatung üben und nicht nur passiv durch Dozenten erfahren (vgl. Ebert, Rahm & Sieland 2006).

Im zweiten Abschnitt soll nun das Konzept Kooperative Entwicklungsberatung zur Stärkung der Selbststeuerung beschrieben werden, um danach zu prüfen, in wie weit dieses Lernarrangement den hier entwickelten Gütekriterien für nachhaltiges korrektives Lernen entspricht.

2 Kooperative Entwicklungsberatung zur Stärkung der Selbststeuerung (KESS) als Lernarrangement in der Lehrerbildung

2.1 Wofür braucht man das Lernarrangement KESS? – Indikation

KESS ist ein Lernarrangement, mit dem „schwierige" Entwicklungs- und Lernprozesse über einen begrenzten Zeitraum von rund sechs Monaten unter Alltagsbelastungen begleitet werden können. Es versteht sich als Brücke zwischen didaktisch optimierten, künstlichen Lernprozessen einerseits und der Umsetzung des Gelernten in komplexe berufliche und private Alltagssituationen andererseits. Die KESS-Methode unterstützt die Verbindlichkeit und Umsetzung von Zielvereinbarungen bzw. Entwicklungsplänen und fördert die nachsteuernde Flexibilität bei Anwendungsversuchen unter Alltagsbedingungen. Ein prototypisches Anwendungsgebiet für die KESS-Methode sind die meist anspruchsvollen Ziele im Rahmen der Lehrerbildung (vgl. Leunig & Krause 2007), weil hier immer komplexe Verhaltenspläne unter unklaren, aber komplexen situativen Bedingungen realisiert werden sollen. Generell ist die KESS-Methode überall dort angezeigt, wo es um komplexe Einstellungs- und Handlungsmuster geht, die

Unterstützung bei der Umsetzung von Handlungsplänen

- den Lerner aus Mangel an verfügbaren Selbstwirksamkeitserfahrungen noch verunsichern;
- eine längere Trainingszeit benötigen, um sie in angemessener Qualität realisieren zu können;
- mit bisherigen Denk- und Handlungsmustern der Person konfligieren (ungeklärte Selbstkonkordanz und Umgang mit inneren Widerständen);
- ein längeres Durchhalten konsequenter Verhaltensschritte verlangen, weil sich die eigentlich erwünschten Zielzustände nur langsam einstellen;
- eine konsequente und längerfristige Verhaltensänderung der Person voraussetzen, obwohl die personale Umwelt auf die neuen Handlungsmuster u.U. bestrafend reagiert;
- wegen zeitlicher Überlastung unter Alltagsbedingungen zu schnell an Priorität verlieren, so dass die Durchführungsmotivation gegen Ablenkungstendenzen abgeschirmt und der Umgang mit Flucht- und Vermeidungstendenzen vom Lerner bewusst kontrolliert werden muss.

Gut geeignet für die Lehrerbildung

Kurz, die KESS-Methode ist angezeigt, wenn es um Erlebens- und Verhaltensänderungen in komplexen sozialen Settings (Lebenswelten) geht und dabei alte Verhaltensroutinen den Wechsel zu neuen Verhaltensoptionen erschweren (vgl. Sieland 2007c).

Stadien im Kompetenzerwerb

Der korrektive Lernprozess verläuft nach Bauer (1998) in vier Stadien

- Im Stadium unbewusster Inkompetenz nutzt der Lerner sein bisheriges Repertoire und hält es für zweckmäßig und Ziel führend.
- Im Stadium der bewussten Inkompetenz entdeckt der Lerner die Ambivalenz seiner Einstellungs- und Verhaltensroutinen, fühlt sich verunsichert und schwankt zwischen der Sicherheit alter Routinen und der Valenz neuer Chancen.
- Im Stadium bewusster Kompetenz bemerkt der Lerner erfolgreiche punktuelle Verhaltensänderungen, die allerdings noch nicht flächendeckend in allen möglichen Settings umgesetzt werden. Das gelingt erst im Stadium der unbewussten Kompetenz, das in vielen Fällen gar nicht erreicht wird.

Über die gesamte Zeit der Entwicklung ist der Lerner gefährdet, auf seine alten Erlebens-, Verhaltens- und Denkroutinen zurückzufallen. Um dieses Rückfallrisiko zu reduzieren, kombiniert das KESS-Arrangement vier Phasen, die im Folgenden beschrieben werden.

2.2 Wie verläuft der Lernprozess? – Vier Phasen der KESS-Methode

Breite empirische Erprobung

Das didaktische Modell (vgl. Abb. 1) der kooperativen Entwicklungsberatung zur Stärkung der Selbststeuerung (=KESS) wurde an der Universität Lüneburg entwickelt und bisher von ca. 450 Studierenden sowie 180 Lehrkräften in der Fortbildung erprobt und weiterentwickelt.

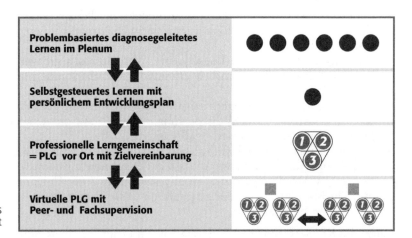

Abb. 1: KESS als vierstufiges Lernarrangement

1. Plenum: Ausgangspunkt sind Seminare zur sozialen oder emotionalen Kompetenz, zur Förderung von Beratungs- und Problemlösekompetenz, die über virtuelle Selbstdiagnosen oder durch die Vorgabe echter und akuter Probleme aus dem Lehrerforum (vgl. Sieland

& Tarnowski in diesem Band) problembasiertes Lernen aktivieren. Falls nach diesem Einstieg eigene Entwicklungsziele noch unklar sind, kann die Entwicklungsmotivation auch durch Potenzialanalysen oder durch aktuelle Berufsprobleme aktiviert werden, zu denen den Lernenden nach eigener Einschätzung noch Kompetenzen fehlen. Solche Potenzialanalysen geben den Teilnehmern Rückmeldung über eigene berufsrelevante Stärken und Risikofaktoren und decken so mögliche Entwicklungsbereiche auf. Neben den Informationen zum methodischen Vorgehen und dem theoretischen Input aus einem zu wählenden Kompetenzbereich werden hier grundlegende Aspekte der professionellen Selbstentwicklung und der kollegialen Beratung vermittelt.

Persönliche Entwicklungsziele festlegen

2. Selbst gesteuertes Lernen: Die Lerner wählen jeweils ein individuelles Entwicklungsvorhaben, das sie über drei bis sechs Monate unter Alltagsbelastung verfolgen (z.B. professioneller Umgang mit eigenen und fremden Gefühlen, Zeitmanagement, Durchsetzungsverhalten, Stressregulation, etc.). Sie dokumentieren eigenverantwortlich ihren Ist-Zustand, erstellen einen persönlichen Entwicklungsplan und bilanzieren Gewinn und Kosten ihrer Entwicklungsschritte.

Persönlichen Entwicklungsplan aufstellen

3. Das personale Entwicklungsteam: Die individuelle Entwicklungsarbeit wird gestützt und gestärkt durch ein Entwicklungsteam von drei Selbstentwicklern (vgl. Abb. 2). Es trifft und berät sich wechselseitig bei der Entwicklungsplanung sowie bei der Umsetzung von Entwicklungsschritten. Jeder Teilnehmer arbeitet über 30 Minuten an seinem Entwicklungsziel, wird vom zweiten Partner in der Rolle des Entwicklungsberaters unterstützt, während der dritte Entwicklungspartner die Rolle des Supervisors übernimmt. Danach wechseln die Rollen noch zweimal, so dass jeder Partner jede Rolle einmal einnimmt und trainiert sowie Verantwortung für seinen eigenen Entwicklungsprozess und Mitverantwortung für die der beiden Partner übernimmt:

Mit zwei Partnern beraten und klären

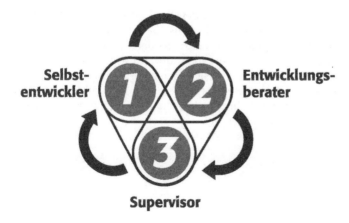

Abb. 2: Drei Rollen im personalen Entwicklungsteam

4. Die virtuelle multiprofessionelle Lerngemeinschaft – KESS-Forum: Die Entwicklungsarbeit des Einzelnen wird nicht nur im personalen Entwicklungsteam, sondern darüber hinaus im virtuellen Entwicklungsforum aktiv unterstützt. Jeder Teilnehmer verpflichtet sich, unter einem selbst gewählten Pseudonym einmal wöchentlich im virtuellen Forum seinen aktuellen Entwicklungsstand einschließlich der Fortschritte und auftretender Schwierigkeiten zu reflektieren. Im Rahmen dieser virtuellen Lerngemeinschaft steigt die Zahl der Teilnehmer und damit der Modelle für Entwicklungsarbeit sowie der Peerberater um ein Vielfaches gegenüber dem personalen Entwicklungsteam. Darüber hinaus erhalten die User Anregungen und Hilfestellungen durch geschulte Trainer, die die Entwicklungsprozesse virtuell begleiten. Dies ermöglicht eine Feinregulierung der Entwicklungsprozesse und reduziert die Gefahr, dass die Teilnehmer sich selbst bzw. ihre Gruppenmitglieder überfordern.

2.3 Ge- und Misslingensbedingungen für das KESS-Arrangement

Jedes Lernarrangement muss zum Entwicklungsziel, zum Lernenden und zum Lehrenden passen. Entwicklungs- und Lernziele, die zu dieser aufwändigen Methode passen, wurden in Kapitel 2.1 dargestellt. Als Gelingensvoraussetzungen auf Seiten des Lerners ist neben der Identifikation mit dem Entwicklungsziel die Bereitschaft und Möglichkeit, den erforderlichen Zeitaufwand für sich selbst und die Mitglieder im Entwicklungsteam aufzubringen, sowie eine ausreichende Internetkompetenz (auf dem Niveau E-Mails empfangen und versenden können) von Bedeutung. Insgesamt wird die Methode besonders von Lernern geschätzt, die selbst beruflich bzw. privat Entwicklungsberatung zu leisten haben (= doppelte Wertschätzung für Zielerreichung und gesteigerte Methodenkompetenz). Schwierigkeiten ergeben sich immer dann, wenn ein Entwicklungsteam aus persönlichen (= mangelnde Sympathie), inhaltlichen (= Dissens über das Vorgehen) oder zeitlichen Gründen aufgelöst wird.

Auch der Lehrende muss von den Wirkfaktoren der KESS-Methode hinlänglich überzeugt sein. Er muss bereit und fähig sein, selbstgesteuertes kooperatives Lernen zu fördern und die Lern- und Entwicklungsarbeit des Lerners nicht durch Lösungsvorschläge aus der „Chefetage" zu stören. Es ist daher zweckmäßig, dass Lehrkräfte, die die KESS-Methode einsetzen sollen oder wollen, selbst mit ihr Erfahrungen gemacht haben. Informationen dazu finden sich unter http://www.kess-gruppen.de/.

3 Entspricht KESS den Gütekriterien für korrektive und nachhaltige Lernarrangements?

Kooperative Entwicklungsberatung zur Stärkung der Selbststeuerung (= KESS) ist eine theoriegeleitete Methode, mit der Entwicklungs- und Lernprozesse angestoßen werden sollen. Prüfen wir zunächst, welche Wirkfaktoren dieses Lernarrangement beinhaltet und anschließend, in wie weit die eingangs genannten Gütekriterien für nachhaltige korrektive Lernprozesse erfüllt sind. Die KESS-Methode wurde als Lernarrangement für anspruchsvolle Lernziele in ebenso komplexen wie Rückfall gefährdeten Prozessen entwickelt. Folgende Wirkfaktoren sollen langfristige Veränderungen ermöglichen:

Viele wirksame Faktoren im KESS-Lernarrangement

- Die Mischung aus theoriegeleiteter Informationsberatung im Plenum und aus Klärungsberatung, Entscheidungs-, Durchführungs- und Evaluationsberatung im Entwicklungsteam sowie im Entwicklungsforum unterstützt und erleichtert die nachhaltige Umsetzung von Veränderungsvorhaben unter Alltagsbelastungen.
- Die regelmäßigen Treffen mit „Berichtspflicht" aktivieren die laufende (Selbst-) Aufmerksamkeit des Lerners auf sein Entwicklungsziel gegen das Vergessen. Es besteht natürlich trotzdem die Möglichkeit, Ziele bewusst zu wechseln.
- Die Rollenaufteilung (= positive Abhängigkeit) sichert eine effektive Mischung aus Selbstverantwortung und Mitverantwortung für die Entwicklungsziele der Partner im Entwicklungsteam.
- Die wöchentliche Entwicklungsarbeit vollzieht sich theoriegeleitet nach einem siebenstufigen Änderungsplan: Erkennen – Verstehen – Annehmen – Planen – Gestalten – Optimieren – Stabilisieren (vgl. Sieland 2007b), der von jedem Mitglied im Entwicklungsteam aktiv und passiv durchlaufen wird.
- Das kombinierte Training von Lernziel spezifischen Inhaltskompetenzen und von Methodenkompetenzen zur Entwicklungsberatung und Selbststeuerung sichert einen höheren Wirkungsgrad.
- Die Vergleiche zwischen drei Entwicklungsprozessen mit ihren spezifischen Problemen im Entwicklungsteam fördern die Geduld und das Verständnis für eigene Rückschläge.
- Das anonyme virtuelle Forum bietet eine einzigartige Möglichkeit zur Offenheit ohne Angst vor Gesichtsverlust.
- Etwaige Motivationskrisen aufgrund von Selbststeuerungsproblemen oder Änderungswiderstände die durch Personen und Beratungsstile im Entwicklungsteam bedingt sind, können im virtuellen Forum kompensiert werden.
- Rückfälle werden erlebt und kompensatorische Maßnahmen verhaltensnah beschrieben.
- Durch die Wahl subjektiv relevanter Lern- und Entwicklungsziele ist die Änderungsmotivation von vornherein günstiger.

- Die Kürze der Entwicklungszeit „erzwingt" die Festlegung auf erreichbare Ziele.
- Eine Bibliothek mit Hinweisen zur Zieldefinition, zu günstigem und problematischem Beratungsverhalten usw. unterstützt die Mitglieder im Entwicklungsteam sowie die Personen, die das Entwicklungsforum nutzen bei der Informationsberatung.
- Die kostengünstige Fachsupervision im Internet führt zum Früherkennen von Entwicklungskrisen.
- Die Methode ermöglicht ein hohes Maß an Individualisierung der Lernwege, an einer Gelegenheit sich verschiedene Lern- und Entwicklungsberater auszuwählen.

Unterschiedliche Rollen vertiefen das Lernverständnis

Mit dieser Methode lernt der Lerner auf Performanzniveau, Lernprozesse zu analysieren und zu optimieren, um im weiteren Verlauf eigene Lernprozesse inhaltlich und methodisch effektiv und nebenwirkungsbewusst zu steuern. Durch die Wahrnehmung aller drei Rollen lernen die Mitglieder der KESS-Gruppe nicht nur den eigenen Lernprozess zu optimieren, sondern sind auch mitverantwortlich für das Gelingen der Lernprozesse der übrigen Mitglieder. Sie trainieren damit nicht nur Selbstentwicklungskompetenz, sondern auch Kompetenzen zur Entwicklungsberatung sowie den Umgang mit Problemen. Lehrkräfte sollen künftig Lern- und Entwicklungsberater ihrer Schülerinnen und Schüler sein. Damit sie dazu fähig werden, genügt es nicht, dass Dozenten und Seminarleiter ihnen Lernberatung geben. Sie müssen Lern- und Entwicklungsberatung für sich selbst und ihre Peers durchführen! Insofern ist die KESS-Methode ein gutes Beispiel für Deutero-Lernen (= Lernen, wie man lernt) im Sinne von Bateson (1980) und Argyris (1982).

Vielfältiger Nutzen, flexible Einsetzbarkeit

Zusammenfassend bleibt festzuhalten: Die KESS-Methode vermittelt den Teilnehmern Methodenkompetenz. Sie ist offen für verschiedene Entwicklungsziele: Gesundheitsförderung, Konfliktmanagement, Förderung von emotionaler und sozialer Kompetenz, Training von Zeitmanagement, Einführung neuer Unterrichtsmethoden und vermittelt im jeweiligen Bereich Inhaltskompetenzen. Die Anwendung des Lernarrangements fördert den Aufbau entwicklungswirksamer Prozesse und Strukturen in Kollegien sowie im privaten Umfeld. Die KESS-Arbeit kann einen Beitrag zu folgenden aktuellen Entwicklungsfeldern von Schule leisten: Entwicklungsarbeit im Rahmen der Qualitätsdimensionen sowie der Gefährdungsanalyse in Schulen; Entwicklungsmanagement im Anschluss an Entwicklungsaufträge durch die Schulinspektion, Entwicklungsarbeit im Kontext von Arbeitsschutz und Gesundheitsförderung. Wo immer die Arbeit nach der KESS-Methode ansetzt, sie soll helfen, den jeweils notwendigen Wandel vor Ort kooperativ und gesundheitsförderlich zu gestalten und zu verstetigen.

Literatur

Argyris, C. (1982): Reasoning, learning and action. San Francisco.

Bateson, G. (1980): Ökologie des Geistes. Frankfurt.

Bauer, K. O. (1998): Pädagogisches Handlungsrepertoire und professionelles Selbst von Lehrerinnen und Lehrern. In: Zeitschrift für Pädagogik 43, 5/6, 343–359.

Ebert, D., Rahm. T. & Sieland, B. (2006): Virtuelle professionelle Lerngemeinschaften. Ein Lüneburger Modell kompetenzorientierter Lehrerbildung. In: B. Jürgens (Hrsg.): Kompetente Lehrerausbilden – Vernetzung von Universität und Schule in der Lehreraus- und -Weiterbildung. Aachen, 89–110.

Leunig, B. & Krause, C. (2007): KESS im hierarchisch strukturierten System eines Studienseminars innerhalb des Projekts und Lehrgangs „Konflikt als Chance". In: SEMINAR 14, 1, 141–146.

Sieland, B. (2007a): Zielvereinbarungen zwischen Entwicklungsbedarf und Änderungsresistenz. In: Seifried, K., Jötten, B., Fleischer, T., Grewe, N. & Sieland, B. (Hrsg.): Handbuch Schulpsychologie: Psychologie für die Schule. Stuttgart, 371–379.

Sieland, B. (2007b): Wie gehen Lehrkräfte mit Belastungen um? Belastungsregulierung zwischen Entwicklungsbedarf und Änderungsresistenz. In Rothland. M. (Hrsg.): Belastung und Beanspruchung im Lehrerberuf. Modelle – Befunde – Interventionen. Wiesbaden, 206–226.

Sieland, B. (2007c): Lehrkräfte als Experten für die eigene Lern- und Emotionsarbeit. In: K. W. Schweer (Hrsg.): Lehrer-Schüler-Interaktion. Wiesbaden, im Druck.

Jörg Schlee

Selbsthilfe und Klärungen durch Kollegiale Beratung und Supervision

Ratschläge sind nicht erwünscht

Die Kollegiale Beratung und Supervision (KoBeSu) ist ein Selbsthilfe-Verfahren, das vor gut 20 Jahren in der Schulpraxis für die Schulpraxis entstanden ist. Inzwischen wird es jedoch auch von anderen Berufsgruppen, z.B. von der Polizei (Völschow 2007) oder von Sozialarbeitern, praktiziert. Es wird in kleinen Gruppen durchgeführt. Im Gegensatz zum herkömmlichen Beratungs- und Supervisionsverständnis dürfen in diesem Verfahren den so genannten Ratsuchenden keine Ratschläge und Handlungsempfehlungen gegeben werden. Auch Tröstungen, Mitleidsbekundungen oder Aufmunterungen sind in ihm nicht erlaubt. Für die Fragen und Probleme, die vorgetragen werden, sollen weder Ursachen gesucht noch Analysen durchgeführt werden. Daher unterscheidet sich das Verfahren KoBeSu ganz erheblich von anderen Vorgehensweisen, die eine ähnliche Bezeichnung haben

Die Einschränkungen und Verbote des Verfahrens können auf Außenstehende befremdlich wirken, tatsächlich bewähren sie sich in der konkreten Arbeit, die den Ratsuchenden Klärung und neue Einsichten in Zusammenhänge ermöglichen soll. Um diesen Sachverhalt verständlich zu machen, möchte ich zunächst die theoretischen Grundlagen des Verfahrens darstellen, bevor ich das konkrete Vorgehen beschreibe.

1 Der entscheidende Bezugspunkt: Die Menschenbildannahmen

Orientierung an speziellen Menschenbildannahmen

Das Verfahren der Kollegialen Beratung und Supervision orientiert sich am Menschenbild des Forschungsprogramms Subjektive Theorien (Groeben et al., 1988). Dieses begreift Menschen als aktiv handelnde Subjekte, die in ihrem Handeln auf Sinn und Bedeutung angewiesen sind. Sinn und Bedeutung sind ihnen jedoch nicht mitgegeben, sondern es ist ihnen aufgegeben, sich diese selbst zu konstruieren. Daher müssen sie sich Vorstellungen über sich und die Welt und deren Zusammenhänge bilden, mit deren Hilfe sie sich orientieren können. Diese gedanklichen Konstruktionen liefern ihnen Kriterien, Sichtweisen und Wertmaßstäbe für ihr Handeln. Mit ihrer Hilfe können sich Menschen ihre Welt beschreiben, erklären und vorhersagen. So wie Forscher und Wissenschaftler zur Bearbeitung und Lösung ihrer Aufgaben und Vorhaben wissenschaftliche Konzepte und Theorien erfinden und anwenden, so konstruieren und benutzen die so genannten Alltagsmenschen zur Bewältigung ihres Lebens ihre persönlichen Konzepte und Theorien. Diese subjektiven Theorien unterscheiden sich von wissenschaftlichen Theorien nicht prinzipiell, sondern nur im Grad ihrer Ausarbeitung und Bewusstheit. Damit wird angenommen, dass Subjektive und wissenschaftliche Theorien in ihrer Funktion und in ihrer Struktur als parallel aufzufassen sind. Aus dieser Parallelitätsannahme ergeben sich für das Verfahren der Kollegialen Beratung und Supervision wichtige Gestaltungshinweise.

Handlungsleitung durch subjektive Theorien

2 Voraussetzungen für Klärungen und Einsichten

Wenn man Ratsuchende als Subjektive Theoretiker versteht, dann lassen sich ihre Probleme und Schwierigkeiten auf die Unzulänglichkeiten ihrer Subjektiven Theorien zurückführen. So könnte es beispielsweise sein, dass ihnen für die Bewältigung einer Situation bestimmte Kenntnisse fehlen. Oder ein Ratsuchender betrachtet einen Sachverhalt aus einer ungünstigen Perspektive, er übersieht Zusammenhänge oder geht von falschen Prämissen aus. Es gibt viele Möglichkeiten, weshalb die Subjektiven Theorien eines Menschen für seine Aufgaben- bzw. Lebensbewältigung als unzureichend oder ungünstig aufgefasst werden können. Schwierigkeiten und Probleme sind unter dieser Betrachtungsweise also keine objektiv gegebenen Sachverhalte, sondern es handelt sich um subjektive Interpretationen von Sachverhalten. Was daher der einen Person vor dem Hintergrund ihrer Subjektiven Theorien als bedrohlich oder problematisch erscheint, mag einer anderen Person aufgrund einer anderen subjektiven Sicht der Dinge wie eine Bagatelle erscheinen. Daher lässt sich sagen, dass die Schwierigkeiten und Probleme, die Menschen erleben, immer in einem Zusammenhang mit ihrer Selbst- und Weltsicht stehen.

Unzureichende subjektive Theorien führen zu Problemerleben

In den meisten Lebenssituationen sind sich die Menschen ihrer Subjektiven Theorien nicht bewusst. Sie benutzen diese ganz selbstverständlich wie gedankliche Werkzeuge und sind mit diesen gewissermaßen verschmolzen. Ihre persönlich-subjektive Wirklichkeitsauffassung halten sie für die gegebene Realität. Sie haben in der Regel keinen Anlass, sich zu ihren eigenen Sichtweisen, Zusammenhangskonstruktionen, Werthaltungen und Interpretationen zu distanzieren und über sie nachzudenken.

In der Kollegialen Beratung und Supervision soll nun den Ratsuchenden die Möglichkeit gegeben werden, auf ihre eigenen Subjektiven Theorien, d.h., auf ihre eigenen Denkweisen, Gewichtungen

Ratschläge beziehen sich auf die Problemsicht der Ratsuchenden

und Interpretationen, aufmerksam zu werden und deren Konsequenzen zu durchschauen. Diese „Einsicht" ist wiederum als die Voraussetzung dafür zu verstehen, dass Ratsuchende ihre Subjektiven Theorien so verändern, dass sie günstigere Handlungsalternativen erkennen und ergreifen können. Dieser Prozess hat auf eine Weise zu geschehen, die das Rationalitäts-, Reflexivitäts-, Autonomie- und Kommunikationspotential der Ratsuchenden nicht einschränkt. Im Gegenteil: Die konkreten Schritte und Maßnahmen in der Kollegialen Beratung und Supervision müssen so erfolgen, dass diese Potentiale gefordert und gefördert werden. Die angestrebte Veränderung der Subjektiven Theorien ist also immer dieser Zielsetzung verpflichtet.

... und erschweren deshalb eine Veränderung

Vor diesem Hintergrund kann nun verständlich werden, weshalb innerhalb dieses Verfahrens Ratschläge, Empfehlungen, Ursachensuche, Situationsanalysen, Tipps und Tröstungen strikt verboten sind. All diese Maßnahmen würden nämlich auf die Sichtweisen der Ratsuchenden „einsteigen" und diese damit auch stabilisieren. Denn wenn man sich auf die Problemsicht der Ratsuchenden einlässt, akzeptiert man stillschweigend deren Annahmen und Zusammenhangskonstruktionen. Auf diese Weise würden deren Subjektiven Theorien bestätigt werden. Damit würden die Ratsuchenden am Festhalten genau solcher Subjektiven Theorien bestärkt, die für ihr Problemerleben ausschlaggebend sind. Mit dem gut gemeinten Eingehen auf ihre Problematik und mit hilfreich gemeinten Lösungsangeboten werden implizit die Prämissen und gedanklichen Konstruktionen der Ratsuchenden akzeptiert. Eine Veränderung ihrer Subjektiven Theorien wird dadurch erschwert, vielleicht sogar verunmöglicht. Auch Aufforderungen an die Ratsuchenden, eine andere Sichtweise einzunehmen („Nimm's nicht so schwer!"; „Das solltest Du anders sehen!"; „Das siehst Du falsch!"; „Ich an Deiner Stelle würde ja ...!") oder das beliebte Forschen nach Ursachen („Warum ...?") lassen in der Regel die Ratsuchenden auf ihrer bisherigen Sicht verharren. Die Erfahrung, dass die eigenen Ratschläge wie das Wasser an der Butter ablaufen oder als „Schläge" empfunden werden, kann man immer wieder machen, wie man umgekehrt die Empfehlungen und Lösungsvorschläge anderer Personen oft als „daneben" empfunden hat.

... und können als Besserwisserei erlebt werden

Für das Verbot der Ratschläge, Empfehlungen und Ergründungen lässt sich noch ein weiterer Gesichtspunkt anführen. Es kann nämlich nicht mit Sicherheit ausgeschlossen werden, dass die so genannten Ratgeber – ob gewollt oder ungewollt – von den Ratsuchenden als „Besserwisser" erlebt werden. Zu leicht können Ratschläge und Handlungsempfehlungen in eine Bevormundung abgleiten, auch wenn sie in bester Absicht vorgetragen werden. Erst recht führen Analysen und das Aufdecken von – angeblich – unbewussten Motiven oder Haltungen zu einem Gefälle zwischen den Personen. Die einen sind diejenigen, die Probleme – angeblich – durchschauen können und sich scheinbar zu helfen wissen, die anderen werden zu denjenigen definiert, die rat- und hilflos sind. Langfristig bringen

Hilfsangebote und Ratschläge die Ratsuchenden in eine Abhängigkeit und verhindern die Stärkung ihres Selbsthilfepotentials. Das wäre jedoch nicht vereinbar mit den Zielvorstellungen der fundierenden Menschenbildannahmen.

Die Menschenbildannahmen des Forschungsprogramms Subjektive Theorien sind hoch verträglich mit den Menschenbildern der Humanistischen Psychologie im Sinne von Carl Rogers (1973) und Ruth Cohn (1976). Das Vertrauen, das Rogers und Cohn ihren Klienten und deren Entwicklungspotential entgegen gebracht haben, das soll in der Kollegialen Beratung und Supervision auch den Ratsuchenden zukommen. Daher muss das Beziehungsverhältnis zwischen den Beratern/Supervisoren und ihnen durch Wertschätzung und prinzipielle Gleichwertigkeit der Personen gekennzeichnet sein. Die Bezeichnung „kollegial" soll dieses Beziehungsverhältnis programmatisch verdeutlichen. Mit anderen Worten: Die Kollegiale Beratung und Supervision kann von Personen aus ganz unterschiedlichen Berufen und Tätigkeitsfeldern gemeinsam praktiziert werden. Wichtig ist allein, dass sie sich auf gleicher Ebene in einem symmetrischen Beziehungsverhältnis begegnen.

Hohe Vereinbarkeit mit Humanistischer Psychologie

3 Wie lassen sich Klärungen und Einsichten „bewirken"?

Wie kann nun unter diesen Vorgaben bei den Ratsuchenden die Veränderung ihrer Subjektiven Theorien ermöglicht und angestoßen werden? Und wie können die Berater/Supervisoren die Ratsuchenden in ihrem Änderungs- und Klärungsprozess unterstützen? Für Antworten auf diese Fragen kann man über die bereits erwähnte Parallelitätsannahme nützliche Hinweise bekommen. Denn wenn sich Ratsuchende als Subjektive Theoretiker nicht prinzipiell von Wissenschaftlern unterscheiden, dann brauchen sie zur Veränderung ihrer Subjektiven Theorien vergleichbare Bedingungen wie Wissenschaftler zur Entwicklung und Veränderung wissenschaftlicher Theorien. Schaut man sich daraufhin die Bedingungen genauer an, unter denen Wissenschaftler wissenschaftliche Theorien entwickeln und verändern, dann kristallisieren sich folgende Voraussetzungen heraus:

Alltagstheoretiker gleichen Wissenschaftlern ...

Einerseits erhalten Wissenschaftler für ihre theoretischen Entwicklungen viel Unterstützung. Sie werden vom unmittelbaren Handlungsdruck befreit und können sich in ihren sprichwörtlichen Elfenbeinturm zurückziehen. Dort erhalten sie für ihre Theorieentwicklung viele Ressourcen (z.B. Arbeitsräume, Zeit, Geräte, Bibliotheken, Hilfskräfte). Durch Veröffentlichungen, Kongresse, Symposien, Konferenzen usw. sind sie mit ihren Fachkollegen und einer interessierten Öffentlichkeit ständig in einem kommunikativen Austausch. Theoretische Entwicklungen wären ohne Kommunikation und gegensei-

... die für Theorieentwicklung Unterstützung benötigen

tigen Austausch kaum denkbar. Und nicht zuletzt genießen Wissenschaftler ein erhebliches Renommee. So lässt sich insgesamt sagen, dass sie für die Entwicklung und Optimierung ihrer Theorien materiell und ideell in vielfacher Weise unterstützt werden.

Andererseits werden Wissenschaftler ständig mit Skepsis und Kritik konfrontiert. Sowohl ihre Kollegen als auch die Öffentlichkeit nimmt ihnen ihre Überlegungen nicht unbesehen ab. Sie müssen daher ihre Theorien immer wieder kritischen Anfragen und empirischen Bewährungsproben aussetzen. Im Diskurs und durch kontrollierte Prüfungen müssen sie die Stimmigkeit, die Tauglichkeit und die Nützlichkeit ihrer theoretischen Vorstellungen nachweisen. So werden sie veranlasst, ihre Theorien und Konzepte zu überdenken und ggf. zu verändern.

Wohlwollen und Skepsis als Veränderungsbedingungen

Es ist also das *Zusammenspiel von vielseitiger Unterstützung einerseits und skeptischer Konfrontation andererseits*, das die Entwicklung und Veränderung wissenschaftlicher Theorien fördert. Entsprechend soll in dem Verfahren der Kollegialen Beratung und Supervision genau diese Bedingungskonstellation den Ratsuchenden helfen, ihre Subjektiven Theorien zu verändern. Den Ratsuchenden sollen somit vergleichbare Bedingungen geschaffen werden, wie sie Wissenschaftler für die Entwicklung wissenschaftlicher Theorien zugebilligt werden. Sie sollen also sowohl wohlwollende Unterstützung als auch skeptische Konfrontation erfahren.

4 Von den theoretischen Überlegungen zur praktischen Konkretisierung

Nach der Darstellung der theoretischen Grundlagen sollen nun die konkreten Vorgehensweisen der Kollegialen Beratung und Supervision beschrieben werden. Dass es sich um ein Selbsthilfe-Verfahren für kleine Gruppen handelt, wurde schon eingangs vermerkt. Als optimale Gruppengröße hat sich die Zahl von 4 Mitgliedern erwiesen, doch können es notfalls auch 3 oder 5 bis 6 Personen sein. Diese Gruppe sollte sich in nicht allzu großen zeitlichen Abständen – beispielsweise alle 3 Wochen – treffen. Die Termine sollten nicht jeweils nach Bedarf, sondern regelmäßig schon im Voraus verabredet sein. Wenn die Gruppe eine längere Zeit zusammen gearbeitet hat, kann man die Fristen zwischen den Treffen verlängern. Für ein Treffen bzw. für eine Sitzung sind ungefähr 120–150 Minuten zu veranschlagen.

Selbsthilfe-Verfahren für kleine Gruppen

Damit das Verfahren bei einem solchen Gruppentreffen gelingen kann, müssen die Teilnehmer bestimmte Aufgaben übernehmen. Diese Aufgaben sind einfach zu erfüllen und erfordern kein besonderes Expertentum. Sie geben jedoch den beteiligten Personen Orientierungs- und Handlungssicherheit. Außerdem wird damit auch erreicht, dass mehrere Personen in die Verantwortung für das Gelingen des Verfahrens einbezogen werden. Dabei werden die Aufgaben bei jedem Treffen nach einem Rotationsprinzip immer wieder neu verteilt, so dass sich keine einseitigen Spezialisierungen und Erwartungshaltungen entwickeln können.

Folgende Aufgaben (Näheres siehe bei Schlee in diesem Band, S. 19 ff.) sind zu übernehmen: Gastgeber, Chairperson, Zeitwächter. Der so genannte Zeitwächter hat in der Kollegialen Beratung und Supervision nicht nur auf die Einhaltung der verabredeten Zeiten zu achten, sondern noch eine weitere Funktion zu erfüllen. Er steht der Chairperson bei Fragen oder eventuellen Unklarheiten bei. Er übernimmt damit die Aufgabe eines Co-Moderators. Zwar wird diese Hilfe nur sehr selten erforderlich, doch kann sich die Chairperson auf diese Weise prinzipiell immer unterstützt fühlen und sie muss nicht das Empfinden haben, dass die Verantwortung für den Ablauf des Verfahrens allein nur auf ihren Schultern ruhe. Sollten sich die Chairperson und der Zeitwächter austauschen, dann hat dies vor den Ohren aller Beteiligten stattzufinden, damit die Transparenz des Verfahrens nicht gefährdet wird.

<small>Aufgabenverteilung im Rotationsverfahren</small>

Außer diesen Aufgaben können fakultativ weitere Aufgaben vergeben werden. Beispielsweise kann ein Gruppenmitglied als „Sekretär" solche Stichworte notieren, die sich die Ratsuchenden gern merken möchten, um sich mit ihnen nach dem Treffen außerhalb der Kollegialen Beratung und Supervision noch einmal befassen zu können. Die Hauptperson in diesem Verfahren sind jedoch die Ratsuchenden. Innerhalb der vorgegebenen Regeln und Prozeduren treffen sie die ausschlaggebenden Entscheidungen. Es darf innerhalb des Verfahrens nichts geschehen, dem sie nicht zugestimmt haben. Letztlich bestimmen sie die Thematik, das Tempo und die Intensität einer Sitzung. Damit entscheiden innerhalb der Kollegialen Beratung und Supervision die Ratsuchenden selbst, was sie sich an Konfrontation und innerer Auseinandersetzung zumuten mögen.

<small>Ratsuchende sind die Hauptpersonen</small>

5 Vorgehen in zwei Phasen

Die Kollegiale Beratung und Supervision kennt zwei Phasen mit unterschiedlichen Zielen. Das Ziel der ersten Phase besteht darin, die Ratsuchenden in einer Atmosphäre von psychischer Sicherheit und Vertrauen zu einer möglichst umfassenden Explikation ihrer persönlichen Problemsicht anzuregen. Dies geschieht nicht, um die Gruppenmitglieder mit möglichst umfassenden Informationen zu versorgen, sondern weil nur explizierte Gedankengänge einer Veränderung zugänglich sind. Implizite Vorstellungen können in einer Beratung bzw. Supervision nicht bearbeitet werden. Im Anschluss an die erste Phase soll den Ratsuchenden durch skeptische Konfrontationen seitens der Gruppenmitglieder die Gelegenheit gegeben werden, ihre Subjektiven Theorien zu überprüfen und ggf. zu verändern. Damit sollen Bedingungen hergestellt werden, die mit den Verände-

<small>Zentrale Bedeutung von psychischer Sicherheit</small>

rungsbedingungen für wissenschaftliche Theorien vergleichbar sind. Wie oben erläutert, soll sich ja aus dem Zusammenwirken der Bedingungen „Unterstützung" (hier konkretisiert durch „Anteilnahme", „Akzeptanz der Person", „Befreiung vom Handlungsdruck", „Ausreichende Zeit") sowie „Skepsis und Konfrontation" das angemessene Setting für die Veränderung von Subjektiven Theorien ergeben.

Einigung auf den Ratsuchenden

Zu Beginn einer Sitzung berichten alle Gruppenmitglieder reihum, welche Thematik bei ihnen zurzeit „obenauf liegt". Es wird also gefragt, was sie augenblicklich am stärksten beschäftigt. Nachdem alle beteiligten Personen ihr „Obenauf-Thema" in kurzen Stichworten beschrieben haben, einigen sich die Gruppenmitglieder darauf, wer mit seinem Thema der „Ratsuchende" wird.

6 Bemühen um „Sicherheit und Vertrauen"

Um den Ratsuchenden eine möglichst umfassende Explikation ihrer Subjektiven Theorien zu ermöglichen, hören ihnen die Gruppenteilnehmer sorgfältig und anteilnehmend zu, wenn sie über ihre Probleme und Schwierigkeiten berichten. Gemäß der oben beschriebenen Verbote, verzichten sie dabei auf Warumfragen, Ratschläge, Tipps, Tröstungen usw. Stattdessen drücken sie ihre Anteilnahme, ihr Interesse und ihr Bemühen um Verständnis durch das so genannte Paraphrasieren und Reflektieren sowie durch angemessene nichtsprachliche Signale aus. Diese Kommunikationsfertigkeiten sollten von den Gruppenmitgliedern sicher beherrscht werden. Insofern ist hier der einzige Ort innerhalb des Verfahrens, an dem sie spezielle Kompetenzen einbringen und ggf. vorher erwerben müssen. Für dieses anteilnehmende Zuhören müssen sich die Gruppenmitglieder viel Zeit lassen. Denn es geht in dieser Phase nicht allein darum, die Problemsicht der Ratsuchenden zu verstehen, sondern es ist ebenso wichtig, den Ratsuchenden das Erleben einer respektvollen Beachtung und eines wohlwollenden Interesses an ihrer Person zu vermitteln. Das Entstehen einer Atmosphäre der Sicherheit und des Vertrauens ist eine zentrale Voraussetzung für die Veränderung von Subjektiven Theorien. Nur unter einer solchen Bedingung können sich Ratsuchende von Sichtweisen trennen, die ihnen bis dahin Halt und Orientierung gegeben haben. Die Entwicklung von Sicherheit und Vertrauen soll bei den Ratsuchenden jedoch nicht allein durch das verständnisvolle Nachfragen gefördert werden. Ebenso wichtig sind hier die Transparenz des Verfahrens und die Entscheidungsbefugnis bzw. das „Vetorecht" der Ratsuchenden. Dadurch wissen sie zu jeder Zeit, worum es jeweils geht und sie verlieren nie die Kontrolle über das Geschehen.

Anteilnehmendes Zuhören

... erfordert spezielle Kompetenzen

Ratsuchende behalten die Kontrolle

7 Die Ratsuchenden konfrontieren

Da „Sicherheit und Vertrauen" die Veränderung von Subjektiven Theorien nur *ermöglichen* kann, soll sie nun in der zweiten Phase durch unterschiedliche Konfrontationsarten angeregt werden. Hierfür stehen mehrere Möglichkeiten zur Verfügung, wobei jede Konfrontationsart in einer speziellen Unterphase durchgeführt wird. Diese Konfrontationen wirken sich jedoch nur dann im konstruktiven Sinne verändernd aus, wenn folgende Regeln und Prinzipien sorgfältig eingehalten werden:

Regeln für die Konfrontation

- Es sollen nicht zu viele Konfrontationen durchgearbeitet werden. In der Regel reichen 4 bis 7 Unterphasen aus. Deren Auswahl und Reihenfolge wird unter der Moderation der Chairperson konsensual unter den Gruppenmitgliedern abgestimmt.
- Es dürfen nur solche Konfrontationen vorgenommen (Unterphasen durchgeführt) werden, denen die Ratsuchenden zugestimmt haben.
- Es dürfen keine Unterphasen/Konfrontationsarten vermischt werden.
- Die Gruppenmitglieder haben sich bei den meisten Anfragen strikt an die vorgegebenen Formulierungen zu halten. Sie dürfen keine individuellen Variationen oder Ausschmückungen vornehmen.
- Die Gruppenmitglieder haben die Ratsuchenden bei jeder konfrontierenden Anfrage immer wieder mit ihrem Namen anzusprechen.
- Bei Anfragen, die von den Ratsuchenden eine Antwort erwarten, haben die Gruppenmitglieder auf die Äußerungen der Ratsuchenden mit Resonanz (Hmhm, ja, Kopfnicken) zu reagieren.
- Die Gruppenmitglieder dürfen die Ratsuchenden bei ihren Antworten oder am Ende einer Unterphase nicht in argumentative oder rechtfertigende Auseinandersetzungen verwickeln.
- Es ist günstig, wenn die Gruppenmitglieder bei ihren Anfragen den Sprechstein benutzen. So wird klar, wer an der Reihe ist. Außerdem kann dadurch das Tempo etwas gedrosselt werden. Wer keine Frage stellen möchte, gibt den Stein einfach weiter.
- Nach Abschluss jeder Unterphase hat die Chairperson zu prüfen, ob bei den Ratsuchenden die psychische Sicherheit und das Vertrauen noch vorhanden sind. Beispielsweise durch die Frage „Bist Du noch bei uns?" Nur wenn dies von den Ratsuchenden ausdrücklich bestätigt wird, darf die nächste Unterphase ausgesucht und den Ratsuchenden zur Bearbeitung vorgeschlagen werden. Anderenfalls – was jedoch nur in ganz seltenen Fällen vorkommt – müssen die Gruppenmitglieder das Anteil nehmende Zuhören wieder aufnehmen.
- Die Ratsuchenden behalten innerhalb des Verfahrens alle Freiheitsgrade. Bei Zweifeln oder Unsicherheiten treffen sie die letz-

ten Entscheidungen. Allerdings dürfen sie nicht die Regeln und Prinzipien des Verfahrens außer Kraft setzen.
- Sollten die Ratsuchenden unzufrieden sein oder eine Störung anmelden, dann ist ihnen Anteil nehmend zuzuhören.

8 Darstellung einiger Konfrontationsarten/Unterphasen

Starke Ritualisierung beim Vorgehen

Die meisten der nachfolgend beschriebenen Konfrontationsarten folgen einem festgelegten Muster. Beispielsweise müssen die Fragen wortwörtlich und ritualisiert mehrfach gestellt werden. Für die Kreativität der Gruppenmitglieder ist dann kein Platz. Im Alltag mag ein solches Vorgehen als unhöflich erscheinen, innerhalb der Kollegialen Beratung und Supervision wird dadurch die konfrontierende Wirkung erhöht. Wenn Außenstehende diese Vorgehensweise zum ersten Mal erleben, kann sie ihnen recht befremdlich erscheinen. Wer sie jedoch selbst erlebt hat, wird bestätigen, dass dadurch die innere Auseinandersetzung und Klärung erheblich unterstützt werden können.

Bilder als sanfter Einstieg

a) *Auftauchende Bilder und Assoziationen.* Eine relativ sanfte Konfrontation ergibt sich für die Ratsuchenden, wenn die Gruppenmitglieder der Reihe nach ihre Bilder und Assoziationen beschreiben, die ihnen beim Zuhören in der ersten Phase durch den Kopf gegangen sind. Das könnten beispielsweise Kindheitserinnerungen, Filmszenen, Romantitel, Allegorien, Metaphern, Phantasiegeschichten oder Kunstwerke sein. Diese teilen sich die Gruppenmitglieder untereinander mit und wenden sich dabei sogar ein wenig von den Ratsuchenden ab, so dass diese nur zuhören können und keine Stellung beziehen sollen.

Einschätzung relativieren

b) *Relativierungen durchdenken.* In dieser Unterphase stellen die Gruppenmitglieder den Ratsuchenden der Reihe nach dieselbe Frage, nämlich „Name, was wäre schlimmer (als das, was Du uns in der ersten Phase berichtet hast)"? Auf jede Antwort der Ratsuchenden geben die Gruppenmitglieder verständnisvolle Resonanz. Es ist wichtig, dass dieselbe Frage im Wortlaut immer wieder gestellt wird. Auch hier darf zum Abschluss der Unterphase keine Bilanz gezogen werden, etwa in dem Sinne: „Na ja, verglichen mit dem, was sonst noch so alles passieren könnte, geht es Dir ja noch recht gut! Also: Kopf hoch, es wird schon werden!" Wie bei allen anderen Unterphasen sollen auch hier die Ratsuchenden keine „Erfolgsmeldungen" bringen müssen.

c) *Die eigenen Anteile klären.* In dieser Unterphase werden die Ratsuchenden von den Gruppenmitgliedern der Reihe nach gefragt: „Name, was hat das (was Du uns erzählt hast) mit Dir zu tun?"

d) *Die Anteile von Handeln und Erdulden klären.* In dieser Unterphase fragen die Gruppenmitglieder die Ratsuchenden reihum: „Name, wo *fühlst* Du Dich in dieser Angelegenheit (die Du uns erzählt hast) als Opfer und wo *bist* Du Akteur?"
e) *Aufrechterhaltung des Problems.* Bei dieser Konfrontation müssen die Gruppenmitglieder besonders behutsam vorgehen, damit die Ratsuchenden aus ihren Anfragen keinen Schuldvorwurf heraushören. Die Frage muss daher auch unbedingt im Konjunktiv gestellt werden: „Name, wie könntest Du – ohne es zu wollen – möglicherweise zur Aufrechterhaltung des Problems beitragen?"
f) *Deformation und Wachstum.* Die Gruppenmitglieder fragen die Ratsuchenden der Reihe nach: „Name, wo befürchtest Du in dieser Angelegenheit Deformationen und wo siehst Du Chancen auf Entwicklung und Wachstum?"
g) *Dauerbrenner.* In dieser Unterphase fragen die Gruppenmitglieder die Ratsuchenden der Reihe nach: „Name, was müsstest Du tun, damit Dein Problem zu einem Dauerbrenner werden kann?"
h) *Die sechs Fragen stellen.* In dieser Unterphase sollen den Ratsuchenden folgende 6 Fragen gestellt werden: „Name, Was fühlst Du? Was willst Du? Was tust Du? Was vermeidest Du? Was erwartest Du? Was befürchtest Du?" Jedes Gruppenmitglied stellt immer nur eine von diesen Fragen. Es ist bei der Auswahl der Frage völlig frei. Dadurch ergeben sich für die Ratsuchenden unterschiedliche Reihenfolgen und Häufungen. Bei dieser Konfrontation sollte der Sprechstein mehrmals in der Runde kreisen, so dass insgesamt ungefähr 12–18 Anfragen gestellt werden.
i) *Aspekt der Dankbarkeit.* In dieser Unterphase fragen die Gruppenmitglieder: „Name, könnte es in der Gemengelage Deines Problems einen Aspekt geben, für den Du Dankbarkeit empfinden kannst? Falls ja, welcher wäre das?"
j) *Angstfreiheit.* Diese Konfrontationsmethode eignet sich – wie die beiden folgenden – gut für den Abschluss der zweiten Phase. In ihr wird gefragt: „Name, was würdest du tun, wenn Du völlig angstfrei wärst – und sei der Schritt auch noch so klein?"
k) *Kompetenzen und Ressourcen.* Die Gruppenmitglieder fragen die Ratsuchenden in dieser Unterphase der Reihe nach: „Name, wo hast Du für dieses Problem noch Kompetenzen und Ressourcen?"
l) *Trotz allem weitermachen.* In dieser Konfrontation fragen die Gruppenmitglieder die Ratsuchenden der Reihe nach: „Name, was lässt Dich trotz allem weitermachen?"

Vielfältige Möglichkeiten zur Konfrontation

Zum Abschluss der zweiten Phase führen alle Beteiligten ein so genanntes Blitzlicht durch, wobei die Ratsuchenden das erste und das letzte Wort haben. Jedoch sollten sie auch jetzt nicht zu „Erfolgsberichten" angeregt werden. Sie können allenfalls gefragt werden, ob sie es bereuen, das Verfahren durchgeführt zu haben. Wenn sie dann von ihren Erfahrungen und Erlebnissen berichten mögen, ist dies gestattet. Anschließend bedankt sich die Chairperson bei allen Beteiligten, bei den Ratsuchenden für Ihr Vertrauen und ihre

Offenheit, bei den Gruppenmitgliedern für die Anteilnahme und Behutsamkeit sowie bei dem Gastgeber. Mit einem Hinweis auf die Vertraulichkeit der Sitzung verabschieden sich die Gruppenmitglieder von einander.

Anhang: Ein Sitzungsablauf im Überblick

Chronologischer Ablauf einer Sitzung

Abschließend soll der Ablauf einer gesamten Sitzung in seinen einzelnen Schritten dargestellt werden. Aus ihm wird ersichtlich, wer mit welcher Aufgabe welche Handlungen zu übernehmen hat.

- *Gastgeber* richtet den Raum für das Treffen her, beseitigt potentielle Störquellen, bereitet evtl. einen kleinen Imbiss für die Pause vor.
- *Gastgeber* begrüßt die eintreffenden Teilnehmer.
- *Chairperson* begrüßt ebenfalls die Teilnehmer. Sollte die Chairperson, die in der vergangenen Sitzung der Gastgeber war, in dieser Sitzung aus irgendeinem Grunde ihre Aufgabe nicht wahrnehmen können, dann sorgt sie dafür, dass ein anderer Teilnehmer als Chairperson fungiert.
- *Chairperson* bittet die Teilnehmer in die Runde und fordert zum Blitzlicht auf.
- *Teilnehmer* führen ein Blitzlicht durch (Sprechstein).
- *Chairperson* fordert zur Obenauf-Runde mit Sprechstein auf.
- *Teilnehmer* berichten, was sie zurzeit am stärksten beschäftig bzw. belastet.
- *Chairperson* moderiert den Auswahl- und Entscheidungsprozess, um den Ratsuchenden für diese Sitzung zu bestimmen. Hierbei entscheiden sich die Gruppenteilnehmer konsensual für eine Person. Sollte das nicht schnell zu ermitteln sein, dann erfolgen weitere Sprechsteinrunden, in denen die Teilnehmerinnen ihre Argumente für oder gegen austauschen.
- *Chairperson* sorgt für die Übernahme ihrer Aufgaben durch eine andere Teilnehmerin für *den* Fall, dass sie selbst Ratsuchender werden sollte/möchte.
- *Chairperson* bittet ein Gruppenmitglied, die Aufgabe des Zeitwächters zu übernehmen.
- *Chairperson* schlägt einen (vorläufigen) Zeitplan vor und bittet bei Zustimmung durch die Gruppe den Zeitwächter um rechtzeitige Erinnerungen.

Beispielsweise:
- 45 Minuten Zuhören (erste Phase)
- 10 Minuten Pause
- 35 Minuten Konfrontation (zweite Phase)
- 05 Minuten Blitzlicht
- 10 Minuten Absprachen und Perspektiven, Abschied.

- *Chairperson* beginnt das KoBeSu-Verfahren, indem sie den Ratsuchenden und die Teilnehmer daran erinnert, dass die Gruppe nicht den Anspruch habe, das Problem des Ratsuchenden zu lösen. Es gehe in diesem Verfahren allein um Anteil nehmendes Zuhören und Konfrontieren.

- *Chairperson* erinnert die Gruppenmitglieder daran, den Ratsuchenden nicht „retten" zu wollen, sondern nur das Verfahren sauber durchzuführen.
- *Chairperson* bittet den Ratsuchenden mit seinem Obenauf-Bericht bzw. mit der Problemschilderung zu beginnen.
- *Ratsuchender* beginnt mit dem Bericht seines „Obenauf-Themas" bzw. mit seiner Problemschilderung
- *Teilnehmer* bemühen sich durch Paraphrasieren, Reflektieren, Rezeptionssignale, Körpersignale Anteil nehmend (aktiv) zuzuhören.
- *Chairperson* und die anderen Teilnehmer versuchen ab und zu, längere Passagen strukturierend zu paraphrasieren.
- *Zeitwächter* erinnert ca. 10 Minuten vor Ablauf der ersten Phase behutsam an die Zeit.
- *Chairperson* fasst abschließend noch einmal in einer längeren Paraphrase das Wichtigste des Obenauf-Berichts zusammen.
- *Chairperson* erkundigt sich bei dem Ratsuchenden, ob er sich verstanden fühle und ob er den Eindruck habe, in der Gruppe auf Anteilnahme und Interesse gestoßen zu sein. Sollte der Ratsuchende diesbezüglich nicht zufrieden sein, dann muss die Zeit des Anteil nehmenden Zuhörens um ca. 10 Minuten verlängert werden.
- *Chairperson* bedankt sich bei dem Ratsuchenden für Offenheit und Vertrauen, bei der Gruppe für das Anteil nehmende Zuhören. Dann entlässt die Chairperson alle Beteiligten in die Pause und bittet sie, in dieser Zeit nicht weiter über das Obenauf-Thema zu sprechen.
- *Zeitwächter* erinnert wenige Minuten vor Pausenende an die Zeit und bittet um rechtzeitige Fortsetzung der Sitzung.
- *Chairperson* fragt zu Beginn der Konfrontationsphase den Ratsuchenden, ob bei ihm noch Sicherheit und Vertrauen gegeben sei. Falls das nicht der Fall sein sollte, hört die Gruppe dem Ratsuchenden Anteil nehmend zu.
- *Chairperson* fragt den Ratsuchenden, ob er mit dem Beginn der Konfrontation einverstanden sei.
- *Chairperson* moderiert die Auswahl der ersten Konfrontation. Als günstig erweist sich in vielen Fällen „Auftauchende Bilder und Assoziationen".
- *Chairperson* fragt den Ratsuchenden, ob er mit dieser Konfrontation einverstanden sei.
- *Teilnehmer* tragen ihre Assoziationen und Bilder vor (Sprechstein).
- *Chairperson* erkundigt sich anschließend bei dem Ratsuchenden, ob er sich noch in der Gruppe sicher (aufgehoben) fühle und bittet dann die Teilnehmer um Vorschläge für die nächste Konfrontationsmethode. Chairperson moderiert die Auswahl der Konfrontationsmethode.
- *Chairperson* fragt den Ratsuchenden, ob er mit dieser Konfrontationsmethode einverstanden sei.
- *Teilnehmer* stellen die entsprechenden Fragen und benutzen dabei den Sprechstein. Sie sprechen den Ratsuchenden mit Namen an und senden bei dessen Antworten Rezeptionssignale.
- *Chairperson* fragt nach Abschluss der Konfrontationsrunde wiederum den Ratsuchenden, ob seine Sicherheit noch vorhanden sei.

- *Chairperson* moderiert die Auswahl und die Durchführung der nächsten Konfrontationsmethoden. (– usw. bis: –)
- *Zeitwächterin* erinnert ca. 10 Minuten vor Ende der Konfrontationsphase an die Zeitverabredungen.
- *Chairperson* moderiert Auswahl und Durchführung einer günstigen Konfrontation für das Sitzungsende.
- *Chairperson* schließt die Kollegiale Beratung und Supervision ab und bedankt sich bei dem Ratsuchendem für Offenheit und Vertrauen und bei den Gruppenteilnehmern für Anteilnahme und Konfrontation. Sie erinnert an die Vertraulichkeit der Sitzung.
- *Chairperson* fragt die Ratsuchende, ob sie bereue, Ratsuchende gewesen zu sein.
- *Chairperson* bittet um ein Abschlussblitzlicht (Sprechstein).
- *Chairperson* moderiert die Verabredungen für die nächsten Termine, Treffpunkte und weitere Organisationsfragen.
- *Chairperson* bedankt sich bei dem Gastgeber und beendet die Sitzung.

Literatur

Cohn, R. C. (1976): Von der Psychoanalyse zur Themenzentrierten Interaktion. Stuttgart.

Groeben, N., Wahl, D., Schlee, J. & Scheele, B. (1988): Forschungsprogramm Subjektive Theorien. Tübingen.

Rogers, C. (1973): Entwicklung der Persönlichkeit. Stuttgart.

Schlee, J. (1990): Kollegiale Unterstützungsgruppen. In: U. Bleidick & H. Friis (Hrsg.): Gesellschaft, Leistung, Behinderung. Beiheft 17 der Zeitschrift für Heilpädagogik. Nienburg: VDS, 152–157.

Schlee, J. (2004): Kollegiale Beratung und Supervision für pädagogische Berufe. Stuttgart.

Völschow, Y. (2007): Kollegiale Beratung und Supervision – ein Qualitätssicherungsinstrument für die Polizei? In: Th. Ohlemacher, A. Mensching & J.-Th. Werner (Hrsg.): Polizei im Wandel? Frankfurt/M., 223–238.

Bernhard Sieland und Thorsten Tarnowski

Wenn manche Lehrkräfte wüssten, was andere wissen ...

www.lehrerforum.uni-lueneburg.de: Eine virtuelle professionelle Lerngemeinschaft für reflektierende Pädagogen zur Sicherung ihrer Arbeits- und Gesundheitsqualität

> „In Zeiten des Wandels werden die Lernenden bestehen, während die Erfahrenen bestens gerüstet sind für eine Welt, die es nicht mehr gibt." Eric Hofer

1 Die Ausgangslage

In Deutschland arbeiteten im Jahre 2006 rund 892.000 Lehrkräfte regelmäßig mit ca. 12 Millionen Schülerinnen und Schülern in den allgemeinbildenden und berufsbildenden Schulen. Hinzu kommen rund 209.000 Lehramtsstudierende, die Praktika in der Schule ableisten (Quelle: destatis). Diese Lehrkräfte aus allen Phasen der Lehrerbildung müssen immer komplexere Probleme (Verdacht auf sexuellen Missbrauch, Rassismus in der Unterstufe ...) bewältigen, für die sie keinerlei Ausbildung erhalten haben. Gleichwohl sind sie vermutlich das größte Frühwarnsystem in Deutschland und sollen Probleme erkennen, selbst lösen oder deren Lösung durch zuständige Stellen ermöglichen. Wie können diese Lehrkräfte und ihre Vorgesetzten dies verantworten? Wie kann man sicherstellen, dass Lehrkräfte in jeder Berufsphase ausreichend schnell problemspezifisches Wissen für ihre Entscheidungen zum Wohle ihrer Schülerinnen sowie zur eigenen Entlastung zur Verfügung haben? Was passiert, wenn sie unter Problemdruck stehen und keine akzeptablen Lösungen finden?

Der Problemdruck für Lehrer wächst

2 Deprofessionalisierendes Lernen als Berufsrisiko für Lehrkräfte

Lehrkräfte müssen bei meist unzureichender Informationslage schnell handeln. Wenn sie für akute Probleme keine Lösungen finden, lernen sie gleichwohl nachhaltig! Sie trainieren problematische Denkgewohnheiten, wie z.B. Ignorieren, Bagatellisieren, Hilflosigkeitsüberzeugungen oder einseitige Ursachenzuschreibungen. Manche wenden sich an Rechtgeber statt an Ratgeber, um sich ihre

... und erhöht das Risiko einer Deprofessionalisierung

Hilflosigkeit bestätigen zu lassen. Mit ihrem Betroffenheitsgrad wächst auch das Risiko, unlösbare Probleme für lösbar oder lösbare für unlösbar zu halten. In beiden Fällen sind die Folgen für die Gesundheit und die Leistungsqualität von Lehrerinnen wie Schülerinnen gravierend (vgl. Sieland 2007a und 2006). Kurz: Lehrkräfte sind in besonderer Weise versucht, subjektive Annahmen für geprüfte Wirklichkeit zu halten. Dabei können sich zwei Formen von Dummheit entwickeln. Die „Dummheit erster Ordnung" leugnet Zusammenhänge, die in der Realität vorhanden sind. So kann beispielsweise eine Lehrkraft die Überzeugung entwickeln, das problematische Schülerinnenverhalten liege nicht an ihrem Unterrichtsstil, sondern nur an dem Erziehungsstil der Eltern und würde entsprechend sehr einseitige Lösungsversuche verfolgen. Die „Dummheit zweiter Ordnung" unterstellt Zusammenhänge, wo keine sind. Die Lehrkraft könnte sich selbst davon überzeugen, dass das Fehlverhalten der Schülerin ausschließlich am mangelnden Interesse der Schülerin an ihrem Unterrichtsfach liege.

Marginalie: Dummheit erster und zweiter Ordnung

3 Professionelle Lerngemeinschaften für reflektierende Praktiker

Erfahrene wie unerfahrene Lehrkräfte brauchen daher Strukturen für die laufende Handlungs- und Lernkontrolle. Dazu zählen in erster Linie professionelle Lerngemeinschaften (= PLGs). Diese können im Sinne des sozialen Konstruktivismus dem Einzelnen helfen, „Altes mit neuen Augen zu sehen". Mitglieder mit unterschiedlicher Berufserfahrung üben in den PLGs, Problemlagen verständlich zu formulieren bzw. zu klären und ihre Realitätsauffassung mit denen anderer Mitglieder zu vergleichen. Sie erfahren soziale Erleichterung durch die Mitteilung von belastenden Erlebnissen sowie soziale Unterstützung oder Herausforderung durch die übrigen Mitglieder.

Marginalie: Professionelle Lerngemeinschaften unterstützen und fordern

Im Folgenden wird eine virtuelle multiprofessionelle Lerngemeinschaft am Beispiel des Lehrerforums beschrieben. Dieses Forum ist ein Lernort zum Austausch von kollektivem Inhaltswissen (know what), Methodenwissen (know how) und kollektivem Wissen über geeignete Lernorte (know where). In professionellen Lerngemeinschaften versucht man also, deprofessionalisierende Lernprozesse durch kritische Diskurse zwischen den Lernerinnen zu bremsen. Zu dieser Lerngemeinschaft gehören aber nicht nur Lehrkräfte aus allen Phasen der Lehrerbildung, sondern auch ein multiprofessionelles Beratungsteam, weil die komplexen Probleme in der Schule nicht nur durch eine Profession bewältigt werden können. Mit dem Plädoyer für PLGs verabschieden wir uns von einer Illusion: Professionalität ist kein Zustand, den die Lehrkraft mit wachsender Berufserfahrung fast automatisch erreicht, sondern ein Prozess gemeinsam reflektierender Praktikerinnen. Um qualitätsvoll zu handeln und sich selbst vor Überlastungen zu schützen, halten sie regelmäßig

Marginalie: Lehrerforum als virtuelle Lerngemeinschaft

Kontakt zu kompetenten Partnerinnen, die auf Anfrage ihre spezifische Expertise zur Verfügung stellen. Sie nutzen die Unterstützung in einer multiprofessionellen Lerngemeinschaft und erfahren ihre kollektive Selbstwirksamkeit bei der Veränderung oder dem Aushalten von Situationen (= Ich bin gut, zusammen sind wir besser). Erfolgsmerkmal solcher Lerngruppen ist ein ausgewogenes Geben und Nehmen: Einer für alle, alle für einen. Jedes Mitglied ist sich darüber im Klaren, dass pädagogisches Handeln immer nur Experimentcharakter haben kann und daher laufend evaluiert und verbessert werden sollte. Der Mut, öffentlich Fragen zu stellen, ist ein Merkmal selbst- und qualitätsbewusster Lehrkräfte. Wer nicht mehr fragt, hört auf, an seiner Zukunftsfähigkeit zu arbeiten! Eine lernende Gemeinschaft lebt vom Fragen stellen, Antworten bekommen, geben und kritisieren. Kurze Fallberichte zu wichtigen Themen helfen allen, von guter Praxis zu lernen. Wer mit bestimmtem Handeln oder Denken bei einem Problem gute Erfahrungen gemacht hat, stellt diese den Mitgliedern zur Verfügung, damit auch sie davon profitieren können. Wem Problemlösungen misslungen sind, der informiert die Gemeinschaft darüber, so dass andere diese Risiken kennen und vielleicht vermeiden können. Leitbild sind Lehrkräfte, die lebenslang selbstgesteuert und kooperativ lernen.

Anforderungen und Chancen im Lehrerforum

Nicht wenige (angehende) Lehrkräfte haben Angst, vor Ort in den Schulkollegien, bei Seminarleiterinnen oder Dozentinnen professionelle Unterstützung zu suchen, weil man sie als inkompetent einschätzen könnte. Anderen fehlt die Bereitschaft, ihre Ideen und Erfahrungen zu verschenken, weil Zuhörerinnen sie vielleicht als die eigenen ausgeben, oder sie sind der Überzeugung, dass ihre Lösungen ohnehin nur im eigenen Kontext funktionieren, dass man Erfahrungen immer nur selbst machen und sie nie von anderen übernehmen darf. Im Lehrerforum schreiben die Lernerinnen deshalb unter einem selbst gewählten Pseudonym. Fragesteller wie Antworter bereichern die Lerngemeinschaft durch Impulse, die jede Teilnehmerin für sich selbst prüfen muss. Das Forum verbindet Gesprächspartner mit zusammen vielen 100 Jahren Berufserfahrung aus dem Kreis der Kolleginnen und der Fachleute anderer Disziplinen über alle Phasen der Lehrerbildung (vgl. Abb. 1), um Fragen und Ideen zu diskutieren. Es bietet die Möglichkeit, problemorientiert Rat zu suchen und zu geben, „just in time", wenn die Fragen akut sind. Junge Lehrkräfte können von erfahrenen profitieren, erfahrene können sich von jungen neu in Frage stellen lassen. Abiturientinnen und Studienanfängerinnen können das Forum als „virtuelles Praktikum" nutzen.

... eröffnet außerordentlich vielfältige Möglichkeiten

Im Lehrerforum haben derzeit rund 1.700 registrierte Lehrkräfte sowie 54 Fachberaterinnen (Seminarleiterinnen aller Schulstufen, Schulpsychologinnen, Ärztinnen, Juristinnen ...) rund 5.400 Beiträge geschrieben. Es wurde bis jetzt rund 160.000-mal besucht. Es gibt einzelne Fallbesprechungen mit bis zu 30 Antworten oder bis zu 5.500 Besuchen! Zusätzlich ist über das Forum eine individuelle E-Mail-Beratung möglich.

Starke Nutzungsdichte

Abb. 1: Das Lehrerforum als Phasen verbindende virtuelle multiprofessionelle Lerngemeinschaft

Virtuelle multiprofessionelle Lerngemeinschaft

www.lehrerforum.de

| Schule 12 Jahre | Universität 5 Jahre | Referendariat 1,5 Jahre | Berufseinstieg 3 Jahre | Beruf 35 Jahre | Berufsausstieg X Jahre |

Austausch über die „Tellerränder" der Lehrerbildung hinweg

Das Lehrerforum ist ein virtueller Beratungs- und Lernort, an dem sich reflektierende Lehrkräfte im Beruf und solche auf dem Wege dorthin austauschen können. Es versteht sich als geistiges Band wider die unsinnige Zersplitterung der Lehrerbildung. Fragen können aus jeder Phase heraus gestellt, gelesen und beantwortet werden. Universitäten oder Seminare könnten die anonymen Beiträge nach den Herkunftsorten gruppieren und so erfahren, wie gut ihre Absolventen in den Folgejahren ihre Probleme bewältigen und auf welche Schwierigkeiten sie ihre Absolventen besser vorbereiten sollten. Berufseinsteiger können Erfahrungen „alter Hasen" zur Kenntnis nehmen und diese können sich von den Ideen und Lösungen der Berufseinsteiger anregen lassen. Jede Teilnehmerin kann in drei Rollen agieren:

Dreifache Nutzungsmöglichkeit

- *als Impulsgeberinnen* beschreiben reflektierende Lehrkräfte ein Problem und bitten die übrigen Forumsteilnehmerinnen um kooperatives Problemlösen. Im weiteren Prozess haben sie die Pflicht, die Lösungen zu diskutieren, auf Chancen und Risiken hin abzuklopfen, nach ihrer Einschätzung experimentell umzusetzen und deren Effekte zu bewerten und den übrigen Mitgliedern der Lerngemeinschaft mitzuteilen. So können diese ebenfalls lernen;
- *als Mitdenkerinnen* bemühen sich anonym registrierte reflektierende Praktikerinnen, das angesprochene Problem durch gezielte Nachfragen für den Impulsgeber wie für sich selbst besser zu verstehen (Klärungsarbeit) und es kooperativ einzuschätzen, um es weder zu verharmlosen noch zu katastrophisieren. Die Chancen und Risiken von Lösungsvorschlägen durch Tun und Unterlassen sollen bewertet und die individuellen, sozialen und organisationalen Ressourcen und Risikofaktoren einschließlich der Folgenabschätzung sollen diskutiert werden;
- *als Mitlernerinnen* lesen Gäste und registrierte Nutzerinnen den abgeschlossenen oder noch laufenden Fall und profitieren von der Problemdarstellung, der Entwicklung von Lösungsvorschlä-

gen und den Effekten. Sie können die Fallberichte anderen Kolleginnen empfehlen, die entweder vor ähnlichen Problemen stehen oder über spezielle Erfahrungen verfügen, die der Problemlösung dienlich sein können.

Thema	Autor	Antworten	Aufrufe	Letzte Antwort
Hilfe, mein Ruf ist ruiniert	Päd.70	26	6246	29.06.07
Mobbing und Versetzungswunsch während der Probezeit	Erika	40	3920	04.01.07
Mein AL mobbt	Gisela2	21	1513	06.03.08

Abb. 2: Themenauswahl aus dem Unterforum MOBBING sortiert nach häufigsten Besuchen

Das Lehrerforum versteht sich als multiprofessionelle Lerngemeinschaft. Je mehr Mitglieder teilnehmen, umso vielfältiger ist deren Erfahrungsschatz, umso geringer ist der Aufwand für kollegiale Mitdenkerinnen und umso größer der Nutzen für alle. Im fachlichen Dialog können Lehrkräfte sich selbst und andere entlasten. Wie wäre es, wenn bei einem beruflichen Anliegen nicht nur eine vertraute Kollegin, sondern viele Kolleginnen mitdenken würden? Wie wäre es, wenn Lehrkräfte auf anonyme Fragen von erfahrenen Fachleuten innerhalb von zwei Tagen eine erste Antwort bekommen? Wie wäre es, wenn sie von Beratungsgesprächen profitieren, die andere über ein interessantes Problem führen, vor dem sie vielleicht demnächst stehen? Kurz: Wie wäre es, wenn Sie eine professionelle Ideen- und Diskussionsbörse kostenlos nutzen könnten, ohne Mitgliedsbeitrag, bei geringem Zeitaufwand vom Schreibtisch aus, wenn Sie gerade Zeit haben?

Enormes Anregungs- und Hilfepotential

4 Welche Vorteile des Forums sind für verschiedene Nutzergruppen interessant?

- Die Gelegenheit, wenn die Probleme akut sind, von Lösungen und Meinungen anderer Kolleginnen zu lernen?
- Die Möglichkeit, in zwei Tagen von Kolleginnen und/oder Fachleuten eine erste Antwort zu bekommen?
- Der heilsame Zwang, trotz aller Betroffenheit Probleme verständlich beschreiben zu müssen?
- Die Chance, aus mehreren Lösungen wählen zu können?
- Die Gelegenheit, andern zu helfen, indem Sie über gute Praxis zum Nutzen aller kurz berichten?

Das Forum ergänzt andere Beratungssysteme

- Häufige Nachfragen mit gleicher Thematik als Material in der Aus- und Fortbildung zu nutzen?
- Problemberichte für eine Seminarsitzung für Lehramtsstudierende, Anwärterinnen, Beratungslehrerinnen herunterzuladen?
- Die Chance, die Erfahrungen pensionierter Fachleute nicht einfach zu verlieren?
- Kooperation und Selbstwirksamkeitserfahrungen unter Kolleginnen zu fördern?

Darüber hinaus bietet dieses Lehrerforum die üblichen Internet-Vorteile. Man kann die knappen Ressourcen an Fachberatung vielen Nutzern verfügbar machen, erspart Zeit durch unnötige Wege, Parkplatzsorgen, Kosten für Warte- und Beratungszimmer und fixe Beratungstermine.

Das Forum hat – wie jede Methode – auch Grenzen: Es ist keine Akuthilfe, dafür gibt es eine Telefonseelsorge für Pädagoginnen. Es versteht sich als Informations-, Entscheidungs- und Durchführungsberatung in Ergänzung zur Beratung vor Ort (vgl. Abb. 3). Es gibt keine Gewähr dafür, dass die Antworten Ziel führend und nebenwirkungsarm sind. Die Verantwortung trägt die Handelnde vor Ort. Das gilt aber für jede Beratung. Das Forum soll die persönliche Beratung vor Ort nicht ersetzen, sondern wirkungsvoll ergänzen. Seine Stärken liegen in der Informations- und Entscheidungsberatung (z.B. ein Problem endlich mit fachlicher Unterstützung vor Ort anzugehen), die Beratung vor Ort ist dagegen besonders in der Durchführungsberatung unentbehrlich. Im Zusammenwirken eines dualen Beratungssystems (vgl. Abb. 3) kann das Forum manche Probleme im Vorfeld klären und so den Wirkungsgrad der Beratung vor Ort verbessern. Es bietet auch für die Lehreraus- und -fortbildung eine wichtige Ergänzung. Die häufigsten Anfragen sind als Hinweis auf blinde Flecke in der Lehrerbildung zu verstehen!

... und deckt Defizite der Lehrerbildung auf

Abb. 3: Synergien zwischen Internetberatung und der Beratung „vor Ort"

Nachteile konventioneller Beratung und PLGs | **Vorteile konventioneller und virtueller Beratung und PLGs** | **Nachteile virtueller Beratung und PLGs**

5 Wer sind die Zielgruppen?

- Lehrerinnen, die qualitätsvolle Problemlösungen, Entlastung und Hilfe suchen und geben wollen;
- Lehramtsstudierende, die von stellvertretender Praxiserfahrung profitieren können;
- Anwärterinnen, die mehr Praxiserfahrung nutzen möchten, als sie selbst erst haben können;
- Berufseinsteigerinnen, die Routine und realistische Ansprüche brauchen;
- Beratungslehrerinnen, Schulpsychologinnen, Projektgruppen usw., die über Probleme und Lösungen berichten, die für andere nützlich sein können (Beratung in der Gehstruktur);
- Pensionärinnen, die ihre Erfahrungen weiterhin mit einbringen möchten.

Eine weite Nutzerschaft

Kurz: lebenslang lernbereite Lehrkräfte, die im Rahmen von Aus- und Fortbildung problemorientiert lernen wollen.

Das Lehrerforum kann seinen Nutzerinnen die Erfahrung vermitteln: „Ich bin gut, aber zusammen sind wir noch besser und es fällt allen leichter!" Es wäre schön, wenn es von vielen genutzt würde, um Probleme zu schildern, Anfragen zu kommentieren oder einfach nur interessante Beiträge zu lesen. Als Beitrags-Titel sollte man ein Stichwort wählen, das Forumsteilnehmerinnen neugierig macht, Ihren Beitrag zu lesen und zu kommentieren. Man kann jeden selbst geschriebenen Beitrag wieder entfernen oder nachträglich korrigieren. Vielleicht ist ja auch die eine oder andere überzeugte pädagogische Einzelkämpferin bereit, ihre Erfahrung anderen zur Verfügung zu stellen. Vielleicht spüren einige Kolleginnen durch das Forum, dass sie mehr geben können oder mehr suchen sollten.

Wer wissen möchte, wie eine Lehrkraft nach Meinung der Nutzerinnen und Fachberaterinnen mit einer Morddrohung durch eine Mutter umgehen sollte, kann das Forum **www.lehrerforum.uni-lueneburg.de** aufrufen und in das Suchfeld „Morddrohung" eingeben. Dort kann man sofort alle Beiträge dazu lesen. Antworten erstellen und Fragen aufwerfen, kann man nur nach vorheriger Registrierung.

Auf lange Sicht sehen wir im Lehrerforum auch ein sinnvolles Instrument zur Ausbildung von Beratungslehrerinnen und Schulpsychologinnen sowie zur Förderung der allgemeinen Beratungskompetenz von Lehrkräften (vgl. Sieland 2007b und Abb. 4).

Zahlreiche Entwicklungsmöglichkeiten

Zu diesem Zweck gibt es die Möglichkeit, gute oder problematische Beratungsbeiträge zu kommentieren. Die Autorin erhält dann eine Mail (ohne dass die Kommentatorin diese Adresse kennen lernt), dass ihr Beitrag kommentiert wurde und den Link zu diesem Kommentar. Wir wollen so die Qualität der Beratung im Forum fördern.

Letztlich haben wir die Vision einer dualen Beratung (vgl. Rahm & Sieland 2006): Lehrkräfte sollen zur Qualitätssteigerung ihrer Arbeit und zur Selbstentlastung die Diskussion vor Ort mit Kolleginnen und Fachleuten ebenso nutzen wie die Möglichkeiten im Forum. In den kommenden Jahren wird dem Forum ein Lernort angegliedert, in dem die aktiven Nutzerinnen ihre Kompetenzen, Probleme angemessen zu schildern, aber auch zu beraten nach Art eines „Fernstudiums" trainieren können. Wir gehen davon aus, dass dies auch die Qualität der kollegialen Beratungsgespräche im Lehrerzimmer vor Ort verbessern kann.

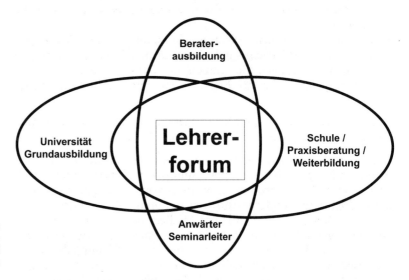

Abb. 4: Synergien zwischen Lehrerbildung, Praxisberatung und der Aus- und Fortbildung von Beratern

Literatur

Rahm, T. & Sieland, B. (2006): Qualitätssteigerung durch duale Beratung in der Schule? In: Mittag, E., Sticker, E. & Kuhlmann, K. (Hrsg.): Leistung – Lust und Last. Impulse für eine Schule zwischen Aufbruch und Widerstand. Kongressbericht der 17. Bundeskonferenz für Schulpsychologie 2006 in Köln. Bonn, 323–332.

Sieland, B. (2006): Ungewolltes Lernen als Risiko im Hause des Lernens. Lehrpersonen brauchen professionelle Lerngemeinschaften. In: SE Journal für Schulentwicklung 3, 6–14.

Sieland, B. (2007a): Wie gehen Lehrkräfte mit Belastungen um? Belastungsregulierung zwischen Entwicklungsbedarf und Änderungsresistenz. In: Rothland, M. (Hrsg.): Belastung und Beanspruchung im Lehrerberuf. Modelle – Befunde – Interventionen. Wiesbaden, 206–226.

Sieland, B. (2007b): Lernberatungskompetenz durch professionelle Lerngemeinschaften in der Lehrerbildung erwerben? In: Preiser, S., Krämer, M. & Bruselys, K. (Hrsg.): Sammelband zur Fachtagung „Psychologiedidaktik und Evaluation VI" Göttingen, 105–114.

Reinhold Miller

Selbst- und Beziehungsklärung. Eine Übung zur Analyse und Optimierung verbaler Interaktion

Wenn Lehrer im Umgang mit ihren Schülern oder Kollegen nicht authentisch sind, dann können sich daraus schnell Irritationen, Störungen und Belastungen ergeben. Umgekehrt können diese nur Erfolg versprechend bearbeitet werden, wenn die beteiligten Personen klare Vorstellungen davon haben, um was es ihnen geht und was ihnen hierbei wichtig ist. Zur Erlangung einer solchen inneren Klärung eignet sich eine Übung, die ich im Folgenden beschreibe und an einem Beispiel demonstriere.

Verbesserung authentischer Kommunikaton

1 Die Vorgeschichte

In meiner Arbeit mit Supervisanden – meist Lehrerinnen und Lehrern –, aber auch sonst in Fortbildungskursen und Gesprächen im Alltag fällt mir immer wieder auf, wie es Menschen schwerfällt, sich selbst wahrzunehmen, innerlich klar zu sein und ebenso klar zu kommunizieren; z.B.:

Ungünstige Kommunikation im Berufsalltag

- Es werden stärker Sachmitteilungen gemacht; eigene *Gefühle* jedoch werden nicht oder kaum wahrgenommen.
- Eigene Gefühle und Gedanken werden zwar wahrgenommen, aber „verfälscht" wiedergegeben.
- Über Gefühle und Gedanken anderer werden Vermutungen und Interpretationen angestellt und *eigen*mächtig zur Sprache gebracht.
- Über andere wird häufiger gesprochen als über sich selbst. „Man" ist wenig bei sich – dafür umso mehr beim anderen.
- In angespannten Situationen und unter Stress gibt es anstelle von Selbstmitteilungen Vorwürfe oder gar Beschimpfungen.
- Ironie, Sarkasmus oder Zynismus liegen schneller auf der Zunge als die dahinterliegende Problemlage, Hilflosigkeit, Angst oder Verzweiflung.

Es ist, als ob in zwischenmenschlichen Beziehungen der Kontakt zu sich selbst abhanden gekommen ist und der Blick auf das Gegenüber im Vordergrund steht. Jedoch gilt:

Die Beziehung zum DU *beginnt* beim ICH.

Deshalb biete ich den Teilnehmenden von Fortbildungen oder Supervisionsgruppen des Öfteren eine Übung an, in der sie folgende Ziele erreichen können:

Verstärkte Selbstwahrnehmung

- eigene Gefühle und Gedanken deutlicher wahrnehmen,
- entscheiden, welche davon man in Gesprächen mitteilen will,
- fähig sein, sie klar als Selbstmitteilung zu äußern,
- in Kontakt mit sich selbst bleiben (= nicht außer sich sein),
- auf die Mitteilungen des Gegenübers achten und auf sie eingehen,
- sozialverträgliche Rückmeldungen geben,
- förderliche Beziehungen aufbauen und Sachen klären,
- Konflikte fair lösen,
- das Gespräch einvernehmlich beenden.

Der Sinn dieser Interaktionsübung besteht darin, *authentisch* zu sein, eine Voraussetzung für förderliche Beziehungen. Denn erst auf dem Boden einer stabilen Beziehung sind Sachklärungen möglich.

2   Das methodische Vorgehen

Wenn die Übung in einer Kleingruppe von 3–4 Personen durchgeführt werden soll, dann können sich diese schnell in das Prozedere einarbeiten. Auch wenn es im ersten Durchgang noch etwas holperig und stockend gehen mag, werden sich dann doch sehr schnell Geläufigkeit und Sicherheit einstellen.

Alltagsszenen nachspielen oder vorbereiten

Wenn die Gruppe der Personen, die an dieser Übung interessiert ist, größer ist, dann empfiehlt es sich, sie zunächst einmal allen Teilnehmenden durch eine Live-Demonstration zu verdeutlichen und sie dann anschließend zu dritt (jeweils zwei Rollenträger und ein Moderator) in Kleingruppen praktizieren zu lassen. Hierbei kann bzw. sollte eine Person, die mit der Übung schon vertraut ist, durch Hinweise und eventuelle korrigierende Interventionen eine unterstützende Begleitung vornehmen.

Thematisch sollte es dabei hauptsächlich um solche Szenen aus dem Schulalltag gehen, in denen Unzufriedenheit, Verärgerungen, Enttäuschungen, Besorgnis, Irritationen und Verunsicherungen eine Rolle spielen.

Ablauf der Übung

Die Übung besteht aus folgenden Schritten:

1. Zwei Personen übernehmen je eine Rolle und wählen ein Diskussions- bzw. Konfliktthema.
   - Rollen: z.B. Kollegin und Kollege, Lehrer und Mutter, Schulleiterin und Kollege ...
   - Themen: z.B. unterschiedliche Auffassung von Unterricht, von Methodenanwendung, von Bildung und Erziehung ...

2. Die beiden Protagonisten stehen sich in einer Entfernung von ca. fünf Schritten face to face gegen über.
3. Person A beginnt das Gespräch mit (nur) einem Satz.
   Person B
   – hört diesen Satz,
   – dreht sich dann um 90 Grad (also zum Publikum) und teilt mit, was ihr dazu einfällt (= kurzer innerer Monolog),
   – dreht sich danach wieder in die Ausgangsposition zurück (mit dem Gesicht wieder zum Gegenüber) und bleibt (a) in der Abstandsposition – oder geht (b) einen Schritt nach vorne, wenn die Mitteilung von Person A für sie *angenehm* war – oder geht (c) einen Schritt zurück, wenn die Mitteilung von Person A für sie *unangenehm* war.
   – antwortet mit (nur) einem Satz.
   Person A
   – hört diesen Satz,
   – dreht sich dann um 90 Grad (also zum Publikum) und teilt mit, was ihr dazu einfällt (= kurzer innerer Monolog),
   – dreht sich danach wieder in die Ausgangsposition zurück (mit dem Gesicht wieder zum Gegenüber) und bleibt (a) in der Abstandsposition – oder geht (b) einen Schritt nach vorne, wenn die Mitteilung von Person B für sie *angenehm* war – oder geht (c) einen Schritt zurück, wenn die Mitteilung von Person B für sie *unangenehm* war.
   – antwortet mit (nur) einem Satz.
   Person B
   – hört diesen Satz usw. (s. o.).
4. Bereits in diesen kurzen Dialogsequenzen zeigt sich, dass sich die beteiligten Personen meist nicht authentisch äußern. Ihr innerer Monolog bzw. Kommentar stimmt nicht mit dem überein, was sie ihrem Gesprächspartner mitteilen. Daher geht in dieser Übung das „Ping-Pong" so lange weiter, bis die beiden Personen *authentisch* kommunizieren, sich deshalb auch näher gekommen sind und zwischenmenschlich in der Lage sind, das Problem auf der Sachebene zu klären. Ein Abbruch kann erfolgen, wenn einer oder beide Gesprächspartner ihn wünschen oder wenn der Moderator ihn begründet vorschlägt.

Räumliche Darstellung erhöht den Erlebnis- und Erfahrungsgrad

3 Regie-Hinweise

- Die Teilnehmenden stehen sich im (ca.) Fünf-Schritte-Abstand gegenüber, um den Ausgangspunkt der Nähe-Distanz-Beziehung zu visualisieren.
- Während der Übung bleiben sie entweder auf ihrem Ausgangspunkt stehen, gehen zurück oder nach vorn, um die Veränderung der Nähe-Distanz-Beziehung zu visualisieren.

- Sie sagen jeweils nur einen Satz, um die Wahrnehmungen zu erleichtern und zu fokussieren. (Auf einen Satz kann man sich besser konzentrieren und einlassen als auf mehrere.)
- Kurze Unterbrechungen – meist durch den Moderator – sind für Klärungen zu dritt angebracht und sinnvoll.

4 Die Aufgaben des Leiters bzw. Moderators

Funktionen des Moderators

- Er leitet die Übung, macht seine Absicht transparent, erklärt die Methode allen anwesenden Personen, gibt zu Beginn den Protagonisten die Aufgabe bekannt und klärt mit ihnen noch anstehende Fragen.
- Er weist ggf. auf die Spielregeln hin. Zum Beispiel: Bitte nur einen Satz sagen – den inneren Monolog nicht vergessen – die Entfernung zum Gesprächspartner visualisieren.
- Er unterbricht und zeigt seine Beobachtungen auf, wobei er sich jedoch jeglicher Bewertung enthält. Zum Beispiel: Du hast/Sie haben folgendes gesagt – Ich sehe hier – Mir fällt auf, dass – Vorhin ..., jetzt aber.
- Er gibt Raum für Kommentierungen der Protagonisten. Zum Beispiel: Ich habe ganz vergessen – Mir wird bewusst – Habe ich das wirklich gesagt? – Jetzt merke ich erst.
- Er führt mit den beiden Rollenträgern ein kurzes Abschlussgespräch (= Resümee) und leitet von der Demonstration im Plenum hin zur gleichen Übung, die dann in den Kleingruppen stattfindet.
- Er moderiert die Abschlussdiskussion mit folgenden Schwerpunktfragen:
  – Wie ging es euch beiden in der Übung und wie habt ihr sie erlebt?
  – Welche Erkenntnisse und Einsichten habt ihr gewonnen?
  – Welche Konsequenzen zieht ihr aus euren Erfahrungen?
  – Was habt ihr als Teilnehmende im Plenum wahrgenommen? Was möchtet ihr aus eurer Außensicht noch sagen?
- Besonders ist zu beachten:
  – eine zeitliche Ausgewogenheit herstellen zwischen Spielphasen und Kommentarphasen;
  – als Moderator in den Kommentarphasen sowohl aufzeigen und informieren als auch ggf. zwischen den Protagonisten vermitteln.

5 Die Durchführung eines Beispiels

Um das konkrete Vorgehen und um die Wirksamkeit der Übung zu verdeutlichen, stelle ich ein konkretes Beispiel vor. Interessierten Lehrern empfehle ich, nach dessen Lektüre die Sequenzen Schritt für Schritt in der entsprechenden Rollenverteilung nachzuspielen, vielleicht sogar zweimal. Durch das konkrete Ausprobieren können das Vorgehen und der Nutzen der Übung sehr viel anschaulicher als durch die Lektüre verdeutlicht werden.

Gezeigt werden Ausschnitte einer durchgeführten Übung (verkürzt) mit folgenden wesentlichen Elementen:

- Den Beginn der Übung, meist geprägt durch Vorwürfe oder Anschuldigungen.
- Die inneren Monologe (iM).
- Die verschiedenen Phasen der Übung.
- Die Reaktionen der beiden Personen.
- Veränderungsmerkmale und Veränderungsprozess.
- Interventionen des Moderators (M).
- Kommentare der beiden Rollenträger.

Die Übung findet auf drei Ebenen statt:

Drei Ebenen

- Erste Ebene: **Das Gesagte wird fett gedruckt**
- Zweite Ebene: *Der innere Monolog wird kursiv gedruckt.*
- Dritte Ebene: Die Interventionen und Kommentare des Moderators werden normal gedruckt, jedoch eingerückt.

Die Rollen: Es stehen sich eine Lehrerin (Petra, P) und ein Lehrer (Frank, F) gegenüber. Die Beziehung der beiden ist normal kollegial. Petra (P) ist Klassenlehrerin in einer 5. Klasse Gymnasium. Frank (F) ist Fachlehrer in „ihrer" Klasse.

Das Problem: Die Lehrerin Petra (P) ist Methodenfreak. Der Lehrer Frank (F) hält nicht viel von Methodenvielfalt. Er hat Gesprächsbedarf und beginnt:

F: Du, Petra, ich muss unbedingt mit Dir reden.
P (iM): *Was will der denn schon wieder. Muss das gerade jetzt sein?*
   Geht einen Schritt zurück (6).
P: Ja, was gibt's denn?
F (iM): *Oh, da bin ich jetzt überrascht, dass die fragt und Interesse hat.*
   Geht einen Schritt nach vorn (5).
   M: Petra, ich habe den Eindruck, dass du im inneren Monolog (iM) ungehalten warst. Deine Antwort klingt ziemlich bereitwillig, also ein Unterschied zwischen deinem Inneren und dem nach außen Gesagten.
   P (überlegt): Ja, das stimmt. Am liebsten würde ich etwas ganz anderes sagen.
   M: Nämlich?
P (wendet sich wieder Frank zu): **Ich habe jetzt gerade keine Zeit. Wie dringend ist es denn?**
F (iM): *Mir ist das Thema sehr wichtig. Aber zeitlich muss es nicht gleich sein. Aber eigentlich schon bald.*
   Bleibt stehen (6).
F: Ich möchte schon gern mit dir reden, aber es muss nicht gleich sein.

M: Frank, dein innerer Monolog kommt ziemlich nahe an Deine Aussage heran.
F: Ah, interessant. Mhm.

P (iM): Jetzt geht's mir besser. Der Druck ist weg – und neugierig bin ich auch. Ich werde ihm einen Termin vorschlagen.

Geht einen Schritt nach vorn (5).

P: O.k., ich hätte morgen nach der Schule um ein Uhr Zeit.

M: Petra, vergleiche bitte deinen inneren Monolog und deine Aussage miteinander.
P (stutzt, überlegt und sagt dann): Ich glaube, der zweite Satz war identisch.
M: Und der erste? (wiederholt ihn)
P: Den möchte ich für mich behalten. Der ist mir zu persönlich. Ich sag ihm doch nicht, dass ich neugierig bin.

F (vergisst den iM, ebenso den Schritt und sagt rasch): **Das passt mir. Also bis morgen.**

M: Jetzt ist morgen und 13.00 Uhr.
(Ausgangspunkt ist der Fünf-Schritte-Abstand.)

P (spontan): **Ich bin neugierig. Was gibt's denn?**

Geht einen Schritt nach vorn (4).

M: Vorhin wolltest du den Satz doch für dich behalten?
P (überlegt – und sag dann): Mein Drang, es zu erfahren war größer als meine Vorbehalte.

F (iM): Prima, dann kann ich ja loslegen.

Geht einen Schritt nach vorn (3).

F: Ich muss dir mal was sagen. Was du da im Unterricht machst, ist doch ein Methodenfirlefanz.
P (sehr rasch, ohne iM und Schritte): **Wie meinst du denn das?**

M: Stopp! Film zurück. Petra, bitte deinen inneren Monolog und den Schritt.

P. Unverschämt, was bildet der sich denn ein?

Geht zwei Schritte zurück (5)

M: (zu Petra gewandt): Und wie geht es dir?
P: Wieso, wie soll's mir gehen? Ich bin sauer. (Pause). Nein, eigentlich wütend
– längere Pause – und verletzt. Mensch, das wird mir erst jetzt bewusst.
M: Dann möchte ich euch beiden sagen: Der innere Monolog hat einen Kern und eine Schale. Der Kern ist das Ich. Zum Beispiel: Ich bin sauer, ich bin verletzt ... Die Schale ist der/die andere. Zum Beispiel: Er ist unverschämt. Sie macht Firlefanz ... (kurze Pause). Fällt euch etwas auf?

> Spontan aus dem Plenum: Die sagen viel mehr Schale als Ich.

F: Stimmt.
P: Nickt.
Beide nachdenklich.
M: D.h., Petra, dass du dich durch Franks Aussagen verletzt fühlst, aber sachlich antwortest: Wie meinst du das? Also die Beziehungsebene hinter die Sachebene zurück stellst.
P (verblüfft): Ja, du hast recht. (Pause) Das mache ich oft so.

Wendet sich an Frank und sagt:

P: Du, das trifft mich jetzt. (Pause) **Mir sind die Methoden sehr wichtig.**

F (schweigt, dann): Das tut mir leid, ich wollte nicht so heftig sein. Mich ärgert es, wenn die in der Klasse so auftrumpft und ich steh dann da wie ein Blödmann.

Geht einen Schritt nach vorne – korrigiert sich und geht wieder zurück (5).

M: Einen vor, einen zurück?

F: Ja, erst die Entschuldigung, dann der Ärger. Das hebt sich wieder auf. Wendet sich wieder Petra zu.

F: Das tut mir leid; das wollte ich nicht. Mir ist das so raus gefahren, weil ich mich geärgert habe.

P: Das tut mir gut. Das klingt nach Entschuldigung.

Geht einen Schritt nach vorn (4).

P: Worüber hast du dich geärgert?

M: Im inneren Monolog sagst du, dass dir das „tut mir leid" gut tut. In der Antwort jedoch fragst du Frank. Wo ist dein Ich?

P überlegt und probiert es dann noch einmal.

P: Das tut mir jetzt gut, dass du sagst, es tut dir leid. (Pause) **Was hat dich denn geärgert?**

F: (überlegt lange, dann): Jetzt bin ich etwas beschämt. Ich habe sie gekränkt und sie fragt nach. Was soll ich denn jetzt sagen?

Geht einen Schritt nach vorn (3).

F: Wenn ich ehrlich bin: Eigentlich stinkt's mir, dass du so tolle Methoden drauf hast und dass ich dann vor der Klasse dastehe wie ein Blödmann.

M: Erinnerst du dich. Diesen Satz hast du vorhin auch im inneren Monolog gesagt.

F: Nickt. Scheint verblüfft zu sein.

M: Verblüfft?

F: Mhm, nickt.

M: Deinen inneren Monolog, Petra, und deine Antwort.

P: Am meisten überrascht mich seine Ehrlichkeit. Das hätte ich nicht von ihm erwartet. Ich möchte mich noch weiter mit ihm unterhalten.

> Es folgen einige Sequenzen. Dann:

P: Ich bin jetzt ziemlich hin- und hergerissen. Auf der einen Seite möchte ich weiterhin so unterrichten wie bisher. Auf der anderen Seite möchte ich Frank nicht bloßstellen und verprellen.

Geht einen Schritt nach vorn (2).

P: Frank, ich bin jetzt ziemlich hin- und hergerissen. Mir sind die Methoden sehr wichtig und ich möchte so weitermachen wie bisher. Auf der anderen Seite möchte ich dich aber auch nicht bloßstellen.

M: Sieht P fragend und etwas verschmitzt-erstaunt an.

P: Siehst du, jetzt hab ich fast dasselbe gesagt wie im inneren Monolog (ist sichtlich „stolz")

M: Und du, Frank?

F: (dreht sich und sagt im inneren Monolog):

F: Die Petra ist aber schwer in Ordnung. Jetzt geht's mit besser. Ich hab jetzt den Wunsch, mit ihr über ihre Methoden und meine Möglichkeiten zu reden.

F (lächelt sie an und sagt): **Dann möchte ich mit Dir reden, was ich machen soll.**

> Es folgen noch zwei verbale Ping-Pongs – und dann:

P: Komm doch mal in eine meiner Unterrichtsstunden. Ich will aber nicht angeben.

F: O.k., ich überleg mir's und sag dir Bescheid. Ich brauch jetzt einfach noch etwas Zeit.

M: Ich danke euch. – Zu Beginn waren es fünf Schritte Abstand, jetzt einer.

P: Wahnsinn!

F: Ich hab gar nicht gewusst, dass das so schwer und doch so einfach ist.

P (Blickt etwas verschmitzt zu M): Ja, ja, ich weiß, vom DUzen zum ICHzen.

M: Oder – vom Vorwurf zur Authentizität.

F: Das will ich jetzt gleich noch mal probieren.

6 Abschlusskommentar

In dieser Übung wird ein Prozess deutlich

- vom Vorwurf zur Selbstmitteilung,
- vom Ärger zum Verstehen,
- vom Verletztsein zum Angebot,
- vom DU zum Ausgangspunkt ICH,
- von der Distanz zur Nähe,
- von der Sachebene zum Ausgangspunkt Beziehungsebene.

ICH und die Beziehungsebene bilden die Voraussetzung zur sachlichen Klärung. Verdeutlichen lässt sich dies durch die Eisbergmetapher: Zu Beginn sprechen die Personen die Sachseite an (= Spitze des Eisbergs). Allmählich „tauchen" sie unter die Wasseroberfläche und sprechen über ihre Gefühle, den Ärger, das Verletztsein, das Bloßgestelltsein ... und über ihre Wünsche: Mir geht's ... Ich möchte ...

Die Protagonisten werden immer authentischer. Sie kommen zu sich, bleiben bei sich und kommunizieren aus dem eigenen ICH heraus. Sie stellen eine Beziehung zum DU her. Auf dieser Basis können sie nun in die Sachklärung gehen.

Literatur

Miller, R. (2006): 99 Schritte zum professionellen Lehrer. Seelze (3. Aufl.).

Harald Groenewold

Videointeraktionsbegleitung in der Schule. Ein Bild sagt mehr als tausend Worte, ein Video mehr als tausend Bilder

Ich möchte von einem Verfahren berichten, das mir und meinen Kollegen geholfen hat, die Freude am ‚Lernen des Lehrens' wiederzuentdecken.

Immer wenn mich Kolleginnen und Kollegen sowie meine Schülerinnen und Schüler in der Schule sehen und mein Handeln beobachten, entwickeln sie Vorstellungen darüber, warum ich zu einem bestimmten Zeitpunkt, an einem bestimmten Ort, so handle, wie ich handle. Sie machen sich ein Bild von mir und reagieren nach dieser Vorstellung. Nimmt man die Eisbergmetapher, so sehen sie allerdings nur bis zur Wasseroberfläche. Die Vorstellung von dem Darunterliegenden, also von meinen inneren Handlungsabsichten, ist das Ergebnis ihrer spekulativen Vermutungen.

<small>Reaktionen anderer Personen</small>

Warum ich wann, wo, wie handle, ist mir, im Sinne der Eisbergmetapher, nur zu einem Teil zugänglich. Denn auf das, was unter der Wasseroberfläche liegt, habe ich nur einen beschränkten Zugriff. Wie dieser allein mir zugängliche Teil sich im Äußeren darstellt, ist für mich eingeschränkt zu sehen. Ich habe zwar eine Vorstellung von meinem Handeln, aber ich kann mich in meinem Handeln nicht selbst von außen beobachten. Aus dem, was ich an Reaktionen auf mich bei anderen Personen wahrnehme, mache ich mir ein Bild von mir selbst. Doch kann das Bild, das ich mir von mir mache, nur eine Vermutung werden, denn es beruht auf meiner Interpretation der Reaktionen meiner Mitmenschen auf mein Handeln.

<small>... enthalten Informationen über einen selbst</small>

Wenn es mir jedoch möglich wird, meine Handlungsideen mit den dazugehörenden Bildern, die sich andere von mir machen, zu vergleichen, dann kann ich mir meiner selbst umfassender bewusst werden. Es ermöglicht mir das Verstehen von Reaktionen meiner Umgebung, und es ermöglicht mir Handlungen, die meine Intentionen besser ausdrücken. Ein Abgleich von Idee und „Wirklichkeit" wird möglich.

<small>Vergleich von Bildern ermöglicht besseres Verstehen</small>

Durch eine Supervision kann ich einen derartigen Abgleich vornehmen. In ihr erfahre ich etwas über mich, jedoch immer durch die „Brille" des Supervisors. Seine Wahrnehmungsmuster, Konstruktionen und Wertvorstellungen beeinflussen seine Wahrnehmung. Teilt er mir seine Wahrnehmung mit, was erfahre ich dabei über mich? Eigentlich erfahre ich mehr über ihn. Was weiß er beim Wahrnehmen meines Handelns, welche Konstruktionen für mein Tun verantwortlich waren? Ich weiß, was ich mir dabei gedacht habe, was meine Intention, mein Plan war.

Videoaufzeichnungen erweitern die Selbstwahrnehmung

Eine Erweiterung der Supervision durch Videoaufzeichnungen bietet ganz neue Möglichkeiten der Selbst- und Fremdwahrnehmung. Sowohl ich als Supervisand als auch der Supervisor können immer wieder auf das gleiche Material zurückgreifen ohne die Verzerrung meiner Erinnerung. Videoaufnahmen bieten mir die Möglichkeit, mich in einem Spiegel zu sehen, ohne die Einfärbung durch die persönliche Interpretation des Supervisors. Die Videoaufzeichnung bietet eine weitaus unmittelbarere Konfrontation als eine verbale Rückmeldung. Sie wirkt stärker auf mich ein, ist aber auch eher akzeptabel, weil ich mein Tun selbst sehe. Ich kann mich in einem klareren Spiegel betrachten.

Systematisches Vorgehen durch einen Trajektplan

Die „Videointeraktionsbegleitung" („Video Interactie Begeleiding" VIB) ist eine Methode zur Unterrichtsbetrachtung, die seit den 1990er Jahren in den Niederlanden eine weite Verbreitung fand und nun auch in der Bundesrepublik aufgegriffen wurde. Damit die Video-Interaktionsbegleitung möglichst wirkungsvoll und erfolgreich verlaufen kann, folgt sie bestimmten Prinzipien. Leitschnur hierfür ist der sogenannte „Trajektplan". Dieser Begriff ist aus dem Lateinischen „traiectum" abgeleitet, der „Fähre" bedeutet. Wie bei einer Fähre müssen die Bedingungen des „Abfahrtshafens" geklärt und das Ziel muss festgelegt werden. Im Verlauf der „Fahrt" bedarf es aufgrund sich ständig ändernder Bedingungen einer fortlaufenden Kurskorrektur, um den „Zielhafen" zu erreichen. Die Richtung der Betrachtung ist nach vorne gewandt, ich suche immer wieder nach den bereits vorhandenen Faktoren, die mir das Erreichen meines Zieles ermöglichen. In einer Videointeraktionsbegleitung ist der Ratsuchende der aktive Teil, während der Berater eine unterstützende Funktion übernimmt. Insgesamt geht es darum, dass der Ratsuchende seine Ressourcen erkennt und lernt, sie zu nutzen.

Begleitung in fünf Phasen

Der gesamte Prozess einer Videointeraktionsbegleitung gliedert sich in 5 Phasen:

- Darstellung und Bewertung der Probleme, Festsetzung von Zielen,
- Feststellung der Gegebenheiten, die eine Veränderung fördern oder behindern,
- Festlegung des Interventionsschwerpunktes,
- Intervention, Unterrichtsaufnahme, Gespräch,
- Evaluation.

Im Folgenden möchte ich an einem Beispiel die grundlegenden Schritte und Methoden der Videointeraktionsbegleitung vorstellen und anschließend ihren Einsatz in Schulen beschreiben.

1 Darstellung der Videointeraktionsbegleitung an einem Fallbeispiel

1.1 Auftrag

In einer meiner Beratungsstunden an meiner Schule, an der ich als Beratungslehrer tätig bin, kam ein in der Ausbildung befindlicher, junger Kollege. Er unterrichtete die Fächer Französisch und Sport und wollte mit mir ein Gespräch über seine Ausbildungssituation im Referendariat führen. Für ihn stand eigentlich fest, dass er seine Ausbildung abbrechen wollte. Auf Anraten seiner schulischen Ausbildungslehrerin wollte er aber vorher noch ein Beratungsgespräch führen. Im Verlauf des Gespräches wurde deutlich, dass er sich als Lehrer grundlegend in Frage stellte und dass sich bei ihm ein sehr negatives Bild von seinem Lehrersein festgesetzt hatte. Am Ende unseres Gespräches war er jedoch, wenn auch sehr zögernd, bereit, die Ausbildung nicht sofort abzubrechen und zunächst seine Sicht auf sich selbst zu überprüfen. Als Möglichkeit dazu habe ich ihm die Videointeraktionsbegleitung vorgeschlagen.

Beratung eines verunsicherten Kollegen

1.2 Vorgespräch zur Video-Interaktionsbegleitung

In dem Vorgespräch geht es darum, eine tragfähige Beziehung aufzubauen, damit der Ratsuchende Vertrauen und das Gefühl von Sicherheit entwickeln kann. Dies ist ganz besonders bei Videoaufnahmen wichtig, weil sie anfangs immer wieder als sehr konfrontierend und verunsichernd erlebt werden. Die Gestaltung des Gesprächs ist abhängig von der jeweiligen Beraterausbildung.

Vertrauen als Grundlage

Um den Ratsuchenden an die Videoaufzeichnung zu gewöhnen, wird bereits das Vorgespräch mit einer festen Kameraposition aufgezeichnet. Wichtig ist diese Aufzeichnung aber auch für mich als Berater, weil ich dadurch die Möglichkeit habe, mein Beraterverhalten zu analysieren. Zugleich wird dem Ratsuchenden auch deutlich gemacht, dass das Arbeiten mit Videoaufzeichnungen ein selbstverständlicher Teil beruflichen Handelns sein kann. Grundsätzliche Befürchtungen des Ratsuchenden in Bezug auf den Umgang mit den Aufnahmen und die Begleitung müssen ebenfalls angesprochen werden. Im Gespräch wird verdeutlicht, dass das Videomaterial ihm gehört, Kopien werden nur mit seiner Einwilligung erstellt, die Verwendung außerhalb der Beratung darf ebenfalls nur aufgrund einer Einwilligungserklärung erfolgen. Das Material dient nur zur Beratung und nicht zur Überprüfung und Beurteilung seines Unterrichts. Die Beratung ist freiwillig und kann jederzeit beendet werden.

Vorbereitende Tätigkeiten

Als Arbeitsauftrag für die erste Videoaufzeichnung in der vorgestellten Begleitung haben wir dann Folgendes festgehalten: Es soll durch die Videoaufnahmen geklärt werden, ob der Kontakt und die Kommunikation des Referendars mit den Schülern sich so (negativ) darstellen, wie sie von dem Ausbilder im Studienseminar geschildert worden war, oder ob die Eigenwahrnehmung und die Rückmeldungen durch die Schüler die Situation angemessener wiederspiegeln. Weitere Punkte für eine genaue Betrachtung sollten der Stundenaufbau, die Gestaltung der Arbeitsaufträge und der Methodeneinsatz sein. Abschließend wurden drei Aufzeichnungstermine festgelegt.

1.2.1 Erste Aufzeichnung

Schüler akzeptieren Videoaufnahmen

Der Unterricht wurde in einer 7. Klasse aufgezeichnet. Die Schülerinnen und Schüler waren vorher über den Besuch informiert worden. Der Kollege hatte ihnen erklärt, dass er die Aufnahmen für sich machen lasse, um seinen Unterricht überdenken zu können und dass es nicht darum gehe, das Verhalten der Schüler zu beurteilen. Trotzdem war die Situation für die Schüler neu und ungewohnt. Ihre Aufregung legte sich aber relativ schnell und im weiteren Ablauf der Stunde spielte auch ich als Aufzeichnender für sie keine große Rolle mehr.

... und spielen nicht Theater

Als skeptischer Einwand gegen Videoaufzeichnungen ist immer wieder zu hören, dass von allen am Unterricht Beteiligten „Theater gespielt" würde. Die tatsächliche Erfahrung zeigt aber, dass, selbst wenn es am Anfang der Fall sein sollte, sich ein solches „Theaterspiel" nicht durchgehend aufrechterhalten lässt, so dass die den Unterricht tragenden Strukturen immer deutlich werden. Um diese Strukturen zu erkennen, ist es auch nicht nötig, eine ganze Stunde aufzuzeichnen. Manchmal genügen schon 10 Minuten, um für die Besprechung verwertbares Material zu bekommen.

1.2.2 Erstes Auswertungsgespräch

Gezielte Szenenauswahl

Das erste Auswertungsgespräch wurde eine Woche nach der Aufnahme durchgeführt. Auch die Auswertungsgespräche werden aufgezeichnet und vom Begleiter ausgewertet. Als Vorbereitung hatte ich mir unter dem Aspekt der vereinbarten Leitfrage „Wie stelle ich Kontakt mit meinen Schülern her und wie kommuniziere ich mit ihnen?" das Videomaterial angesehen und aussagekräftige Passagen herausgesucht. Allein diese Passagen und nicht die gesamte Aufzeichnung waren Gegenstand der Besprechung.

Für die Analyse wurden folgende Kategorien zugrunde gelegt:

Beobachtungsfelder	stark	schwach
Interaktion	W. hat einen sehr guten Kontakt mit den Schülern. Er wendet sich immer wieder Einzelnen zu, ist bereit auf Fragen einzugehen. Beim Kontakt geht er mit den Schülern wiederholt auf Augenhöhe. Die Schüler ahmen diesen Kontakt untereinander nach. W. bemüht sich immer wieder um die Kommunikation der Schüler untereinander, verweist auf Beiträge, gewichtet einzelne Schüleräußerungen. Er spricht laut und deutlich und agiert sehr ruhig.	Manchmal zu frühzeitige Reaktion auf Schülerbeiträge durch Bewertung. Den Schülern wird in ihren Äußerungen manchmal so viel Raum gelassen, dass sie vom Thema abschweifen.
Klassenmanagement	Es herrscht eine klare Sitzordnung, die auch ein Zugehen auf einzelne Schüler ermöglicht. Medien stehen für den Unterricht zur Verfügung. Der Raum ist so gestaltet, dass verschiedene Arbeitsformen problemlos möglich sind.	
Didaktik/Methodik	W. baut seine Stunde klar auf, ist aber auch in der Lage, flexibel zu reagieren. Er hat seine Stunden gut vorbereitet. Es findet immer wieder ein Methodenwechsel statt.	

Tab. 1: Kategorien der Analyse

Beim ersten Auswertungsgespräch war die Spannung meines Kollegen auf das, was er von sich sehen würde, deutlich zu spüren. Auf die Frage, was ihm von der Stunde in Erinnerung geblieben sei, kamen sofort (ganz typisch!) nur solche Punkte, die aus seiner Sicht nicht in Ordnung gewesen waren. Für die Videointeraktionsbegleitung ist jedoch der zentrale Punkt die *Ausrichtung auf das Positive. Der Ratsuchende wird gestärkt.* Die Grundannahme ist, dass das, was ich für eine Veränderung brauche, was mir ermöglicht, neues Verhalten zu erproben, vorhanden ist. Es muss nur gezeigt, gesehen und gefördert werden.

Keine Fehlersuche, sondern Analyse des Gelungenen

Der Ratsuchende muss gefördert und gestärkt werden. Zeige ich dem Ratsuchenden Aktionen, die gelungen sind, verändert sich damit das Beratungsklima. Es wird deutlich, dass es nicht um Benotung und Bewertung geht. Ich als Berater weise den Ratsuchenden darauf hin, dass ich ihn nur begleiten kann, das Videomaterial als Medium der Beratung hingegen ermöglicht ihm, andere Sichtweisen zu entwickeln. Aber der einzige Experte für sich ist der Ratsuchende selbst. Denn für seinen Veränderungsprozess sind weder die Wertmaßstäbe noch die Sichtweisen des Beraters entscheidend, sondern allein seine eigenen Kriterien. Nur der Ratsuchende weiß etwas von dem unter der Wasseroberfläche liegenden Teil des Eisbergs. Nur er allein kennt die Verbindungen zu dem, was er sieht. Führe ich diese Form des unterstützenden Beratens konsequent durch, kann dies auch modellhaft sein für das Agieren des Ratsuchenden in Unterrichtssituationen.

Videotechnik erlaubt sorgfältige Analysen

Das Videomaterial bietet die Möglichkeit der Wiederholung, des Einsatzes von Standbildern, der Benutzung kurzer Bildsequenzen, so dass eine genaue Aufschlüsselung des aufgezeichneten Handlungsablaufs möglich ist. Für die Besprechung in dieser Begleitung habe ich gelungene Kommunikationssequenzen herausgesucht und im Verfahren der Mikroanalyse besprochen. Bei der Mikroanalyse wurde in diesem Fall eine Sequenz herausgesucht, die die Kontaktaufnahme nach der Meldung eines Schülers zeigt. Auf einzelnen Standbildern haben wir das Verhalten der Beteiligten in Bezug auf Mimik und Gestik betrachtet und den Ausdruck und die Wirksamkeit besprochen. Dabei verglich der Kollege das Gesehene mit seiner Vorstellung von seinem Verhalten und seinem Wunschverhalten und den damit verbundenen Intentionen. In einem zweiten Durchgang haben wir dann in der ausgewählten Sequenz die sprachliche Gestaltung analysiert.

Unterstützende Fragen bei der Videobetrachtung für den Kollegen waren z.B.:

Fragen helfen weiter

- Wie stellst du den Kontakt her?
- Was tust du, damit der Schüler sehen, hören kann, dass du ihn wahrnimmst?
- Was tust du, um den Kontakt zu erhalten?
- Wie verteilen sich deine Kontakte?
- Wie wünschst du dir dein Verhalten?
- Was möchtest du mit deinem Verhalten ausdrücken?

Das Ergebnis der ersten Auswertung war, dass sich der Kollege gestärkt fühlte. Er sah seine gelungenen Kommunikationssequenzen, und er konnte erkennen, dass von einigen Schülern sein zugewandtes Kommunikationsverhalten teilweise übernommen wurde. Sein Grundanliegen, eine tragfähige Beziehung, die von gegenseitiger Akzeptanz geprägt ist, zu seinen Schülern aufzubauen, sah er bestätigt. Schwerpunkt für die nächste Aufnahme sollte dann die Beobachtung der Kommunikation in Gruppenarbeitsphasen sein.

1.2.3 Der weitere Verlauf der VIB

Nach der zweiten Besprechung verabredeten wir, die Zahl der Aufzeichnungen auf 5 Stunden zu erhöhen, weil sich der Kollege einzelne Unterrichtsschritte genauer anschauen und mehr ausprobieren wollte. Den geplanten Ablauf haben wir etwas geändert.

Die 4. und 5. Unterrichtsstunde habe ich nämlich in Ausschnitten unter jeweils neu verabredeten Gesichtspunkten aufgenommen, wobei wir die Ausgangfrage nach der Kommunikationsstruktur immer im Blick behielten. Für die Auswertung bekam der Kollege das Material dann aber mit nach Hause, und er wählte selbst die Sequenzen aus, die er besprechen wollte. Für die Besprechung bedeutete dies dann, dass er nun auch selbst die Steuerung des Begleitungsprozesses gestaltete, wodurch sein Selbstvertrauen weiter gestärkt wurde.

Besprechung ausgewählter Szenen

1.2.4 Ein Fazit

Am Ende der Videointeraktionsbegleitung wurde von dem Kollegen folgendes Resümee gezogen: Die Beratungsgespräche habe er als sehr aufbauend empfunden. Er könne die angesprochenen positiven Punkte im Unterricht jetzt besser erkennen und mehr schätzen. Es sei ihm jetzt möglich zu sehen, dass seine Kommunikation mit den Schülern in Ordnung sei und dass seine Beziehung zu den Schülern gut sei. Dadurch halte er die Grundlage seiner Arbeit für gesichert. Er stelle sich jetzt nicht mehr grundsätzlich in Frage. Die Verbesserung einiger handwerklicher Mängel in der Stundenplanung und Durchführung könne er jetzt angehen. Durch eine Kritik an diesen Punkten sehe er sich nicht zusätzlich verunsichert. Durch sein gestärktes Selbstvertrauen sei er jetzt auch eher in der Lage, fachliche Kritik anzunehmen. Seine schulische Arbeitssituation habe sich entscheidend verbessert, und er gehe nun mit einem guten Gefühl in die Schule. Durch die Videointeraktionsbegleitung habe er wieder mehr Selbstbewusstsein gewonnen und er fühle sich darin bestärkt, seinen Wahrnehmungen zu trauen. Doch nicht nur für den schulischen Bereich sei eine Änderung eingetreten. Zu Hause sitze er nicht mehr bis in die Nacht über Stundenentwürfen, es gebe jetzt auch wieder ein Leben nach der Schule. Er sehe seine Lebenssituation jetzt wesentlich entspannter. Die Ausbildung würde er nicht abbrechen.

Videoaufnahmen ermöglichen bessere Unterrichtsanalyse

Für mich als Begleiter war es anfangs ein etwas belastender Gedanke, dass der Kollege von einer Videointeraktionsbegleitung die weitere Ausbildung abhängig machte. Seine Verunsicherung in Bezug auf seine Kompetenzen und seine Betroffenheit über die ungünstigen Rückmeldungen bezüglich seiner Kommunikationsstrukturen konnte ich nach der ersten Stunde gut nachvollziehen, denn der Kollege ging nach meiner Einschätzung sehr freundlich und fördernd mit seinen Schülern um. Die negativen Rückmeldungen durch seinen Ausbilder im Studienseminar standen im Widerspruch zu dem beobachteten Verhalten. Ohne das Videomaterial wäre es ihm kaum möglich gewesen, eine neue Sichtweise zu gewinnen und der eigenen Wahrnehmung zu trauen sowie sein Selbstbewusstsein zu stärken. Worte hätten hier vermutlich wenig geholfen, aber die „Macht der Bilder" bewirkte ein Überdenken und die Entwicklung einer neuen Sichtweise.

2 Zum Einsatz der Videointeraktionsbegleitung in der Schule

Eine Reihe von Faktoren erschwert zurzeit noch die umfassende Verbreitung der Videointeraktionsbegleitung an den Schulen in der Bundesrepublik. Zwar dürfte in den meisten Schulen eine Videokamera vorhanden sein. Hingegen gibt es bislang zu wenige ausgebildete Lehrer, die sie im Sinne der Videointeraktionsbegleitung angemessen einsetzen können. Um dies zu verändern, sollte die erfolgreiche Arbeit mit der Videointeraktionsbegleitung in den Niederlanden ein guter Anreiz sein.

Große Chancen für die Lehrerbildung

Eine ausgesprochen günstige Rolle könnte die Videointeraktionsbegleitung insbesondere in der Lehrerausbildung spielen. In ihrer Ausbildung müssen sich nämlich die jungen Kollegen hauptsächlich an den Vorstellungen und Bildern ausrichten, die sich ihre Fachleiter und Mentoren von ihren Lehrerfähigkeiten gemacht haben. Bei der Entwicklung ihres Lehrer-Selbstbildes sind sie somit ganz erheblich auf Fremdinterpretationen dritter Personen angewiesen. Das kann – wie viele Referendare berichten – für ihr Selbstvertrauen und Selbstbewusstsein ungünstige Folgen haben. Wenn die jungen Kollegen nun durch eine Videointeraktionsbegleitung die Möglichkeit erhalten, sich in ihrem ‚Lehrerwerden' noch in einem anderen Spiegel als dem der Ausbilder betrachten zu können, erweitert dies ihre Reflexions- und Handlungsmöglichkeiten ganz erheblich. Denn Rückmeldungen anderer Personen zu dem eigenen Verhalten, insbesondere wenn sie kritisch formuliert werden, bergen immer das Risiko, mit dem ‚Beziehungsohr' gehört zu werden, so dass die sachlich-fachliche Auseinandersetzung darunter leiden kann. Da bei der Rückmeldung über die Videoaufzeichnung der Beziehungsaspekt jedoch keine Rolle spielt, kann durch diesen Aspekt selbst bei heftigen Konfrontationen die sachliche Analyse des eigenen Verhaltens nicht beeinträchtigt werden.

Günstige Besprechungsgrundlage

Die Videointeraktionsbegleitung bietet ferner sehr gute Gelegenheiten, sich das Verhalten einzelner Schüler, von Schülergruppen oder einer gesamten Schulklasse unter einer Perspektive und mit einer Sorgfalt zu betrachten, die in der Hektik des normalen Schulalltags kaum möglich sind. Auf diese Weise können Schülerreaktionen nachvollziehbar und viel besser verstehbar werden. Selbst Besprechungen in Arbeitsgruppen oder die Durchführung von Konferenzen können mit Hilfe einer Videointeraktionsbegleitung zum Positiven verändert werden.

Ich kann mir den Einsatz der Videointeraktionsbegleitung in einer kollegialen Unterstützungsgruppe sehr gut vorstellen. Das hängt wesentlich mit ihren beiden Leitprinzipien zusammen: Zum einen versteht sich in der Videointeraktionsbegleitung der Berater nicht als ein Besserwisser, sondern als ein verständnisvoller Begleiter. Zum anderen gilt in der Videointeraktionsbegleitung die allgemeine

Orientierung dem Positiven, dem Konstruktiven, dem bereits Gelungenem. Während die in vielen Schulen überwiegende Haltung und Kultur auf die Suche nach Fehlern und Verfehlungen ausgerichtet ist und damit zugleich das Misstrauen und die verteidigende Abwehr gefördert wird, stärkt die Blickrichtung der Videointeraktionsbegleitung das ‚Selbstbewusstsein' für das eigene Können. Indem sie die Aufmerksamkeit auf das Mögliche richtet, fördert sie Offenheit, stärkt Vertrauen und Zuversicht. Davon profitieren Lehrer beim Unterrichten und Schüler beim Lernen.

Statt Misstrauen Zuversicht gewonnen

Jörg Schlee

Neuer Elan durch die Rekonstruktion Subjektiver Theorien – Erfahrungen und Anregungen

1 Zur Vorgeschichte

Manchmal kann sich ein Zufall als Glücksfall erweisen. So erging es mir in einer Supervision, die deshalb erfolgreich verlief, weil sie mir zunächst aus dem Ruder zu laufen drohte. Die Teilnehmer einer Lehrergruppe gerieten bei ihren Überlegungen zum Umgang mit einem so genannten schwierigen Schüler in heftige Grundsatzdiskussionen. Ich wurde unsicher, ob ich als Supervisor in ihre Auseinandersetzungen eingreifen sollte. Einerseits wollte ich die recht vehement vorgetragenen Argumentationen nicht bremsen. Andererseits befürchtete ich, dass es aufgrund des deutlich zu erkennenden Engagements unter den Teilnehmern zu ungewollten Kränkungen und Verletzungen kommen könnte. Da kam mir die Idee, die Lehrer ihre pädagogischen Vorstellungen durch eine visualisierte Struktur darstellen zu lassen. Ich erläuterte ihnen kurz das Verfahren und seine Intentionen, versuchte es durch einige Skizzen zu veranschaulichen und bat dann die Gruppenmitglieder, für die kommenden Treffen Packpapier, Klebezettel und Stifte mitzubringen. Da fast alle Anwesenden gute Erfahrungen mit dem so genannten Mindmapping gemacht hatten, stimmten alle Gruppenmitglieder dem Vorschlag zu, für die weiteren Klärungen ein Strukturlegeverfahren zu erproben.

2 Was ist unter einem Strukturlegeverfahren zu verstehen?

Persönliche Vorstellungen visualisieren

Strukturlegeverfahren verstehen sich als eine Methode zur graphischen Darstellung und Veranschaulichung von persönlichen Gedanken und Zusammenhangsvorstellungen. Als eine Art Vorstufe dazu kann das so genannte Mind Map angesehen werden, mit dessen Hilfe man auf einfache Weise seine Gedanken zu einem bestimmten Thema graphisch sortieren und ordnen kann. Ein Mind Map ermöglicht es, unterschiedliche Elemente recht übersichtlich zu clustern. Während bei ihm der hauptsächliche Ordnungsgesichtspunkt die inhaltliche Zugehörigkeit bzw. eine Art von Über- und Unterordnung ist, spielen bei den Strukturlegeverfahren zwischen den zu ordnenden Elementen noch weitere und unterschiedliche Relationen eine Rolle. „Strukturabbildungen bestehen zum einen aus inhaltlichen Konzepten und zum anderen aus formalen Relationen, mit denen die Konzepte verknüpft werden" (Dann 1992, 3). Dadurch wird es möglich, mit ihrer Hilfe zu bestimmten Themen bzw. Fragestellungen umfangreichere Vorstellungen und Begründungszusammenhänge zu visualisieren.

Begründungszusammenhänge

Scheele & Groeben (1984) haben mit der von ihnen entwickelten Heidelberger Struktur-Lege-Technik eine Methode zur Erfassung von Subjektiven Theorien mittlerer Reichweite vorgestellt, in der nahezu alle in einer Theorie denkbaren logischen Relationen zur Kennzeichnung der Beziehungen zwischen Elementen herangezogen werden können. Das in diesem Verfahren einzusetzende Regelwerk ist entsprechend umfangreich und anspruchsvoll. Personen, die mit seiner Hilfe ihre subjektiv-theoretischen Vorstellungen visualisieren möchten, müssen sich zuvor sorgfältig in seine Handhabung einarbeiten. Vergleichbares gilt für die von Krause & Dann (1986) entwickelte Interview- und Legetechnik zur Rekonstruktion kognitiver Handlungsstrukturen (ILKHA). Mit Hilfe dieses Verfahrens können Personen ihre Subjektiven Theorien zu ihrem eigenen Handeln rekonstruieren und graphisch darstellen.

... anhand eines Regelwerkes zu verdeutlichen

Beide Strukturlegeverfahren wurden im Zusammenhang mit unterschiedlichen Forschungsvorhaben entwickelt. Unabhängig von deren Fragestellungen und Ergebnissen zeigte sich bei ihrem Einsatz immer wieder, dass von den beteiligten Personen deren Subjektiven Theorien nicht einfach „erfasst" werden. Vielmehr ist es so, dass durch den Rekonstruktionsprozess die Subjektiven Theoretiker auch zur Präzisierung ihrer gedanklichen Vorstellungen angeregt werden. Die befragten Personen gaben an, nicht nur an ihre Untersucher „Daten geliefert" zu haben, sondern durch diese Methode auch einen eigenen Erkenntnis- und Klärungszugewinn erfahren zu haben. Mit anderen Worten: Strukturlegeverfahren lassen sich offensichtlich nicht nur als diagnostische Methode einsetzen, sondern sie können im weitesten Sinne auch als eine Intervention zur Anregung von Klärungen und Erkenntnissen begriffen werden. Die übersichtliche Darstellung der eigenen Denkweise ermöglicht den untersuchten Personen, eine reflexive Distanzierung zu sich selbst. Sie werden durch die visualisierten Strukturen gewissermaßen in die Lage versetzt, sich selber über die Schulter bzw. in den Kopf zu gucken. Die graphische Darstellung erleichtert es ihnen ganz erheblich, zu ihren eigenen Standpunkten und Sichtweisen eine Metaperspektive einzunehmen. Die ‚Draufsicht' auf die Struktur ermöglicht ihnen daher in aller Regel eine ‚Einsicht'.

... bringt Klärungsgewinn

Strukturlegeverfahren dürfen nicht mit psychodiagnostischen Verfahren verwechselt werden, die in der Regel immer unter gleichen Bedingungen anzuwenden sind. Vielmehr sind Strukturlegeverfahren den jeweiligen Themen, Fragestellungen, Untersuchungsbedingungen, insbesondere jedoch den Fähigkeiten und Möglichkeiten der Auskunft gebenden Personen anzupassen. Dabei geht es hauptsächlich darum, für die befragten Personen und für die jeweilige Situation einen angemessenen Schwierigkeitsgrad zu wählen. Der Komplexitätsgrad der in der Literatur beschriebenen Verfahren (Scheele & Groeben 1984; Krause & Dann, 1986; Scheele, Groeben & Christmann, 1992) ist m.E. im Zusammenhang mit Forschungsfragen angemessen und unbedingt einzuhalten, für das von mir verfolgte Anliegen habe ich für die beteiligten Personen jedoch einen wesentlich einfacheren Schwierigkeitsgrad gewählt. Mir ging es darum, den beteiligten Lehrern den Einstieg in eine reflexive Klärung ihrer Subjektiven Theorien zu erleichtern. Die Möglichkeit zu einer späteren Steigerung von Anspruch und Komplexität des Verfahrens ist damit nicht ausgeschlossen.

Zum methodischen Vorgehen

In den nächsten Treffen der Supervisionsgruppe sind wir folgendermaßen vorgegangen: Zunächst setzten sich die Teilnehmer in kleinen Gruppen zu je drei Personen zusammen. Jedes Gruppenmitglied stellte der Reihe nach den beiden anderen Personen seine Vorstellungen dar, wie es im beruflichen Alltag eine bestimmte pädagogische Zielsetzung zu erreichen gedenke. Die beiden Zuhörer schrieben hierbei die wichtigsten Begriffe und Gedanken mit, indem sie jeweils immer nur einen Gesichtspunkt auf einen so genannten Klebezettel („Haftis") notierten. Anschließend wurden diese Klebezettel miteinander verglichen. Zettel mit doppelten Notierungen wurden aussortiert. Ergänzungen oder Präzisierungen („Ich hatte das anders gemeint.") durch den Darstellenden konnten noch vorgenommen werden.

Nachdem auf diese Weise für alle Gruppenmitglieder die wichtigsten Begriffe bzw. Konzepte ermittelt worden waren, begann jede Person für sich die Klebezettel auf einem großen Bogen Packpapier zu sortieren. Hierbei wurde empfohlen, den Zettel mit der Zielsetzung auf den rechten Rand des Bogens zu platzieren, so dass die konkreten Maßnahmen und Prinzipien zu ihrer Erreichung links davon aufgeklebt werden mussten. Hierdurch ergab sich in der entstehenden Struktur eine Folgerichtung, die derjenigen beim Abfassen von Texten gleicht, nämlich von links nach rechts.

Beispiel:

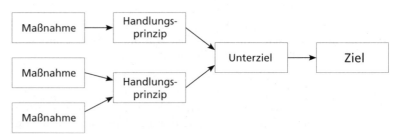

Das Sortieren und Platzieren der Klebezettel, auf denen die Konzepte notiert sind, soll auf dem Packpapierbogen so erfolgen, dass sich darin die vom Darsteller angenommenen Wenn-Dann-Beziehungen zwischen den Konzepten erkennen lassen. Dazu deutet er die von ihm gedachten Relationen mit vorläufigen Bleistiftstrichen zwischen den Klebezetteln an.

Wenn-Dann-Beziehungen

Der nächste Schritt hat sich als günstig erwiesen, ist aber nicht unbedingt erforderlich. Er besteht darin, dass der Darstellende bzw. der Rekonstruierende seine vorläufig erstellte Struktur den anderen Gruppenmitgliedern erläutert. Indem er ihnen noch einmal seine Überlegungen vorstellt und dabei auf eventuelle Rückfragen eingeht, können ihm weitere Ideen zur Präzisierung und Erweiterung seiner Struktur kommen. Dies kann sich auf die Konzepte wie auf die Relationen beziehen. Wenn er abschließend zu dem Resultat kommt, dass die von ihm geschaffene Visualisierung seine gedanklichen Vorstellungen (Subjektiven Theorien) angemessen repräsentiert, werden die Relationen zwischen den Konzepten mit einem Farbstift nachgezogen und ihre Qualität wird näher bezeichnet. Hierfür sind prinzipiell sehr viele Möglichkeiten denkbar, ich habe den Teilnehmern jedoch vorgeschlagen, sich vorerst auf folgende Kennzeichnungen zu beschränken: A ermöglicht; unterstützt/fördert; bewirkt/stellt her; erschwert/behindert; verunmöglicht/verhindert B. Für die graphische Darstellung innerhalb einer Struktur ergeben sich damit folgende Möglichkeiten:

... im gegenseitigen Austausch überprüfen

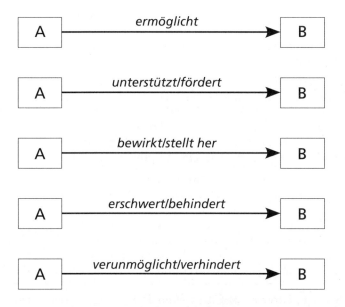

Bezeichnungen der Relationen

Auf diese Weise haben die Teilnehmer der Supervisionsgruppe ihre Subjektiven Theorien zu unterschiedlichen Themen und Zielvorstellungen durch die Erstellung von graphischen Strukturen rekonstru-

Subjektive Theorien können unterschiedliche Reichweiten beanspruchen

iert. Subjektive Theorien können sich auf unterschiedliche Reichweiten beziehen. Das heißt sie können Realitätsausschnitte von unterschiedlichem Umfang und unterschiedlicher Komplexität erfassen. Wenn beispielsweise eine Lehrkraft ihre allgemeine Unterrichtstheorie visualisieren möchte, wird sie bald bemerken, dass durch sehr viele Gesichtspunkte, die dabei zu bedenken sind, eine Unübersichtlichkeit entstehen kann. Sie sollte deshalb bei einem so umfangreichen Thema nicht auf alle Einzelheiten eingehen. Oder sie kann Teilthemen ausgliedern und dazu gesonderte Visualisierungen vornehmen.

Beispiele für Subjektive Theorien großer Reichweite:

- Meine Vorstellungen zu einem guten Unterricht,
- Meine Vorstellungen zu einer erfolgreichen Schulentwicklung.

Beispiele für Subjektive Theorien kürzerer Reichweite:

- Was muss ich tun, damit sich meine Schüler von mir ernst genommen fühlen?
- Wie kann ich das Unterrichtsgeschehen für die Schüler transparent machen?
- Wie kann ich die Schüler in die Verantwortung für das Unterrichtsgeschehen einbeziehen?
- Wie kann ich in der Klasse ein freundlich-wohlwollendes Feedback-System einrichten?
- Wie kann ich das gegenseitige Vertrauen unter den Schülern fördern?
- Wie muss ich vorgehen, damit mich die Schüler als glaubwürdig erleben?
- Wie kann ich unter den Schülern die Bereitschaft zur Zusammenarbeit fördern?

Mit anderen Worten: Die Rekonstruktion der eigenen Subjektiven Theorien mit Hilfe eines Strukturlegeverfahrens sollte kein einmaliges Ereignis bleiben. Zum einen empfiehlt es sich, seine theoretischen Vorstellungen zu möglichst vielen Fragen und Themen bewusst zu machen. Zum anderen kann man an bereits erstellten Strukturbildern ständig weiterarbeiten. Hierfür gibt es viele Möglichkeiten:

Verschiedene Möglichkeiten zur Weiterarbeit

a) Zunächst liegt es nahe, seine Strukturbilder anderen Personen zu erläutern und sich dabei durch Rückfragen zu Präzisierungen anregen zu lassen.
b) Dann kann man seine eigenen Konzepte und Relationen mit den Visualisierungen anderer Personen vergleichen, die ihre Subjektiven Theorien zur selben Thematik rekonstruiert haben.
c) Es ist auch denkbar, an ihrer Präzisierung zu arbeiten, indem die Konzepte differenziert werden und zusätzliche Relationen (vgl. Scheele, Groeben & Christmann 1992) eingeführt werden.
d) Man kann auch versuchen, den Grad seiner Gewissheit im Strukturbild dadurch auszudrücken, dass man bei den Relationen zwischen Vermutungen (Hypothesen) und Überzeugungen unterscheidet und sie entsprechend signiert.

e) Die Strukturbilder können auch immer wieder zur Beschreibung, Reflexion und Evaluation einer pädagogischen Situation herangezogen werden.
f) Weiterhin sind Vergleiche mit wissenschaftlichen Theorien möglich.
g) Lehrer können anhand der Strukturbilder auch darüber nachdenken, wie sie eigentlich zu ihren handlungsleitenden Vorstellungen gekommen sind. Sind es Eindrücke aus der Schülerzeit, Erfahrungen aus dem Studium oder Referendariat, sind es besondere Personen oder Erlebnisse, die für die Herausbildung der eigenen Theorien eine Rolle spielen?
h) Last but not least können künftige Lehrkräfte mit ihrer Hilfe den eigenen Lern- und Ausbildungsfortschritt dokumentieren.

Beispiele

Die nachfolgend dargestellten Beispiele sollen der *Veranschaulichung des methodischen Vorgehens* dienen und sind an dieser Stelle nicht für eine inhaltliche Diskussion pädagogischer Fragestellungen gedacht. Aus Raumgründen – eine Buchseite hat nicht die Fläche eines Packpapierbogens – werden nur Ausschnitte gezeigt.

Beispiele zum Vorgehen

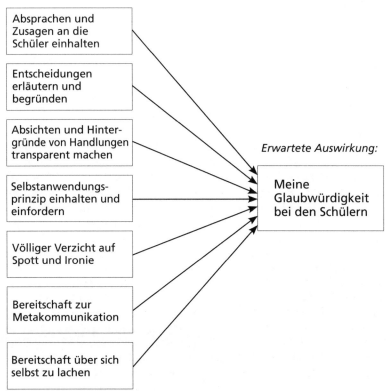

Weiterführende Fragen stellen

In diesem Beispiel ist die Qualität der Relationen noch nicht bezeichnet worden. Ferner wäre es interessant, nach der Operationalisierung der Handlungsprinzipien zu fragen. Wie stellt sich also der Re-Konstrukteur dieser Struktur seine konkreten Handlungen und Vorgehensweisen vor, damit er die jeweiligen Prinzipien bzw. Gelingensbedingungen für seine Glaubwürdigkeit bei den Schülern erreichen kann? Weiterhin lässt sich fragen, in welchen größeren pädagogischen Zusammenhängen er das von ihm angestrebte Ziel „Glaubwürdigkeit" als bedeutungsvoll ansieht.

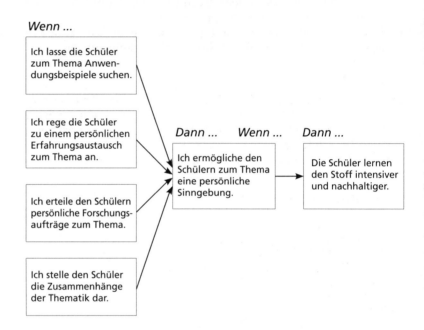

Kein Forschungsanspruch, sondern Anregung zur Klärung und Bewusstheit

Vergleichbare Fragen lassen sich auch bei den anderen Beispielen stellen. Das heißt auch diese Strukturen zeigen eher einen Torso als eine komplette, in sich abgeschlossene Subjektive Theorie. Dies darf aber bei dem verfolgten Anliegen nicht als ein Mangel begriffen werden. Denn in diesem Fall sollen mit den rekonstruierten Subjektiven Theorien keine Forschungsfragen beantwortet werden, sondern es geht darum, Lehrern sowohl eine größere Klarheit als auch eine größere Gewissheit über ihre handlungsleitenden Vorstellungen zu ermöglichen. Denn Lehrer brauchen in ihrem Berufsalltag für ihre Entscheidungen und Handlungen eine klare Orientierung. Das professionelle Handeln von Lehrkräften darf nicht zufällig ausfallen oder „aus dem Bauch heraus" gestaltet werden. Es muss theoriegeleitet sein. Nur so lässt es sich rechtfertigen und begründen. Nur so lässt es sich überprüfen, korrigieren und verbessern. Die Entwicklung einer eigenen leistungsstarken Theorie kann keiner Lehrkraft abgenommen werden. Dies ist eine persönliche Aufgabe, die jede Lehrkraft selbst übernehmen und verantworten muss. Je sorgfältiger sich eine Lehrkraft mit der Entwicklung, Überprüfung und Validierung ihrer Subjektiven Theorien anhand von visualisierten Darstellungen auseinandersetzt, desto (selbst-)sicherer kann sie in ihrem Denken und Handeln werden.

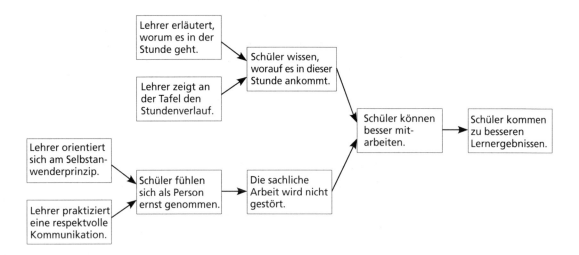

3 Erfahrungen aus der Arbeit mit Strukturlegeverfahren

Anders als bei Forschungsvorhaben soll die Rekonstruktion von Subjektiven Theorien mit Hilfe von Strukturlegeverfahren der eigenen Klärung und Selbstvergewissserung dienen. Mit Bezug auf die visualisierten Strukturen konnte die ursprünglich heftige Diskussion unter den Mitgliedern der Supervisionsgruppe in fruchtbare Auseinandersetzungen und Klärungen münden. Darüber hinaus bestätigten die Teilnehmer, mit der Klarheit um die eigenen Konzepte und Zusammenhangskonstruktionen

- wird ihnen die argumentative Auseinandersetzung mit Kollegen und Ausbildern erleichtert;
- wird ihnen die Auseinandersetzung mit anderen theoretischen Vorstellungen erleichtert;
- erhöht sich ihre Orientierungs- und Handlungssicherheit – auch und gerade in schwierigen Situationen;
- erleichtern sich ihre Planungen und Vorgehen in Alltagssituationen;
- wird es für sie einfacher, Eindrücke und Erlebnisse einzuordnen und „Erfahrungen" zu sammeln;
- wird ihre Unabhängigkeit gegenüber modischen Strömungen und Einflüsterungen gestärkt.

Vorgehen bringt vielfältigere Nutzung

Mit anderen Worten: Die Supervisionsteilnehmer waren mit dieser Arbeit sehr zufrieden. Einige Lehrer konnten die Rekonstruktion von Subjektiven Theorien durch ein Strukturlegeverfahren sogar im Unterricht erfolgreich einsetzen. Auch ihre Schüler hatten davon profitiert. Dadurch angeregt und ermutigt, habe ich diese Methode nicht nur in Supervisionen, sondern häufig auch in Fortbildungen eingesetzt. Jedes Mal wurde der Zugewinn an Klärung und Handlungssicherheit von den betreffenden Personen bestätigt. Dabei hat sich als sinnvoll erwiesen, bei der Visualisierung die Perspektive des Handelnden einzunehmen. Es geht also um die Vorstellungen zu der Frage „Was muss *ich* unternehmen, damit *ich* mein Ziel erreichen kann?" Manchmal kann es sogar hilfreich sein, seine Subjektiven Theorien in einer so genannten ‚Gegenprobe' zu klären. Denn aus dem Nachdenken über das Nicht-Erwünschte können sich Anregungen und Einsichten für das konstruktive Vorgehen ergeben. Beispiele für eine ‚Gegenprobe' könnten sein:

Auch „Gegenproben" können klären

- Wie kann ich das Unterrichtsgeschehen chaotisieren?
- Wie kann ich den Schülern die Lust am Unterrichtsbesuch vergällen?
- Wie muss ich vorgehen, damit mich die Schüler als ihren Feind erleben?
- Wie kann ich die Schüler in eine Konkurrenzsituation bringen und gegeneinander aufhetzen?

Besonders gute Ergebnisse zeigte diese Methode bei jungen Kollegen in der so genannten Berufseinstiegsphase. Nachdem sie es in ihrer Ausbildung gewohnt gewesen waren, sich im eigenen Interesse an ihren Mentoren und Fachleitern zu orientieren, half ihnen die Besinnung auf die eigenen theoretischen Vorstellungen, sich aus der Abhängigkeitssituation zu lösen und ihre Eigenständigkeit zu stärken. Der pädagogische Austausch fand nun nicht mehr unter Prüfungsaspekten, sondern auf der Grundlage einer Selbstklärung in einer kollegialen Beziehung statt. Für den Erwerb und für die Sicherung von Professionalität ist eine derartige Kommunikation unter Lehrern eine notwendige Voraussetzung (vgl. Fürstenau 1969).

Gewinn an Eigenständigkeit

Interessant war auch die Erfahrung, dass nahezu allen Lehrern deutlich wurde, dass Pädagogische Arbeit nicht wertneutral ist. Da sie an Zielen orientiert ist, kann sie das gar nicht sein. Und sie ist nie voraussetzungsfrei, sondern basiert immer auf Annahmen. Daher ist ein entscheidender Schritt in der Klärung der eigenen Handlungsvorstellungen (Subjektiven Theorien), dass sich Lehrer einerseits ihrer übergeordneten Zielvorstellungen bewusst werden. Und andererseits müssen sie ihr Gegenstandsverständnis, d.h. ihre Menschenbildannahmen bestimmen. Wenn Lehrer diese beiden Orientierungspunkte für sich bestimmt hatten, erlebten sie immer einen erheblichen Zugewinn an Handlungs- und Argumentationssicherheit.

Für alle, die vergleichbare Erfahrungen machen möchten, abschließend noch einmal die Schritte beim Vorgehen:

- Die Teilnehmer bilden Kleingruppen zu je zwei, drei oder vier Personen.
- Jedes Gruppenmitglied berichtet den anderen Gruppenmitgliedern seine Vorstellungen zu einem pädagogischen Thema oder einer beruflichen Fragestellung.
- Die zuhörenden Gruppenmitglieder notieren sich beim Zuhören die wichtigsten Begriffe auf Klebezettel. Dabei schreiben sie jeweils nur einen Begriff bzw. einen Gedanken als „Konzept" auf einen Klebezettel.
- Nach Abschluss der mündlichen Darstellung werden die Klebezettel miteinander verglichen und eventuell ergänzt, präzisiert oder aussortiert.
- Danach beginnt der Berichtende die Klebezettel auf einem großen Packpapierbogen so anzuordnen, wie er sich die Zusammenhänge zwischen den notierten Konzepten denkt.
- Wenn die Klebezettel in die passende Position gebracht worden sind, werden sie auf dem Packpapier fixiert. Anschließend werden auf dem Packpapier die Relationen zwischen den Konzepten zunächst mit einem Bleistift eingetragen, damit noch Veränderungen möglich bleiben.
- Nun kann – muss aber nicht – eine erläuternde Darstellung des Strukturbildes erfolgen, die ggf. zu weiteren Veränderungen Anlass geben kann.
- Wenn danach die Konzepte sowie die Relationen den subjektiv-theoretischen Vorstellungen der berichtenden Person entsprechen, werden sie mit einem Filzstift deutlich sichtbar gemacht.
- Anschließend wird die Qualität dieser Relationen bezeichnet. Dafür stehen mehrere Möglichkeiten zur Verfügung.
- Die anschließende Auseinandersetzung mit seinen eigenen Subjektiven Theorien kann in vielfältiger Weise geschehen und muss sich nicht in einem einmaligen Schritt erschöpfen.

Schritte bei der Rekonstruktion

Literatur

Dann, H.-D. (1992): Variation von Lege-Strukturen zur Wissensrepräsentation. In: B. Scheele (Hrsg.): Struktur-Lege-Verfahren als Dialog-Konsens-Methodik. Ein Zwischenfazit zur Forschungsentwicklung bei der rekonstruktiven Erhebung Subjektiver Theorien. Münster, 3–41.

Fürstenau, P. (1969): Neuere Entwicklungen der Bürokratieforschung und das Schulwesen. In: C.-L. Furck (Hrsg.): Zur Theorie der Schule. Weinheim, 47–66.

Krause, F. & Dann, H.-D. (1986): Die Interview- und Legetechnik zur Rekonstruktion kognitiver Handlungsstrukturen ILKHA. Ein unterrichtsnahes Verfahren zur Erfassung potentiell handlungswirksamer subjektiver Theorien von Lehrern. Univ. Konstanz,

Sozialwiss. Fakultät, Projekt ‚Aggression in der Schule', Arbeitsbericht 9.

Scheele, B. & Groeben, N. (1984): Die Heidelberger Struktur-Lege-Technik (SLT). Eine Dialog-Konsens-Methode zur Erhebung Subjektiver Theorien mittlerer Reichweite. Weinheim.

Scheele, B., Groeben, N. & Christmann, U. (1992): Ein alltagssprachliches Struktur-Lege-Spiel als Flexibilisierungsversion der Dialog-Konsens-Methodik. In: B. Scheele (Hrsg.): Struktur-Lege-Verfahren als Dialog-Konsens-Methodik. Ein Zwischenfazit zur Forschungsentwicklung bei der rekonstruktiven Erhebung Subjektiver Theorien. Münster, 152–195.

Gerhard Sennlaub

Anonyme kollegiale Unterstützung innerhalb der Schulorganisation

Vorbemerkung der Herausgeber: Schulen sind bürokratisch organisiert. Viele Erlasse und Verfügungen regeln ihren Ablauf. Dadurch hat in ihnen alles seine Richtigkeit und Ordnung. Jedoch nicht immer. Dann widersprechen sich die bürokratischen und die pädagogischen Prinzipien. Meistens setzen sich bei solchen Widersprüchen die Juristen mit ihren Vorschriften durch. Doch zeigt das nachfolgende Beispiel von Gerhard Sennlaub, dass sich kollegiale Unterstützung auf unkonventionelle Weise auch innerhalb der traditionellen Schulstrukturen organisieren lässt. Das liegt vielleicht nicht immer im Interesse der Schulbehörde, wohl aber im Interesse von Lehrern und Schülern. Lehrer können bei der Organisation solcher Initiativen gewinnen, wenn sie einige Prinzipien beachten. Sie sollten

- klug und pfiffig vorgehen,
- nicht alles an die große Glocke hängen
- und sich frühzeitig um Verbündete bemühen.

Die oft täglichen Probleme mit ‚schwierigen' oder ‚verhaltensauffälligen' Schülern stellen bei vielen Kolleginnen und Kollegen die weitaus größte Belastung des Berufsalltags dar. Lehr- und Stundenplan kann man missachten, Erlasse vergessen, Verfügungen vernachlässigen und Elternkritik überhören – der die Klasse aufmischende Alex und die in sich zurückgezogene Alexandra sind jeden Morgen wieder da. Die vom Dienstherren angebotenen Zwangsmittel der ‚Erziehungs- und Ordnungsmaßnahmen' erweisen sich letztlich als untaugliche Instrumente der Hilflosigkeit.

Bei Problemen mit Schülern ...

In unserem Schulamtsbezirk wurde daher eine von einem Sonderschullehrer initiierte Hilfeeinrichtung für Kolleginnen und Kollegen der Grundschule eingerichtet. Wir nannten sie ‚Schulische Integrationshilfe SIH'. Wer mit den ‚Disziplinproblemen' in seiner Klasse nicht fertig wurde, zu einem dauernd störenden oder strikt verschlossenen Schüler keinen Zugang fand, bei einem durch gravierende Ereignisse in der Familie verstörten Kind hilflos war, konnte im Lehrerzimmer eine Liste mit zwölf SIH-Kolleginnen einsehen. Er konnte eine von diesen unter ihrer Privatnummer anrufen und telefonisch eine Verabredung mit ihr treffen. Es waren zehn Lehrerinnen und zwei Lehrer aus den Schulen unseres Bezirks. Die hatten sich für diese Aufgabe bei uns Schulräten gemeldet und wir hatten sie hierfür ausgewählt.

... kollegiale Hospitation und Hilfe

Wozu sich Ratsuchende und Beraterin verabredeten, blieb ihnen überlassen. Meistens begann es mit einem Gespräch außerhalb der

Schule, fast immer besuchte die Beraterin danach die Hilfe suchende Kollegin in ihrem Unterricht. Manchmal genügten zwei bis drei Stunden Unterrichtsbeobachtung und anschließende Gespräche. Gelegentlich war ein über mehrere Wochen laufendes Beratungsprogramm erforderlich.

Keine Einzelheiten an die Schulräte

Von den jeweiligen Einzelheiten, wer also mit wem wie lange was unternommen hatte, wusste ich jedoch nichts, obwohl ich damals für diese Hilfeeinrichtung der zuständige Schulrat war. Auch meine Schulratskollegen haben niemals namentlich erfahren, welche Kollegen diese Hilfeeinrichtung in Anspruch genommen haben. Auf dieser Verschwiegenheit, die alle Beteiligten eingehalten haben, hatte der Personalrat unbedingt bestanden. Die SIH-Kollegen führten zwar Buch über ihre Einsätze, allerdings ohne Namensnennung der Beratenen. Wir Schulräte kannten außer diesem Buch nur das vom Personalrat reflektierte Echo und wussten, wie die Beratergruppe ihre eigene Arbeit einschätzte, weil sie uns in regelmäßigen Abständen einen Tätigkeitsbericht vorlegte – allerdings ohne Namen von Schulen und Lehrern.

Einen Teil der 27 Wochenstunden Unterrichtsverpflichtung dieser SIH-Lehrerinnen und -lehrer hatten wir in Beratungsstunden umgewandelt, jeweils bis zu zehn, je nach dem, was die Kolleginnen sich zutrauten. *Unter* dieser Stundenzahl durften sie bleiben, sie jedoch nicht überschreiten.

Organisation des Stundenpools

Plantechnisch war das so angelegt: Jeder Schule standen eine gewisse Anzahl Lehrerstellen zu. Das errechnete sich entsprechend der Vorgaben des Ministeriums auf eine Zehntelstelle genau nach der Schülerzahl und mancherlei besonderen Gegebenheiten wie z.B. der Zahl ausländischer Schüler. Diese rechnerische Größe mussten wir im Schulamt irgendwie mit den tatsächlich vorhandenen Kolleginnen und Kollegen abstimmen, Mutterschaftsurlaub berücksichtigen, Abordnungen, langwierige Erkrankungen, Ermäßigungen wg. Alters, Schwerbehinderung, Personalratsarbeit usw.

Jede unserer Schulen kannte die für sie angestellten Berechnungen. Sie alle wussten auch, dass wir die SIH-Stunden zehntelweise zusammensetzen mussten, und wenn wir einer Schule drei Zehntel Lehrerstellen ihres Deputats für diesen Zweck abzogen, dann war das vorher mit ihr abgestimmt worden: Das Problem wurde als ein grundsätzlich *alle* unsere Grundschulen betreffendes behandelt, sodass *alle* an seiner gemeinsamen Bearbeitung mitwirkten. Es wurde gewissermaßen zur solidarischen Bewältigung sozialisiert. So kamen bei unseren 63 Grundschulen vier bis fünf Lehrerstellen für SIH-Arbeit zusammen.

Diese wurden den Schulen mit SIH-Lehrern zugewiesen: hier zwei Zehntel Stellen = 5 Wochenstunden für eine Kollegin, da vielleicht sogar 4 Zehntel für elf Wochenstunden einer anderen – je nachdem, welche Belastung sich die betreffenden Kolleginnen und Kollegen zutrauten.

Wurde Frau Müller einmal *nicht* für Integrationshilfe in Anspruch genommen, leistete sie ihre nicht ausgeschöpften Stunden unterrichtend in ihrer Schule. Selbstverständlich stimmte sie ihre Einsätze mit ihrer Schulleiterin ab. Für die gab es somit von der ersten Erstellung des Stundenplans bis zu kurzfristigen Änderungen erhebliche Arbeit. Eine Berichtspflicht gab es für Schulleiterinnen und Schulleiter so wenig wie für SIH-Lehrer. SIH-Lehrer arbeiteten aber vom Zeitaufwand rein rechnerisch genauso viel wie alle anderen.

Über dies gut funktionierende kollegiale Unterstützungssystem hatten wir unsere Vorgesetzten nie informiert, weil pädagogisch vernünftiges Handeln in einer pädagogischen Einrichtung nicht eigens beantragt werden muss. Und aus Erfahrungen wussten wir: Wer in unserer Schule gestalten will, darf einen Antrag nur im äußersten Notfall stellen. Stattdessen haben wir uns für *den* Fall um Bundesgenossen bemüht, dass wir eines Tages mit unseren Vorgesetzten Ärger bekommen würden. Diese Bündnispartner fanden wir im Sozial- und Jugendamt des Kreises, weil man sich dort auch mit „schwierigen Kindern" zu befassen hatte. Und wir hatten uns vorsorglich des Wohlwollens einiger Mitglieder der beiden großen Kreistagsfraktionen versichert, die selber Lehrer waren und daher das Problem mit den „schwierigen Schülern" kannten.

<small>Jugendamt und Abgeordnete als Bündnispartner</small>

Wie die von uns instruierten Schulleiterinnen und Schulleiter die SIH-Stunden in den jeweiligen Schulstatistiken unterbrachten, weiß ich nicht. Aber wer seine Statistik mit Bedacht erstellt, findet für dergleichen Probleme immer Lösungen.

Nun nahm nicht nur in unserem Schulamtsbezirk, sondern auch an anderen Orten die Zahl der so genannten schwierigen Schüler zu. Daher wünschte der Regierungspräsident, für diese Kinder und Jugendlichen spezielle „Sonderschulen für Erziehungshilfe" einzurichten. Wir Schulräte wollten eine solche Schule aus pädagogischen Gründen vermeiden. „Der Kreis" wollte eine solche Schule ebenfalls vermeiden, jedoch aus Kostengründen, denn er hätte der Schulträger sein müssen. Also wehrten wir uns gemeinsam gegen die Einrichtung einer „Sonderschule für Erziehungshilfe" unter Berufung auf unser gut funktionierendes kollegiales Unterstützungssystem SIH. Der Kreisdirektor beschied daher „den RP" knapp, dass wir wegen unserer Selbsthilfeeinrichtung keinen Bedarf an einer solchen Schule hätten.

<small>Dank Unterstützung keine Sonderschuleinweisung</small>

Durch diese Meldung wurden unsere Vorgesetzten von der nicht genehmigten Einrichtung informiert. Daraufhin haben zwei Dezernenten aus der Bezirksregierung in einer Krisensitzung mit dem Oberkreisdirektor uns Schulräten die Leviten gelesen und uns heftige Vorhaltungen gemacht, weil wir ohne Genehmigung Planstellen manipuliert hätten. Wir konnten zu unserer Verteidigung auf das gut funktionierende Unterstützungssystem und auf unsere Bundesgenossen verweisen. Vor allem jedoch konnten wir belegen, dass es in fast zwei Jahren nur einen einzigen Antrag von unseren Schulen gegeben hatte, ein Kind auf seine „Sonderschulbedürftigkeit Erziehungshilfe" zu überprüfen. Und wir boten unseren Vorgesetzten an, ihnen künftig regelmäßige Berichte über die Arbeit der Selbsthilfeeinrichtung einzureichen. Damit konnten wir sie zufrieden stellen und unser in der offiziellen Schulhierarchie nicht vorgesehenes, kollegiales Unterstützungssystem behalten.

Jörg Schlee und Rüdiger Urbanek

Belastungsreduktion durch das Selbstanwendungsprinzip

Unterrichten ist aus den unterschiedlichsten Gründen schwieriger und aufreibender geworden. Unter anderem haben viele Schüler eine Konsumentenrolle eingenommen, in der sie die Zuständigkeit für das Unterrichtsgeschehen und die Verantwortung für ihre eigenen Lernprozesse an ihre Lehrer abgegeben haben. Unter diesen Bedingungen wird die Unterrichtsarbeit für Lehrer außerordentlich anstrengend und störungsanfällig.

Um Unterrichtsstörungen präventiv zu begegnen ...

In diesem Beitrag berichten wir über eine Fortbildung, in der wir gemeinsam mit den Teilnehmern nach Lösungswegen gesucht haben, Unterrichtsschwierigkeiten und Störungsquellen zu reduzieren. Mit diesem Bericht verfolgen wir zwei Intentionen:

- Wir hoffen, dass die Ergebnisse unserer Überlegungen für andere Lehrer hilfreich sind.
- Wir möchten Lehrer ermuntern, in kollegialen Unterstützungsgruppen in einem vergleichbaren Vorgehen ihre eigenen Lösungsvorstellungen zu erarbeiten und ggf. mit unseren zu vergleichen.

Bei den nachfolgend geschilderten Arbeitsschritten sind wir immer so vorgegangen, dass wir zunächst unsere Anliegen und Fragen in Kleingruppen besprochen haben. Erst danach haben wir uns mit den Themen im Plenum auseinandergesetzt und die Gemeinsamkeiten zusammengefasst, wobei wir uns einige Male diese Arbeit durch eine Kartenabfrage erleichtert haben.

... Lösungsideen in Kleingruppen erarbeiten

1 Klärung der Haltungen

Zunächst haben wir versucht, unsere gemeinsame Grundüberzeugung zu klären. Dabei ist herausgekommen, dass wir die *Haltung,* in der sich Lehrer und Schüler gegenseitig begegnen, für die Qualität des Unterrichtsgeschehens als ausschlaggebend erachten. Wenn Lehrer und Schüler sich gegenseitig ernst nehmen und als Personen respektieren, dann erhöht sich die Wahrscheinlichkeit für eine konstruktive Unterrichtsarbeit – auch wenn sie dadurch leider nicht garantiert werden kann. Wenn Lehrer und Schüler jedoch im umgekehrten Sinne von einander abschätzig denken, dann werden die Störungen und Belastungen im Unterricht mit Sicherheit zunehmen.

Gegenseitiger Respekt als Grundhaltung

2 Festlegen eines Handlungsprinzips

Selbstanwendung als Leitprinzip

Da man Haltungen in einer Aus- oder Fortbildung jedoch nicht lehren kann, sind wir zu dem Ergebnis gekommen, dass die Orientierung an dem *Selbstanwendungsprinzip* eine gute Möglichkeit ist, einer günstigen und respektvollen Haltung möglichst nahe zu kommen. Mit dem Selbstanwendungsprinzip meinen wir, dass Lehrer mit ihren Schülern so kommunizieren und interagieren sollten, wie sie ihrerseits von anderen Menschen behandelt werden möchten. Und um es noch konkreter zu machen: Im Unterricht sollten für die Schüler dieselben Regeln und Maßnahmen gelten, die sich Lehrer wünschen, wenn sie Teilnehmer einer Fort- und Weiterbildung sind. Auch wenn sich Fortbildungsverhältnisse nicht immer im Sinne von 1:1 auf das Unterrichtsgeschehen übertragen lassen, sollte es jedoch zwischen ihnen keine prinzipiellen Diskrepanzen geben. So erfanden wir das Motto „Was für uns Lehrer gut ist, kann für Schüler nicht schlecht sein – und umgekehrt."

Übereinstimmung mit humanistischen Ansätzen

In der Auffassung, dass es zwischen Lehrern und Schülern keine prinzipiellen Unterschiede gäbe, fühlten wir uns durch Autoren der Humanistischen Psychologie (Carl Rogers, Ruth Cohn), der Kommunikationspsychologie (Paul Watzlawick, Friedemann Schulz von Thun) und des Forschungsprogramms Subjektive Theorien (Norbert Groeben u.a.) bestätigt, die in ihren Psychologien keine grundsätzlichen Unterschiede zwischen Erwachsenen und Kindern postulieren.

Unsere Orientierung an einer günstigen Haltung versuchten wir zusätzlich durch ein dafür geeignetes Bild zu verstärken. Implizit wie explizit werden in der pädagogischen Literatur nämlich manchmal Vorstellungen vermittelt, in denen sich Schüler und Lehrer als Kontrahenten gegenüberstehen. Im Gegensatz dazu haben wir versucht, *Lehrer und Schüler gemeinsam auf einer Seite* zu sehen. Ihnen stehen – gewissermaßen als Kontrahenten – die im Unterricht zu bearbeitenden Aufgaben, Fragen und Probleme gegenüber.

3 Viele Schritte der Übertragung

Als wir überlegten, wie das Selbstanwendungsprinzip im Unterricht zu konkretisieren sei, sind uns keine außergewöhnlichen Maßnahmen eingefallen. Vielmehr sind wir auf viele Selbstverständlichkeiten gestoßen. Wir haben jedoch keine Skrupel, sie dennoch aufzuführen und an sie zu erinnern, weil wir wissen, dass wir im Alltagsgeschäft oft sehr nachlässig mit ihnen umgehen.

3.1 Begrüßen und Einfinden

Wenn wir als Erwachsene an einer Fortbildung teilnehmen, dann ist es für uns angenehm, wenn wir von den Veranstaltern freundlich empfangen und begrüßt werden. Weiterhin helfen uns organisatorische und inhaltliche Hinweise, eine bessere Orientierung zu bekommen. Wenn es den Veranstaltern oder Referenten durch geeignete Maßnahmen darüber hinaus noch gelingt, dass wir die Scheu vor den anderen Teilnehmern verlieren, dann haben wir für die Fortbildung einen guten Start gewonnen. Würde dies alles jedoch nicht geschehen, würden wir uns in der Lerngruppe unbehaglich fühlen, und der weitere Verlauf der Fortbildung wäre erheblich belastet.

Sich willkommen fühlen und Klarheit gewinnen

Übertragung: Vor diesem Hintergrund halten wir es für wichtig, in der Schule die Schüler zum Unterrichtsbeginn freundlich zu begrüßen. Diese Begrüßung sollte nicht wie eine Routine ausfallen. Die Schüler müssen sich durch sie persönlich wahrgenommen und angesprochen fühlen. Darüber hinaus halten wir es für günstig, wenn wir als Lehrer nicht sofort und unvermittelt mit dem eigentlichen Unterricht beginnen, sondern nach der Begrüßung noch einige persönliche Sätze oder Fragen an die Schüler richten, denen sie entnehmen können, dass wir sie als Personen ernst nehmen.

3.2 Wertschätzend Kommunizieren

Als Teilnehmer von Fortbildungen können wir uns sehr viel besser mit den Inhalten auseinandersetzen, wenn uns die Dozenten respektvoll und wertschätzend begegnen. Hingegen würde es für uns problematisch, wenn für sie unsere Fragen und Beiträge nicht wichtig oder unerwünscht wären. Gerade wenn wir etwas nicht verstanden haben, möchten wir ohne Angst vor Blamage nachfragen können. Gerade zu störrisch würden wir werden, wenn uns die Referenten „von oben herab" behandeln würden. Unsere Bereitschaft zur Mitarbeit und Aktivität würde gar gegen Null gehen, wenn wir Spott oder Häme erfahren würden. Vielleicht würden wir dann sogar unter den anderen Teilnehmern Verbündete suchen, um gemeinsam gegen die Dozenten zu stänkern. Wir möchten also auch dann von den Dozenten für voll genommen werden, wenn wir nicht alles perfekt beherrschen. Umgekehrt würde ihnen kein Zacken aus der Krone fallen, wenn ihnen mal ein Missgeschick passiert oder wenn sie eine Frage nicht sofort beantworten können.

Ernst genommen werden und Scheu verlieren

Übertragung: Wir halten es für extrem wichtig, dass wir als Lehrer immer wertschätzend und respektvoll mit den Schülern kommunizieren. Dazu gehört es u.a., dass wir „bitte" und „danke" zu ihnen sagen und sie möglichst mit ihrem Namen ansprechen. Dazu gehört aber auch eine entsprechende Körpersprache. Die wertschätzende Kommunikation halten wir gerade deshalb für geboten, weil die Schüler von uns abhängig sind. Wir wissen, dass ein falsches Wort uns die weitere Arbeit für lange Zeit erschweren kann. Ironie und

Sarkasmus sind keinesfalls gestattet. Wir wissen auch, dass die oft hektische und angespannte Situation im Unterricht dieses nicht leicht macht. Doch sollten wir bedenken: Die Kommunikation ist das zentrale Werkzeug von uns Lehrern. Daher halten wir es für unbedingt notwendig, mit den Schülern nicht nur so zu reden, wie uns der Schnabel gewachsen ist, sondern wir sollten die wichtigsten Kommunikationsfertigkeiten trainieren, damit wir sie sicher beherrschen können. Sie müssen uns geläufig werden und uns gerade in schwierigen Situationen zur Verfügung stehen.

Hinweis: In mehreren Verfahren, die in diesem Buch geschildert werden, kann man auf direkte und indirekte Weise seine Kommunikationsfertigkeiten verbessern – besonders das Zuhören. Pädagogen meinen oft, dass es darauf ankäme, den Schülern das ‚Richtige' zu sagen. Wir vermuten jedoch, dass das aufmerksame Zuhören noch viel wichtiger ist. Und deshalb haben wir folgenden Merksatz formuliert: Wer mit seinen Schülern günstig kommunizieren möchte, muss auf das ‚Was' und das ‚Wie' achten. Die entscheidenden Hinweise dafür erhält er durch aufmerksames Zuhören.

Zuhören als Schlüssel

3.3 Den Unterrichtsplan durch eine Visualisierung offenlegen

Wenn uns in einer Fortbildung die Dozenten nicht mitteilen,

- wie sie sich den Aufbau und den Ablauf denken,
- welche Ziele sie verfolgen,
- welche Methoden sie einsetzen werden,
- welche Erwartungen sie an uns haben,
- in welchen Zusammenhängen sie die Thematik bzw. die Fragestellung sehen,

dann fallen uns Aufmerksamkeit und Mitarbeit schwer. Wir schweifen dann leicht mit unseren Gedanken ab. Wenn Dozenten in ihren Lehrveranstaltungen nicht für eine angemessene Transparenz sorgen, dann wissen wir nicht, um was es geht, und wir sind auf unser Raten angewiesen. Es kommt uns vor, als seien wir dem Dozenten egal.

Transparenz erleichtert die Mitarbeit

Übertragung: Wir müssen den Schülern vor Unterrichtsbeginn immer erläutern, worum es in der jeweiligen Lerneinheit gehen soll. Wir müssen ihnen die Zusammenhänge verdeutlichen und die Absichten bzw. Ziele nennen, die wir erreichen möchten. Wenn wir ihnen weder Ziele noch methodisches Vorgehen transparent machen, dürfen wir uns nicht wundern, wenn sie sich mit ihren Gedanken anderen Themen und Fragen zuwenden. Wenn wir ihnen aber den geplanten Ablauf deutlich machen, können sie die Plausibilität unserer Planung erkennen. Dabei halten wir es für günstig, die Planungsschritte in kurzen Stichworten oder Symbolen an einer geeigneten Stelle zu visualisieren, weil mündliche Ansagen schnell vergessen werden, schriftliche Notizen jedoch jederzeit eingesehen werden können. Mit Hilfe dieser visualisierten Unterrichtsstruktur können die Schüler unsere Handlungen und Entscheidungen besser nachvollziehen. Dadurch erscheinen wir ihnen nicht als willkürlich. Und sie können auch die Angemessenheit ihres eigenen Verhaltens besser einschätzen. Vor allem aber unterstützt die Transparenz der Unterrichtsplanung die selbstständige Mitarbeit der Schüler. Dabei gilt es zu bedenken, dass uns die Veröffentlichung des Unterrichtsplanes keineswegs dazu verpflichtet, ihn sklavisch einzuhalten. Es ist im Gegenteil vielmehr so: Je klarer und transparenter ein Ablaufplan für die Schüler ist, desto leichter kann man ihnen Abweichungen oder Ausnahmen nachvollziehbar und verständlich machen.

Unterrichtsplan visualisieren

Ergänzender Kommentar: Schülerinnen und Schüler sehen sich im Unterricht immer wieder in neue konkrete Situationen gestellt, in denen sie handeln sollen, müssen oder dürfen. Wenn in diesen Situationen äußere Hinweise zu ihrer Strukturierung entfallen oder wenn die Strukturen intransparent sind, dann müssen Lehrer wie Schüler notwendigerweise ihre eigenen, höchst subjektiven Erfahrungen heranziehen, um die Situation interpretieren und ihr Handeln entsprechend steuern zu können. Da sie jedoch die subjektiven Erfahrungen und Bezugspunkte der jeweils anderen Personen nicht wahrnehmen können, wird ihnen deren Verhalten als unangemessen, fremd oder gar als gestört vorkommen. Die gegenseitige Unverständlichkeit bildet einen guten Nährboden für Missverständnisse, Reibungsverluste und ungewollte Kränkungen und Verletzungen. Daher ist es so wichtig, in Lehr-Lernsituationen durch Visualisierungen gemeinsame äußere Strukturen zu schaffen. Dann können sich alle beteiligten Personen angemessen orientieren und für die anderen Personen passende Erwartungshaltungen entwickeln.

Klare Strukturen verhindern Missverständnisse und Spekulationen

Zur Transparenz gehört auch, dass man den Schülern erklärt, mit welchen Methoden sie sich bestimmte Lernstoffe aneignen können oder solche Methoden mit ihnen entwickelt. Ist ihnen z.B. einsichtig, wie sie mit Hilfe einer Lernbox englische Vokabeln systematisch trainieren, so können sie diese Technik nicht nur auf andere Fremdsprachen, sondern auch auf Geschichtszahlen, chemische Formeln und letzten Endes auf jeden einzuprägenden Lernstoff übertragen. So wird die alte Forderung eingelöst, das Lernen zu lehren.

3.4 Austausch und Zusammenarbeit unter Lerntandems anregen

Oft wird auf Fortbildungen folgender Spruch kolportiert: „Ein Vortrag kann über alles gehen, jedoch nicht über 20 Minuten". Mit anderen Worten: Längeres Zuhören macht uns rezeptiv und müde. Wir können nicht fortwährend Informationen aufnehmen. Wir brauchen zwischendurch eigene Aktivitätsphasen. Sonst schweifen wir ab. In jüngster Zeit kann man diesen Effekt sehr gut bei schlecht eingesetzten Power-Point-Präsentationen beobachten: Die Lernenden werden mit Fakten „zugeknallt" und erschlagen. Daher ist es für

Ohne Eigenaktivität entsteht Ermüdung

uns hilfreich und lernförderlich, wenn wir uns zwischendurch mit anderen Teilnehmern austauschen oder gemeinsam mit ihnen eine Frage bzw. eine Aufgabe bearbeiten können.

Wenn wir an einer Fortbildung teilnehmen und den Dozenten zuhören, dann gehen uns meistens viele Gedanken durch den Kopf. Wir verbinden die Aussagen der Dozenten mit eignen Erlebnissen oder wir fragen uns im Stillen, ob und wie das funktionieren könnte usw. Manchmal geht uns etwas durch den Kopf, das wir unbedingt unseren Nachbarn mitteilen möchten. Und nicht selten beugen wir uns zu ihm und flüstern ihm etwas zu. Das alles sind Anzeichen für das Bedürfnis nach eigener Aktivität und für den Wunsch zu einer Stellungnahme. Lehrer können dies im Übrigen bei sich selbst in Lehrerkonferenzen beobachten.

Mitteilungswunsch kanalisieren

Übertragung: Die Schüler sollten in jeder Stunde die Gelegenheit erhalten, sich mit ihrem Nachbarn auszutauschen und/oder eine gemeinsame Aufgabe zu bearbeiten.

Erfahrungen aus dem Schulalltag

Erfahrungsbericht einer Grundschullehrerin: Nach einem Impuls, einer Aufgabenstellung, einer wichtigen Frage gebe ich den Schülerinnen und Schülern die Gelegenheit, zunächst mit ihrem Partner oder ihrer Partnerin – das sind in der Regel die Nachbarn – darüber zu sprechen. Dabei habe ich festgestellt:

- Die Menge der unerwünschten Nebengespräche nimmt ab, und wenn dies „Gequatsche" dennoch entsteht, nutze ich es als Hinweis, deute ich es also positiv um und sage sinngemäß: „Einige haben begonnen, mit dem Nachbarn zu sprechen, ich glaube, ihr braucht Besprechungszeit." Diese beende ich dann mit einem Gong als verabredetes Zeichen.
- Die Unterrichtsbeteiligung hingegen hat erheblich zugenommen. Offensichtlich trauen sich unsichere Schüler oder Schülerinnen eher, sich zu Wort zu melden, wenn sie über ihre Ideen, Meinungen, Lösungsvorschläge u. ä. vorher mit dem Nachbarn gesprochen, vielleicht sogar diskutiert haben.
- Auch die langsameren Schülerinnen und Schüler bekommen so eine Chance. Wir sind ja leicht geneigt, oft die dranzunehmen, die sich als erste gemeldet haben – sozusagen, auf sie hereinzufallen. Aber dieses schnelle Vorantreiben macht den Unterricht auch ziemlich oberflächlich. Die eingeschobenen Partnergespräche führen also zu einer bewussten Entschleunigung.
- Die Schüler sind auch nicht mehr so enttäuscht, wenn dann nur einer oder einige dran kommen können, um das im Partnergespräch Besprochene einzubringen. Sie haben ja dem Nachbarn bereits gezeigt, dass sie auch etwas von der Sache verstehen.
- Das was die Schüler dann einbringen, hat mehr Hand und Fuß als früher, denn sie haben ihre Gedanken ja schon einmal vorformulieren müssen, vielleicht sogar mehrfach, bis der Nachbar oder die Nachbarin das, was sie ausdrücken wollten, nachvollziehen konnte.
- Ich würde auch vermuten, dass die Kinder ihre Antworten nicht mehr einfach ohne Wortmeldung in die Klasse rufen würden. Das ist zwar bei mir kein Problem. Aber manche Kollegen stöhnen ja immer wieder über solche Undiszipliniertheiten.
- Es kommen auch häufiger Rückfragen zu meinem Impuls oder zu meiner Fragestellung, denn wenn der Nachbar das auch nicht verstanden hat,

dann liegt das Problem ja wahrscheinlich nicht in der „Begriffsstutzigkeit" des jeweiligen Schülers, sondern es war vielleicht meine Frage unklar formuliert.
- Insgesamt hat sich das soziale Klima in der Klasse verbessert.

Nun habe ich von meinen guten Erfahrungen einigen Kollegen berichtet; die waren aber eher skeptisch. Sie meinten, dann weiß man ja gar nicht mehr, welcher der beiden Schüler nun eigentlich die gute Idee, den weiterführenden Gedanken o.ä. hatte. Ich finde, wer so argumentiert, wird Opfer seiner Tendenz, Schüler ständig zu bewerten. Ich empfinde es außerdem durchaus als Leistung, die Idee eines anderen so gut verstanden zu haben, dass man sie richtig vortragen kann.

3.5 Austausch und Klärung in konstanten Kleingruppen anregen

Wir wissen, dass sich für uns auf Fortbildungen die informellen Gespräche in einer kleinen Gruppe von Kollegen oft als sehr anregend und gewinnbringend erweisen. In solch einer Gruppe haben wir auch weniger Scheu, unsere Fragen zu stellen und Hypothesen vorzutragen. In einer Kleingruppe können wir uns reger beteiligen und können auf neue Gedanken schneller reagieren, weil wir häufiger „an der Reihe" sind. Außerdem können wir in Kleingruppen immer wieder erfahren, dass man uns mit größerer Aufmerksamkeit zuhört als in einem Plenum. Zu den Mitgliedern einer Kleingruppe können wir wesentlich leichter eine verlässliche Beziehung entwickeln. Das fördert die Verbindlichkeit und das Verantwortungsgefühl unter uns. Nicht zuletzt können wir in einer konstanten Kleingruppe schneller Offenheit und Vertrauen entwickeln, die sich positiv auf das Lern- und Arbeitsklima der gesamten Fortbildung auswirken.

Belebende Gespräche in Kleingruppen

Übertragung: Wir halten es für sehr günstig, wenn Schüler in ihrem Klassen- oder Kursverband die Möglichkeit erhalten, feste Kleingruppen zu bilden. Damit sollen andere Ad-hoc-Gruppenbildungen nicht ausgeschlossen werden. In solchen Kleingruppen erhalten die Schüler neben vielen anderen positiven Effekten die Möglichkeit, selbstständig und verantwortungsbewusst zu arbeiten. Es ist für sie eine große Hilfe, wenn sie sich dabei an die Prinzipien und Regeln einer kollegialen Unterstützungsgruppe (siehe Seite 19) halten.

Schüler bilden feste Arbeitsgruppen

3.6 Üben, Anwenden, Übertragen

Wenn wir auf Fortbildungsveranstaltungen von neuen Themen und Ideen erfahren, dann gelingt uns deren Aneignung eigentlich erst dann vollständig, wenn wir die Möglichkeit erhalten, die neu erlernten Kenntnisse auf irgendeine Weise anzuwenden. Wir wissen von uns selbst: Die Tatsache, dass uns ein Dozent einen Sachverhalt sorgfältig beschrieben und erklärt hat, garantiert – leider – noch nicht, dass wir ihn in seinem Sinne verstanden haben. Bevor wir unser neues Wissen nicht durch eigenes Tun anwenden konnten, können wir vielleicht mitreden, dürfen aber nicht sicher sein, dass wir die Materie sicher beherrschen. Als Nagelprobe erweist sich erst das eigene Anwenden. Diese Binsenweisheit ist uns von Kochrezepten, Ikea-Möbeln, Computer-Handbüchern, Führerscheinprüfungen oder Mathematikaufgaben her bekannt.

Übertragung: In der Schule sollten die Schüler ihre neu erworbenen Kenntnisse nicht allein in Klassenarbeiten oder Klausuren anwenden müssen, sondern schon vorher. Das Übertragen, Üben und Anwenden muss ohne Leistungs- und Konkurrenzdruck erfolgen. Hierfür eignen sich besonders gut die bereits beschriebenen Lerntandems und Kleingruppen. Wenn die Schüler in solchen Situationen außerdem das „Wechselseitige Lehren und Lernen (WELL)" (Wahl 2005, S. 154ff) praktizieren, hilft ihnen dies nicht nur beim inhaltlichen Lernen, sie lernen auch Eigeninitiative und Verantwortung zu entwickeln.

Eigenes Anwenden als Nagelprobe

3.7 Lehreraufgaben an die Schüler delegieren

Wir wissen von uns selbst, dass für uns in Fortbildungen die Versuchung sehr groß ist, die Initiative und die Verantwortung für das Geschehen den Dozenten zu überlassen. Je mehr die Dozenten an alles gedacht haben, desto ruhiger können wir uns innerlich zurücklehnen und abwarten, was wohl kommen mag. Ohne es deutlich zu spüren, entwickelt sich das Risiko, dass wir in eine rezeptive Haltung hineinrutschen. Sobald wir jedoch durch eine Aufgabe an der Verantwortung für das Gelingen der Fortbildung beteiligt werden, sind wir in einer anderen Haltung „bei der Sache".

Übertragung: Entsprechend zu dem oben skizzierten Bild, das Lehrer und Schüler nicht als Kontrahenten, sondern Seite an Seite sieht, empfehlen wir vor dem Hintergrund unserer eigenen Erfahrung, durch die Übertragung von Aufgaben die Schüler in die Verantwortung für das Unterrichtsgeschehen einzubeziehen. Bei diesen Aufgaben sollte es sich um „Lehreraufgaben" handeln, also nicht um das Blumengießen, Tafelwischen oder Papieraufheben. Wir denken zunächst an solche Aufgaben wie:

Schülern Verantwortung zumuten

- Zeitwächter (gibt Lehrern und Mitschülern 10 Minuten vor Stundenende ein stummes Zeichen),
- Murmelmelder (gibt den Mitschülern ein Zeichen, wenn die Arbeitsunruhe zu groß wird),
- Rote Lampe (gibt dem Lehrer ein Zeichen, wenn er zu schnell vorgeht oder sich unverständlich ausdrückt),
- Bilanzierer (berichtet am Stundenende, was er als wichtig erlebte, was ihm klar wurde und wo noch Fragen offen sind),
- Roter Faden (stellt zum Stundenbeginn im kurzen Rückblick die gedankliche Verbindung zu den vorangegangenen Stunden her),
- Verwalter eines Fragen- und Problemspeichers (notiert Fragen und Themen, die aus Zeitmangel nicht bearbeitet werden kön-

nen, damit sie zu einer günstigeren Gelegenheit besprochen werden können).

Weitere Aufgaben sind denkbar. Sie können ad hoc eingeführt werden. Die Aufgaben werden nach dem Rotationsprinzip verteilt, so dass alle Schüler einer Lerngruppe der Reihe nach mit jeder Aufgabe einmal dran sind. Wozu dieses Arrangement? Zunächst kann es für den Lehrer eine Entlastung bringen, sich von einigen Schülern unterstützen zu lassen. Noch mehr aber erhoffen wir uns durch ein solches Vorgehen bei den Schülern die Entwicklung einer anderen Einstellung zu ihrer Mitverantwortung für einen erfolgreichen Unterricht. Lehrer beklagen sich nämlich relativ selten über die intellektuellen Fähigkeiten ihrer Schüler. Viel stärker macht ihnen die lethargische Haltung vieler Schüler zu schaffen.

Vorteile des Rotationsprinzips

Lethargie auflösen

- Kein Schüler wird durch eine derartige Aufgabe überfordert. Sie sind alle leicht zu bewältigen. Wenn Schüler jedoch eine solche Aufgabe erhalten, nehmen sie in einer anderen Haltung am Unterricht teil. Sie erleben ihn nicht mehr aus einer exklusiven Konsumentenhaltung, sondern sie müssen durch ihr Handeln zum Gelingen beitragen.
- Mit jeder Aufgabe betrachten die Schüler das Unterrichtsgeschehen und sich selbst aus einer unterschiedlichen Perspektive. Auf diese Weise können sie lernen, die Abläufe im Unterricht nicht allein aus der Schülersicht wahrzunehmen und zu beurteilen. Weiterhin werden sie durch ihre Aufgabe angeregt, den Unterricht aus einer Metaebene zu verfolgen. Sie können dadurch ihr Reflexivitätspotential stärken.

3.8 Zusammenfassen, Stellung beziehen, ausblicken

Wir sind unzufrieden, wenn das Ende einer Fortbildung von den Dozenten nicht gestaltet wird, sondern in Unverbindlichkeit und Beliebigkeit endet. Wir mögen nicht einfach so auseinander laufen. Hingegen hilft es uns, wenn die Dozenten am Ende ihrer Lehreinheit eine rückschauende Zusammenfassung und gegebenenfalls einen Ausblick auf künftige Stunden bringen.

Übertragung: Lehrer sollten sich den Abschluss einer Unterrichtsstunde nicht von der Pausenklingel abnehmen lassen. Da sie die Unterstützung durch einen Zeitwächter (siehe 3.7) haben, können sie rechtzeitig abschließen und das Stundenende beispielsweise dadurch gestalten, dass sie die wichtigsten Punkte der Stunde noch einmal hervorheben und Zusammenhänge darstellen. Diese Stundenbilanz („Was ist mir heute klar geworden? Wo habe ich noch Fragen?") kann später von Schülern (siehe 3.7) übernommen werden.

Auch das Ende gestalten

3.9 Gemeinsam über Lehren und Lernen nachdenken

Hinweise auf der Metaebene

Wenn uns auf einer Fortbildungsveranstaltung die Dozenten ihre methodisch-didaktischen Planungen erläutern und uns dabei ihre Annahmen und Absichten erklären, dann können wir uns mit einer viel größeren Bewusstheit auf das Lerngeschehen einlassen. Wenn uns die Dozenten außerdem nach Wünschen oder Alternativen fragen, wenn sie sich bei uns erkundigen, wie wir mit ihrem Lehrverhalten und speziellen Methoden zurechtkommen, dann werden wir von ihnen angeregt, über unser eigenes Lernverhalten nachzudenken. Je mehr wir mit ihnen und den anderen Teilnehmern über Lernbedingungen und unser Lernverhalten sprechen, desto besser können wir erkennen, was für unser Lernen günstig ist. Außerdem kann uns klar werden, dass eine erhebliche Verantwortung für das erfolgreiche Lernen bei uns selbst liegt.

... regen das Mitdenken an

Übertragung: Als Lehrer sollten wir viel häufiger mit den Schülern die Gelingensbedingungen für das Lehr-Lerngeschehen besprechen. Auf keinen Fall im Sinne von Ermahnungen oder Vorwürfen, sondern weil wir ein wirkliches Interesse daran haben, gemeinsam mit ihnen nach Bedingungen zu suchen, die das Lernen unterstützen und das Unterrichten erleichtern können. Konkretes Ausprobieren gehört dazu. Je häufiger wir mit Schülern Metakommunikation betreiben und sie in ihrem Reflexivitätspotential fordern, desto bewusster und verantwortungsvoller können sie ihre Aufgaben als Schüler erfüllen.

Trauriger Trend

Ergänzender Kommentar: Wir erkennen zurzeit in Schulen und Hochschulen eine gegenläufige Tendenz. Lehrende und Lernende werden immer mehr durch Vorgaben dazu gebracht, das auszuführen, was andere Instanzen für sie angeordnet haben. Es werden von ihnen nicht mehr Bewusstheit, Reflexivität, Eigeninitiative und Verantwortung gefragt. Um sich in Schulen und Hochschulen zu bewähren, muss man heute gemäß vorgegebener Standards „ausführen" und „durchkommen" können.

3.10 Last but not least: (Über sich selbst) lachen

Heiterkeit fördert Lernbereitschaft

Fortbildungsveranstaltungen werden nicht zu unserem Amüsement durchgeführt. Wir erwarten daher von den Veranstaltern, den Dozenten und den anderen Teilnehmern Ernsthaftigkeit und Seriosität. Das bedeutet jedoch nicht, dass es auf Fortbildungen nur bierernst und stocksteif zugehen muss. Ganz im Gegenteil: Ernsthaftigkeit und Heiterkeit schließen sich nicht aus, Humor entwertet nicht. Daher können wir es auf Fortbildungen genießen, wenn auch das Lachen dazu gehören kann. Es kann sehr befreiend wirken, wenn wir auch über uns selbst lachen können.

Übertragung: Auch die Schule ist keine Einrichtung zur Spaßproduktion. Verbindlichkeit und Ernsthaftigkeit zählen zu ihren wichtigen Gelingensbedingungen. Diese können wir von Schülern umso mehr erwarten, je mehr wir auch die Heiterkeit und das Lachen zulassen. Auch wenn sich diese manchmal bis zur Albernheit und Ausgelassenheit steigern sollten. Wir Lehrer können für die Schüler menschlicher, ansprechender, glaubwürdiger werden, wenn wir uns selbst nicht zu ernst nehmen und fünf auch mal gerade sein lassen.

Lachen verbindet und lässt erkennen

4 Abschließender Kommentar

Aus unseren Wünschen, wie wir in Fortbildungen selbst behandelt werden möchten, haben wir in unseren Arbeitsgruppen allgemeine Vorschläge für die Unterrichtsgestaltung abgeleitet. Wie oben bereits angemerkt, sind wir dabei auf keine spektakulären Neuigkeiten gestoßen. Vielleicht begeben wir uns in eine Denkfalle, wenn wir in der Pädagogik nach immer neuen Problemlösungen suchen und dabei das Naheliegende übersehen? So ist beispielsweise seit einiger Zeit in der pädagogischen Diskussion viel von Individualisierung die Rede. Jeder Schüler habe seine speziellen Eigenarten und brauche daher für ein erfolgreiches Lernen eine individualisierte Zuwendung. Vielleicht mag das zutreffen. Im Gegensatz zur natürlichen Differenzierung kann Individualisierung aber in ihrer letzten Konsequenz zu einer Atomisierung des Unterrichts und zu einer Überforderung der Lehrer führen. Daher plädieren wir dafür, uns auf das *Gemeinsame* von Lernenden zu besinnen. Also auf das, was *alle* Lernenden brauchen: Sinn und Bedeutung, transparente Strukturen, Verständnis und Wertschätzung, Austausch und Begegnung, Ansprüche und Herausforderungen, Ernsthaftigkeit und Heiterkeit, Metakommunikation und Eigenaktivität. Wir vermuten, dass durch diese Bedingungen das Lernen wie das Unterrichten viel leichter werden, und befürchten, dass sie im schulischen Alltag zu wenig beachtet werden. So lange nicht sicher gestellt ist, dass in Schulen die Schüler konsequent so behandelt werden, wie Lehrer es für sich auf Fortbildungen verlangen würden, halten wir die Verfolgung des Individualisierungsprinzips für verfrüht.

Statt Individualisierung betreiben

... das Gemeinsame beim Lernen suchen

Einige unserer Fortbildungsteilnehmer haben aus den aufgeführten Übertragungsvorschlägen eine Art Checkliste für ihre Unterrichtsgestaltung erstellt. Diese Checklisten haben sie aber nicht für sich selber entwickelt, sondern für ihre Schüler. Sie haben sich von ihren Schülern sagen lassen, ob es ihnen gelungen sei, nach dem Selbstanwendungsprinzip zu unterrichten.

Aus den – vor allem: längerfristigen – Erfahrungen mit dem Selbstanwendungsprinzip haben wir gemeinsam mit den Teilnehmern den Inhalt des folgenden Garantiescheins entwickelt:

> *Garantieschein*
>
> *Wenn Lehrer immer öfter*
> - *ihren Schülern in Achtung und Respekt begegnen,*
> - *ihren Schülern die Unterrichtsplanung durch Visualisierungen transparent machen,*
> - *ihren Schülern regelmäßig die Möglichkeit zu selbstständigem Austausch und zur Metakommunikation in Tandems oder konstanten Kleingruppen einräumen,*
> - *ihre Schüler durch eine rotierende Aufgabenübertragung in die Verantwortung für das Gelingen des Unterrichts einbeziehen,*
> - *vor ihren Schülern über sich selbst lachen können,*
>
> *dann lässt sich mit sehr großer Wahrscheinlichkeit nach einiger Zeit das Unterrichten erleichtern und das Lernen intensivieren. Eine 100%ige Garantie kann dafür jedoch nicht gegeben werden.*
>
> *Wenn Lehrer hingegen immer öfter*
> - *ihre Schüler spüren lassen, dass sie nicht viel von ihnen halten,*
> - *ihren Schülern das Unterrichtsgeschehen nicht transparent machen,*
> - *ihren Schülern keine Möglichkeiten zu selbständiger Arbeit und gegenseitigem Austausch geben,*
> - *ihren Schülern keine Mitgestaltung und Mitverantwortung zutrauen,*
> - *sich ihren Schülern gegenüber als humorlos und kleinkariert erweisen,*
>
> *dann werden die Unterrichtsstörungen in kurzer Zeit zunehmen, wird das Unterrichten anstrengender, wird das Lernen für die Schüler schwieriger. Hierfür wird eine 100%ige Garantie übernommen.*

Literatur

Cohn, R. (1975): Von der Psychoanalyse zur Themenzentrierten Interaktion. Stuttgart.

Groeben, N., Wahl, D., Schlee, J. & Scheele, B. (1988): Forschungsprogramm Subjektive Theorien. Eine Einführung in die Psychologie des reflexiven Subjekts. Tübingen.

Schulz von Thun, F. (1981): Miteinander reden 1. Störungen und Klärungen. Psychologie der zwischenmenschlichen Kommunikation. Reinbek.

Wahl, D. (2005): Lernumgebungen erfolgreich gestalten. Vom trägen Wissen zum kompetenten Handeln. Bad Heilbrunn.

Watzlawick, P., Beavin, J.H. & Jackson, D.D. (1969): Menschliche Kommunikation. Formen, Störungen, Paradoxien. Bern.

Jörg Knoll

Zugunsten von Transfer. Kollegiale Beratung in der Schlussphase von Fortbildungsveranstaltungen

Wie in der Fortbildung die Übertragung in Alltag und Berufsarbeit anregen? Wie aufhören, so dass auch in der Schlussphase noch Erkenntnis entsteht? Wie hierbei die Kompetenzen der Gruppenmitglieder nutzen?

Wer Verantwortung für Fortbildungsveranstaltungen trägt, kennt solche Fragen aus der alltäglichen Arbeit. Lehrgangsleiter und -leiterinnen, Referenten und Referentinnen, Gruppenleiter/-innen, Personen mit Moderationsaufgaben usw. sehen sich immer wieder vor die Aufgabe gestellt, bei der Gestaltung von Lehrgängen, Kursen und Seminaren, aber auch Fachtagungen, Foren oder Kongressen

- *Austausch* zwischen den Teilnehmenden anzuregen,   Aufgaben
- *Praxisbezüge* zu eröffnen und insbesondere
- *Transfer* vorzubereiten.

Kollegiale Beratung bietet sich hierfür als geeignete Methode an. Dies sollen die nächsten Abschnitte zeigen:

1) Zunächst wird die Kollegiale Beratung in Leistung und Struktur beschrieben. Hierbei stehen der Ablauf, die Rollendefinition und die Zeit im Vordergrund.   Aufbau des Beitrags
2) Daran schließt sich die Darstellung ihres Einsatzes in der Schlussphase von Fortbildungsveranstaltungen an. Kollegiale Beratung bietet nämlich die Möglichkeit, der Ritualisierung und damit einhergehenden Entwertung von Schlussphasen z.B. durch sog. „Feedbackrunden" entgegen zu wirken. Stattdessen hilft sie, einen Raum anzubieten, innerhalb dessen das Erfahrene und Gelernte geistig schon in den Alltag übertragen wird.
3) Abschließende Hinweise zur Fortbildungsdidaktik binden die Kollegiale Beratung in ein Verständnis von Fortbildung ein, das den Lehrgang, Kurs usw. als Möglichkeitsraum begreift, d.h. als Raum für Entwicklung und Lernen.

In alledem gelten die Aussagen, die für Fortbildung gemacht werden,   Fortbildung
gleichermaßen für Weiterbildung. Dabei wird unter beruflicher Fortbildung ein Bereich von Erwachsenenbildung verstanden, der auf eine abgeschlossene Ausbildung aufbaut und die hier, aber auch im beruflichen Handeln erworbenen Kenntnisse und Fähigkeiten vertieft, erweitert oder mit neuen Entwicklungen verknüpft (z.B. ein Trainingsseminar für Verwaltungskräfte zur Kompetenzentwicklung für Beratungssituationen mit Bürgern bzw. Bürgerinnen). Als

Weiterbildung berufliche Weiterbildung gilt hingegen ein Bereich von Erwachsenenbildung, der zu dem vorhandenen Handlungsbereich samt seinen Kompetenzen einen weiteren hinzufügt (beispielsweise ein Lehrgangssystem für Lehrkräfte, die eine Leitungsfunktion als Direktor/-in übernehmen).

1 Leistung und Struktur der Kollegialen Beratung

Als Kollegiale Beratung wird hier nicht nur ein allgemeines Prinzip verstanden, sondern eine konkrete methodische Struktur. Sie wird in *der* Ausprägung dargestellt, wie sie sich in der Fortbildungspraxis des Verfassers bewährt.

Dimensionen der Kollegialen Beratung Im Blick auf die Leistung und die Ziele der Kollegialen Beratung lassen sich vier Dimensionen unterscheiden:

1) Die individuelle Dimension:
   Hier geht es darum, einen Lernvorgang zu intensivieren; persönlichen Lernertrag wahrzunehmen und zu konkretisieren; Konsequenzen aus einem Lernvorgang abzuleiten.
2) Die kommunikativ-interaktive Dimension:
   Sie bedeutet, Kommunikation zwischen „Gleichgestellten" zu fördern und die Kompetenzen der einzelnen Teilnehmenden füreinander im Sinne eines kollegialen Kompetenzverbundes fruchtbar zu machen.
3) Die Handlungsdimension:
   Mit ihr ist gemeint, dass Teilnehmende von Fortbildungsveranstaltungen eigenständig Lösungsideen für Gestaltungsaufgaben in Beruf und Alltag heraus arbeiten sowie die Übertragung (Transfer) von Lernerfahrungen aus der Fortbildung in die Praxis vorbereiten.
4) Die Methodendimension:
   Sie zielt darauf ab, dass die Teilnehmenden von Fortbildungsveranstaltungen durch eigene unmittelbare Erfahrung eine überschaubare methodische Struktur erlernen und üben, die sie gerade in pädagogischen, sozialen oder beraterisch-therapeutischen Berufen und da wiederum auch in Alltagssituationen ohne fremde Unterstützung sofort einsetzen können.

Individuelles Handeln Der Kern der Methode besteht darin, Einfälle und Erkenntnisse für das individuelle Handeln in der Praxis zu entwickeln und hierzu Hilfe und Anregungen sowohl von einer anderen Person zu empfangen als auch dieser anderen Person zu geben.

Strukturelemente Damit die gegenseitige Anregung und wechselseitige Unterstützung tatsächlich geschieht, bedarf es einer Struktur. Sie ist vor allem nötig, um neben dem Anfang ein eindeutiges Ende zu ermöglichen. Die wesentlichen Strukturelemente bestehen aus:

- *individueller Vorbereitung* (jede Person geht vorbereitet in das Gespräch);
- *Rollengleichheit mit Rollenwechsel* (jede Person erfährt zwei Konstellationen mit unterschiedlicher Ausprägung von Aktivität: sie bringt einmal eigene Einfälle ein und ist das andere Mal hörend, reagierend und rückfragend);
- *knapper Zeit* (pro Gesprächsgang 10 bis maximal 20 Minuten, dann folgt der Rollenwechsel), denn eine eher kurze Zeitdauer bewahrt das Gespräch davor, in einen allgemeinen Erfahrungsaustausch einzutreten oder im Problem zu „versacken").

Die Grundstruktur wird in folgender Sequenz verwirklicht:

Sequenzen des Vorgehens

1. „Zeit für sich" (Einzelarbeit):
   Im ersten Schritt haben die Teilnehmenden 10 bis 15 Minuten Zeit für sich (sog. Einzelarbeit). Sie sammeln Einfälle zu einer bevorstehenden Gestaltungsaufgabe, deren Inhalt sich aus dem Thema einer Arbeitseinheit oder der gesamten Fortbildungsveranstaltung ergibt, z.B. nach einer Informationseinheit über die Eröffnung von Beratungsgesprächen: „Bitte denken Sie an die letzte Situation mit Beratungs-Charakter, die Sie in Ihrer Arbeit erlebten. Erinnern Sie sich an den Anfang und an Ihre ersten Reaktionen und Interventionen und notieren Sie diese in Stichworten." Oder am Ende eines Lehrgangs für Fachlehrkräfte zum Einsatz von Methoden, mit deren Hilfe Beteiligung gefördert wird: „Bitte denken Sie an die nächste Unterrichtseinheit, die Sie zu gestalten haben. Entwickeln Sie erste Ideen für den Einsatz einer Methode, die den Schülerinnen und Schülern Beteiligung ermöglicht. Notieren Sie dazu Stichworte."
2. Zweiergruppen:
   Im zweiten Schritt bilden sich Partnergruppen nach eigener Wahl. Sie tauschen sich insgesamt 20 bis 40 Minuten nach folgender Struktur aus:

Vereinbaren Sie, wer beginnt (= Person A).

Person A berichtet ihre Einfälle.

Person B

- hört aufmerksam zu,
- klärt durch Nachfragen, um besser zu verstehen,
- lässt sich Einfälle kommen, wie die Ideen gelingen könnten.

Nach 10 (oder 15 oder max. 20) Minuten Wechsel, ganz gleich, wie weit Sie gekommen sind.

Nun berichtet Person B ihre Gestaltungsideen usw."

Diese Anleitung wird schriftlich ausgegeben (Beispiel s. u.).

Für den Fall einer ungeraden Teilnehmendenzahl beteiligt sich die Leitungsperson (oder ein Mitglied aus dem Leitungsteam). So entsteht wieder eine durch 2 teilbare Gesamtzahl.

Um die Struktur zu stützen, empfiehlt es sich, auf die Zeitbegrenzung aufmerksam zu machen und sie strikt einzuhalten, indem der Wechsel der Rollen angesagt wird. Dies sollte vor Beginn des Austausches bekannt gegeben werden, damit die Teilnehmenden darauf gefasst sind, gegebenenfalls unterbrochen zu werden.

Kleingruppenarbeit Die Inhalte der Kollegialen Beratung verbleiben bei eher person- oder transferorientierten Themen in den Kleingruppen, auch wenn der Wunsch geäußert wird zu hören, „was es alles gab": Persönliche Färbung und Vielfalt der Themen würden durch einen plenaren Austausch an Prägnanz verlieren. Außerdem gibt die Kollegiale Beratung Raum, auch persönliche Erfahrungen und Sichtweisen zu thematisieren, die des Schutzes der Kleingruppe bedürfen. Ein sich anschließendes Plenum kann allenfalls dazu dienen, die soeben gemachte Erfahrung mit der Methode wahrzunehmen und zu artikulieren. Bei stark sachorientierten Themen ist ein Übergang in die große Runde aller Teilnehmenden eher möglich (s. u. Abschnitt 2/(1)).

Da sich an die Kollegiale Beratung in der Kleingruppe nicht unbedingt eine „Auswertungsrunde" anschließen muss, ist die Methode auch mit 50 und mehr Teilnehmenden durchführbar, beispielsweise im Anschluss an einen Fachvortrag.

2 Die Erarbeitung von Transfermöglichkeiten durch Kollegiale Beratung

Unbeschadet anderer Einsatzmöglichkeiten wird eine besondere Leistungsfähigkeit der Kollegialen Beratung in der Schlussphase von Fortbildungsveranstaltungen gesehen. Um dies verstehen zu können, soll zunächst auf die Dynamik der Schlussphase eingegangen werden.

Sich auf die neue Situation vorbereiten Der Schluss von Fortbildungsveranstaltungen stellt – ganz ähnlich wie der Anfang – eine Schwellensituation dar. Wer ins Seminar *kommt*, hat hinter sich den Alltag mit Privatleben, Berufsarbeit usw. und vor sich die Veranstaltung mit allem Neuen, das erwartet wird und geschieht. Wer aus dem Seminar *geht*, hat hinter sich den Arbeits- und Lernvorgang samt allen äußeren und inneren Ereignissen und vor sich die Rückkehr nach Hause, d.h. den Wiedereintritt ins Privat- und Berufsleben („Back home"). Schwellensituationen markieren Einschnitte. Deshalb ist es sinnvoll, sich ihnen aufmerksam zuzuwenden und die enthaltenen Herausforderungen, aber auch Chancen wahrzunehmen.

Während den Anfang das Dilemma zwischen Neugier und Zurückhaltung bestimmt, kann gerade in länger dauernden Veranstaltungen die faktische Trennung am Schluss Gefühlsreaktionen wie Abschiedsschmerz und Trauer mit sich bringen. Solche Empfindungen können wiederum Abwehr (im tiefenpsychologischen Sinne) auslösen (vgl. Antons 2000). Häufig auftretende Abwehrmechanismen in Schlusssituationen sind:

Abwehrmechanismen

- Regression (Rückfall in frühere Phasen der Gruppenentwicklung, z.B. Wiederaufnahme alter Konflikte oder Machtkämpfe);
- Verkehrung ins Gegenteil (Abwertung der bisherigen Arbeit und Gemeinschaft, z.B. „hat doch nicht viel gebracht" – denn wenn das Gewesene nicht viel wert war, lässt sich davon leichter Abschied nehmen);
- Verleugnung (die Gruppe „bewältigt" die Trennung durch Vereinbarung eines Wiedersehens).

Auch hier geht es darum, die skizzierten Schwierigkeiten als normalen Teil der gemeinsamen Situation zu akzeptieren, die im Übrigen auch den Leiter/die Leiterin betrifft. Dies bedeutet, Äußerungen aus der Gesamtgruppe selbst dann, wenn sie der Leitung und der Veranstaltung gelten, nicht sofort auf sich selbst (d.h. auf die eigene Person als Leiter/-in) zu beziehen, sondern gleichsam einen Schritt zurückzutreten und die Beiträge als das zu nehmen, was sie sind: Ausdruck der augenblicklichen Wirklichkeit, welche die Teilnehmenden gerade bestimmt.

Perspektiven

Praktisch heißt das, Äußerungen eher stehen zu lassen, d.h. nicht mit „richtig" oder „falsch" zu bewerten und nicht selbst ins Agieren einzutreten („ich wollte aber doch ..."). Dies wäre der gerade Weg zurück in Auseinandersetzung und Machtkampf, d.h. in eine frühere Phase der Gruppenentwicklung – und mithin ein Beitrag dazu, „dass es noch nicht zu Ende ist".

Im Falle ausschließlich positiver Schlussbeiträge kann das auch bedeuten, dass Harmonie, Vertrautheit und Intimität aus der zurückliegenden Zeit fortgesetzt oder wiederholt werden sollen. Dann empfiehlt es sich, bewusst Raum für Negatives zu öffnen („... am Ende gibt es ja auch Dinge, die man besser nicht in den Koffer packt, sondern hier lässt ...").

Positive und negative Rückmeldung

Die Hinweise zur inneren Dynamik der Schlussphase sollen allerdings nicht übersehen lassen, dass alle Beiträge auch einen realen Anteil haben können, sich also im Falle negativer Äußerungen auf tatsächlich Kritikwürdiges beziehen oder im Falle positiver Beiträge tatsächlich Gelungenes meinen können.

Eine zentrale Aufgabe von Leitung in der Schlussphase besteht darin, solche Differenzierung anzuregen. In diesem Sinne soll Leitung helfen, dass die Teilnehmenden zum guten Schluss zwei Aufgaben bewältigen können: auf der Sachebene Lernergebnis und Ertrag zu beschreiben und einzuschätzen und auf der Prozessebene sich zu trennen und Abschied zu nehmen sowie die damit verbundenen Empfindungen wahrzunehmen und auszudrücken, dies in der ganzen Spanne von Trauer bis Erleichterung.

Sachebene Prozessebene

In der Schlussphase – gerade bei Mehrtagesveranstaltungen in einer Tagungsstätte – sitzen die Menschen „auf gepackten Koffern", buchstäblich und im übertragenen Sinne. Der Blick geht nach draußen, dahin, wo die Leute herkamen. In dieser Stimmungslage ist es nicht sinnvoll, z.B. am letzten Vormittag eines Wochenendseminars nochmals ein Referat oder gar ein neues Thema anzubieten. Bloß die Zeit zu verbringen, ist ebenfalls nicht sinnvoll. Das wird als leere Form durchschaut und führt berechtigterweise zur vorzeitigen Abreise. Fragwürdig sind auch „Feedbackrunden", in denen lediglich Bewertungen abgegeben oder in sog. Feedbackbögen Einschätzungen gemessen werden („gefallen"/„nicht gefallen"). Da sich daraus keine Anhaltspunkte für Konsequenzen ergeben, können die Ergebnisse als wenig brauchbar für tatsächliche Qualitätsentwicklung und -sicherung angesehen werden – es sei denn, sie werden in eine nachfolgende Kommunikation eingebunden, z.B. in ein Rundgespräch über Interventionen der Leitung, die das Lernen förderten oder hinderten.

Abschlussgestaltung

Rundgespräch

Transfervorschläge

Nutzen lässt sich hingegen die innere Dynamik des „Blickes nach draußen" für den Transfer, weil dessen innere Bewegungsrichtung dem „Backhome" genau entspricht: Es geht hier um Einfälle zur Übertragung und Anwendung des Erarbeiteten und Gelernten im je eigenen Handlungsfeld. Erfahrungsgemäß wird ein solcher Arbeitsgang gerade in der Schlussphase mit großer Beteiligung vollzogen, weil die Relevanz erkennbar ist: Die Teilnehmenden tun etwas für sich selber und die eigene Praxis. Sie verwenden *in* der Fortbildungsveranstaltung die gegebene Zeit für eine an sich notwendige Arbeit, die im Alltag aufgrund von Zeit- und Handlungsdruck rasch unter die Räder kommt. Und sie haben zusätzlich die Chance, noch einmal die Kompetenz eines Kollegen/einer Kollegin nutzen zu können.

Auch hierfür eine Beispiel-Sequenz aus einer hochschuldidaktischen Fortbildung. Zunächst die Einzelarbeit:

Beispiel

„Bitte:
Denken Sie an die nächste Lehrveranstaltung, die Sie planen (oder bereits geplant haben).
Denken Sie an unsere bisherige Arbeit im Seminar und vergegenwärtigen Sie sich außerdem, was Sie selber für die Arbeit mit Gruppen mitbringen (im Sinne von Ressourcen: Ich bin ..., Ich kann ...).
Entwickeln Sie vor diesem Hintergrund eine *konkrete* Gestaltungsidee für eine Ihrer nächsten Lehrveranstaltungen.
Oder: Überprüfen Sie vor diesem Hintergrund Ihre Planung: Was kann bleiben, was könnte verändert werden?
Halten Sie Ihre Einfälle in Stichworten fest."

Anschließend Zweiergruppen:
„Bitte tauschen Sie sich über Ihre Einfälle nach folgender Struktur aus:
Erster Durchgang 20 Minuten:
A nennt seine oder ihre Einfälle,
B hört aufmerksam zu, fragt nach, um besser zu verstehen, lässt sich Einfälle kommen, was zu tun oder zu bedenken wäre, damit die Idee gelingt.
Zweiter Durchgang 20 Minuten: Dasselbe mit vertauschten Rollen."

Aus den Beispielen lässt sich resümieren: Viele Fortbildungsveranstaltungen haben ein eher lineares Konzept: Erst die Fortbildung, dann die Transferbemühungen zuhause. Sie bleiben den Absolventen und Absolventinnen der Fortbildungsveranstaltung überlassen – und damit diese sich selbst. Der Einsatz der Kollegialen Beratung in der Schlussphase arbeitet hingegen am Transfer schon *im* Raum der Fortbildung. Die lineare Ausrichtung wandelt sich in eine integrierte und systemische: Das „Dort und Dann" wird ins „Hier und Jetzt" herein genommen; es wird noch dazu in einen Kompetenzverbund der Kolleginnen und Kollegen eingebettet.

Transferbeginn in der Fortbildung

3   Hinweise zur Fortbildungsdidaktik

Um eine Methode davor zu bewahren, nur als Technik missverstanden oder aufgesetzt zu werden, bedarf sie der Einbettung in ein didaktisches Rahmenkonzept. Dies soll im folgenden Abschnitt geschehen (vgl. Knoll 2003). Erleichtert wird das dadurch, dass die Kollegiale Beratung exemplarisch Grundfragen der Gestaltung von Fortbildung repräsentiert und modellhaft löst.

Fortbildungsdidaktik

Der didaktische Rahmen bezieht sich auf Fortbildungsveranstaltungen generell. Dennoch erfolgt stellenweise eine Zuspitzung auf die Fortbildung für Lehrerinnen und Lehrern. Am Beispiel dieses pädagogischen Berufes wird nämlich besonders deutlich, wie brisant bestimmte zentrale Fragen der Fort- und Weiterbildung sind: Wenn Menschen für ihren Beruf lernen und insbesondere wenn Lehrer und Lehrerinnen das tun – Wie werden sie da behandelt? Was erleben sie dabei? Was für ein Modell von Lehren und Lernen erfahren sie am eigenen Leibe?

Didaktischer Rahmen

Diese Fragen sind aus folgendem Grund aufregend: Wir lernen bei weitem nicht nur durch das, *was* uns gelehrt wird. Wir lernen viel mehr auch, ja sogar zentral durch das, *wie* uns gelehrt wird. Noch schärfer: Wir lernen weniger durch die Inhalte, sondern viel mehr durch die Art und Weise des Lehrens. Es geht also um das Wie der Fortbildung (und natürlich auch der Ausbildung).

„Wie" des Lernens

Dazu müssen zunächst einige Besonderheiten des Lernens von Erwachsenen bedacht werden, nämlich

Besonderheiten des Lernens

(1) Entscheidungsmöglichkeit,
(2) Kontextbezug,
(3) Erwartungshorizonte.

Zu (1);
Entscheidungsmöglichkeit

Wesentlich für das Lernen von Erwachsenen ist die eigene innere Entscheidung. Erwachsene lernen in eigener Regie. Sie selbst bestimmen über Umfang und Intensität des Lernens. Das gilt auch dann, wenn das Lernen unter äußerem Zwang geschieht (z.B. um den Status zu verbessern oder die eigene Position zu behalten oder aufgrund von Verpflichtungen oder weil die gesellschaftlich-politischen Verhältnisse sich nachhaltig änderten). Wir lernen nur, wenn wir uns wenigstens innerlich aufschließen und anschließen.

Betroffenheit

Ganz wesentlich ist hierbei der Zusammenhang mit Interesse und Betroffenheit. Er entsteht aus Neugier und Entfaltungsbedürfnis, aber auch aus Leidensdruck (z.B. Probleme im Unterricht oder in der Zusammenarbeit mit Kollegen und Kolleginnen oder weil sich so vieles änderte in den Handlungsfeldern und ihren Strukturen).

Zu (2):
Kontextbezug

Lernen von Erwachsenen geschieht im Zusammenhang mit der Biographie: mit bisherigen beruflichen Tätigkeiten, mit einschlägiger Ausbildung, mit Lebenserfahrung. Vorwissen, Vorerfahrungen, Einstellungen spielen also eine große Rolle. In der Fortbildung von Lehrerinnen und Lehrern gibt es noch eine Besonderheit. Der biographische Kontext bezieht sich hier nicht nur auf Ausbildung und bisherige Berufstätigkeit. Er reicht noch viel weiter zurück: auf die eigene Zeit als Schülerin oder Schüler, auf das frühere Schulleben mit seinen Erlebnissen und Erfahrungen, auf gelungene oder gescheiterte Begegnungen mit Lehrkräften oder Mitschülerinnen und Mitschülern.

Lehrende und Lernende

All dies kann aufs Neue auftauchen, wenn eine Person mit Lehrberuf selber wieder lernt. Wenn wir mit Lehrenden arbeiten, haben wir es also zugleich direkt oder indirekt mit *den* Lehrerinnen und Lehrern zu tun, die in der beruflichen Generationenfolge hinter ihnen stehen.

Systembezug

Zum Kontext gehört natürlich auch der berufliche Alltag. Er enthält eine spannungsreiche Verbindung zwischen Selbständigkeit und Eigenverantwortung auf der einen Seite („ich und meine Klienten", „ich und meine Klasse") *und* vielfältigen Verflechtungen auf der anderen Seite (Kollegium, Aufsichtsorgane, Bildungspolitik, gesellschaftliches Klima). Wir haben es also gleichzeitig Individualität bis hin zur Einzelkämpferschaft einerseits und ausgeprägten Systembezug andererseits zu tun. Das macht die Profession und individuelle Existenz vielfach komplex und spannungsvoll.

Zu (3):
Erwartungshorizonte

Die Erwartungshorizonte im Zusammenhang mit Fortbildung beziehen sich auf

Bezugspunkte

- Wissen und Können: Informationen bekommen, Kenntnisse erweitern, Fähigkeiten hinzugewinnen bzw. ausbauen, in kritischen Übergangsphasen (z.B. zwischen Studium und Beruf oder von einem Gesellschaftssystem in ein anderes) Fehlendes nachholen und Vorhandenes ggf. anpassen;

- Gemeinschaft: Austausch mit Menschen in entsprechender Situation, Befreiung aus Einsamkeitsempfinden oder tatsächlicher Isolation, die ja im Lehrberuf sehr hoch sein kann;
- Lebenshilfe: Entlastung von Druck, Anregung von Problemlösungen (bei Lehrern und Lehrerinnen z.B. im Umgang mit Schülern, Kollegen, Eltern); die Wechselwirkung einer solchen Erwartung mit Fachlichem liegt bei Lehrern/Lehrerinnen und ihren Fortbildnern deshalb nahe, weil es in diesem Beruf immer um Beziehungsgeschehen geht (Mensch-Sache und Sache-Mensch, Lehrer/-in-Gruppe und Gruppe-Lehrer/-in) und weil die eigene Person stets „Instrument der Arbeit" ist; deshalb kann in diesem Handlungsfeld die Erwartung von „Information" immer auch eine Maske für den Wunsch nach (berufsbezogener) „Lebens"-Hilfe sein („Wenn ich mehr weiß, komme ich mit meinen Schülern besser klar");
- Therapie: Verstärkung des Lebenshilfe-Aspektes (Hilfe bei Problemen, Beratung) z.B. dann, wenn bei sich selber Schwächen, Unzulänglichkeiten, Grenzen oder das, was dafür gehalten wird, wahrgenommen werden;
- emotionale Befriedigung: Freude, Entspannung, Entlastung erfahren (das Seminar oder die Fortbildung als Veranstaltung, die „gut tut" oder als Möglichkeit wirkt, einmal „heraus zu kommen"), Zuwendung bekommen und ausdrücken;
- Selbstbestätigung: erfahren, „ich kann etwas", „ich gelte etwas", „ich darf sein, wie ich bin".

Für die Fortbildungspraxis heißt das: Alle Erwartungshorizonte sind miteinander verflochten. Sie beeinflussen sich gegenseitig. (Hier liegt auch eine Problematik schriftlicher Schlussauswertungen am Ende von Seminareinheiten oder Fortbildungsveranstaltungen. So kann z.B. eine Enttäuschung des Erwartungshorizontes „Gemeinschaft" durchaus dazu führen, dass die „Information" schlecht bewertet wird.) Es sind viele Erwartungshorizonte gleichzeitig vorhanden. Sie lassen sich von den Betroffenen nicht ohne Weiteres ausdrücken und von Personen mit Leitungsfunktion nicht ohne Weiteres ansprechen, weil sie z.T. der Intimsphäre zugehören (z.B. die Hilfe-Erwartung). Schließlich gilt es, als Fortbildner/-in zu akzeptieren, dass die Teilnehmenden vielfältige Erwartungshorizonte haben und dass es deshalb neben dem offiziellen Curriculum der Fortbildungsveranstaltung *auch* ein individuelles der Teilnehmer/-innen gibt, das sozusagen mitläuft. Das kann zu inneren oder äußeren Konflikten führen.

Gegenseitige Beeinflussung

Curriculumaspekte

Es ist unmöglich, alle Erwartungshorizonte der Teilnehmenden auf einmal zu erfüllen. Deshalb liegt eine Aufgabe darin, Räume zu gestalten, in denen individuelle Erwartungen verfolgt und konkretisiert werden können. Hier liegt die Leistungsfähigkeit von wirklicher Beteiligung. Sie bietet z.B. durch Kleingruppenarbeit Chancen für Kommunikation und Gemeinschaft und hält *gleichzeitig* die Balance mit dem Inhalt durch den Themenbezug aufrecht.

Balance

Selbstevaluation — Eine weitere Aufgabe besteht darin, Selbstevaluation zuzulassen, ja sogar anzuregen im Blick auf mitgebrachte und neben dem offiziellen Curriculum herlaufende individuelle Erwartungen (z.B. die Anregung an Teilnehmende, sich selber gegen Ende einer Seminareinheit oder eines Lehrgangs nach der Art und Weise der eigenen Kontaktaufnahme oder des eigenen Gesprächsverhaltens zu fragen).

Vor dem Hintergrund solcher Merkmale des Lernens – die bei Erwachsenen besonders deutlich werden, sich aber nicht nur auf sie beziehen – ergeben sich für die Planung und Durchführung von Fortbildungsveranstaltungen drei Perspektiven als hilfreich:

a) Aktivitätsorientierung

Generell steigt der Lernerfolg mit dem Grad der Aktivität der Lernenden. Aktivität meint Aneignungserfahrung (vgl. Leontjew 1987; Rückriem 2001). Sie ist erst recht sinnvoll und nötig, wenn das Lernen in starkem Maße mit prinzipieller Freiwilligkeit, spezifischem Kontextbezug und differenzierten Erwartungshorizonten verbunden ist. Aktivität heißt nun, nicht nur etwas „vermittelt" zu bekommen, sondern sich Wissensinhalte oder Fähigkeiten anzueignen, indem sie entdeckt, erschlossen, geschaffen, entwickelt werden.

Räume für Aktivität — Es gilt, sich klar zu machen: Wenn Lehrende informieren, heißt das nicht, dass die Menschen zugleich auch lernen. Es geht also darum, eine tatsächliche Lernerfahrung zu ermöglichen. Für die Praxis bedeutet das: Die Räume für Aktivität sollen in Fortbildungsveranstaltungen einerseits möglichst früh eröffnet werden, denn der Anfang ist Modell für alles, was folgt. Sie sollen andererseits aber auch da platziert sein, wo die Teilnehmenden nach draußen schauen und sich in ihr Handlungsfeld zurück begeben.

Aktive Transfereinleitung — So wie es sinnvoll ist, am Anfang keine Einführungsreferate zu halten, sondern *erst* Gespräch in Kleingruppen anzuregen (z.B. zu zweit: „Wo kommt das Thema ... in unserer bisherigen Praxis vor", oder „Was sind unsere Vorerfahrungen mit..." oder eine einleitende Fallarbeit oder die Bitte, zu Beginn selber einen Fall zu beschreiben) und *dann* die Information anzuschließen, so empfiehlt es sich auch, nach Phasen der Information und Erarbeitung am Ende mit der Kollegialen Beratung in Kleingruppen zu schließen.

b) Erfahrungsorientierung

Dieses Vorgehen fällt umso leichter und gelingt um so eher, je größer die Lebensbedeutsamkeit dessen ist, was gelernt wird, denn: Lernvorgänge aus persönlicher Betroffenheit heraus und mit direktem Alltags- und Praxisbezug sind besonders wirksam und intensiv. Bereits in der Planung ist eine Passung zu entwickeln zwischen dem zu Lernenden einerseits (Ziele, Inhalte) und den Relevanzstrukturen der Teilnehmer/-innen andererseits. Für die Praxis heißt das, tatsächlich bei den Erfahrungen anzusetzen, sie ernst zu nehmen und aufzunehmen; die wechselseitige Verbindung zwischen Erfahrung und Information anzustreben und dazu die Hier-und-Jetzt-Situation zu nutzen. Genau *das* ermöglicht die Kollegiale Beratung: Es wird *jetzt* reflektiert, erdacht, ersonnen und erfunden, was aus dem *zuvor* geschaffenen Wissen heraus *künftig* getan werden kann.

Reflexion

c) Ressourcenorientierung

Wer in die Fortbildung kommt (oder wer im Laufe der Berufsbiographie in die Fortbildungstätigkeit wechselt), bringt viel mit: Lebenswissen, Erfahrung, Persönlichkeit. Diese immer schon vorhandenen Kompetenzen wirken sich in den Aneignungserfahrungen aus. Es geht also darum, in der Fortbildung (wie in der Erwachsenenbildung generell) ressourcengerichtet und nicht nur defizitorientiert zu arbeiten. Es geht um die scheinbar kleine Wendung vom „ihr braucht noch" zum „ihr könnt schon". Sie hat in der Fortbildungspraxis nachhaltige Folgen: Sie führt weg von der bloßen Informationsweitergabe hin zur entdeckenden, entwickelnden Kompetenzerweiterung.

Kompetenzorientierung

Für die Praxis heißt das:

- Personspezifische Stärken wahrnehmen, würdigen, ihnen Raum geben.
- Möglichst oft eine „Börse der guten Erfahrungen" eröffnen, d.h.: Die Teilnehmer/-innen sollen ihre eigenen Handlungsweisen und Bewältigungsversuche einbringen können.
- Durch Gesprächsleitung bzw. Moderation bei den Teilnehmenden eigene Einfälle anregen (z.B. nach Referaten nicht fragen: „Was möchten Sie vom Referenten noch wissen?" sondern: „Wie verhält sich das, was Sie hörten, zu Ihren eigenen Erfahrungen? ... zu Ihren eigenen Sichtweisen? ... zu Ihrer eigenen Praxis?").

Vor diesem Hintergrund lassen sich als strategische Perspektiven unterscheiden:

Orientierungspunkte

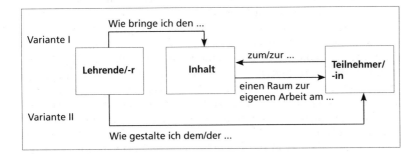

Variante I bedeutet:

Orientierung am Inhalt, am Stoff; Wissen wird weitergegeben (Referat von lat. referre = überbringen, niederlegen);

Variante II bedeutet:

Orientierung am Lernvorgang; Wissen wird geschaffen.

Motivation wird bei der Variante I als Aufgabe von außen gesehen und versucht (durch eine Person, die eine andere „motiviert" = ein Objekt bewegt). Bei der Variante II wird sie als inneres Geschehen verstanden (etwas tun, schaffen, echte Fragen entwickeln, wirkliches Dabei-Sein zu leben = „Inter-esse").

Erfahrungen und Ideen zur Umsetzung

Die strategische Hinwendung zum Teilnehmer bzw. zur Teilnehmerin konkretisiert sich in der Kollegialen Beratung durch selbstgewählte Fokussierungen auf Inhalte der vorausgegangenen Fortbildung, auf persönliche Ressourcen, auf Aspekte der individuellen Praxis und schließlich auf eigene Ideen zur Umsetzung; dies allerdings nicht in abgehobener Isolation, sondern verknüpft mit unterstützenden Reaktionen eines Kollegen bzw. einer Kollegin.

Lernen am Modell

Die dargestellten Perspektiven wirken wiederum anregend für die Fortbildung derjenigen Mitarbeiter/-innen, die in der Fortbildung von Angehörigen bestimmter Berufe – z.B. von Lehrern bzw. Lehrerinnen – tätig sind. Sie ist analog dem zu sehen, was diese ihrerseits in der Fortbildung tun (sollen), nämlich: Lehr-/Lern-Prozesse mit pädagogisch Tätigen zu gestalten. Hier bietet sich also die große Chance des Lernens am Modell. Was Aktivitätsorientierung, Erfahrungsorientierung, Ressourcenorientierung heißt, braucht nicht erst „vermittelt", sondern kann gestaltet, erfahren, erlebt werden und hat insofern viel mehr Aussichten, die Ebene des tatsächlichen Verhaltens zu erreichen, als dies durch bloße Information möglich wäre. Wenn genau das von den Teilnehmenden der Fortbildner/-innen erlebt und reflektiert wird, dann steigen die Chancen, dass sie zu ihrem Eigenen kommen – zur eigenen Einsicht, zu eigenen Praxis, zu einem spezifischen Transfer.

Verknüpfung

Förderung des Lernens

Für die Praxis heißt das, konsequent Methoden der Beteiligung *gerade* in der Fortbildung von Personen einzusetzen, die in der Fortbildung tätig sind. Denn deren Stärke ist oftmals zugleich ihr Problem: Sie haben als Ausgangspunkt ihres Handelns, ja ihrer Professionalität ihre inhaltlich (z.B. von einer Wissenschaftsdisziplin her) definierte Fachlichkeit. Das macht sie zu Experten/Expertinnen. Deshalb werden sie angefragt. Aus diesem „Kern" folgt als didaktisch-methodische Konsequenz eine bestimmte Form des Handelns, nämlich das Informieren. *Diese* gleichsam automatische Verknüpfung zwischen inhaltlich geprägter Fachlichkeit einerseits und Informieren als didaktisch-methodische Form des Handelns andererseits ist nicht zwingend, sondern historisch gewachsen und durch die Bildungskultur tradiert. Sie wird sogar fragwürdig, wenn wir uns klarmachen, dass es in der Fortbildung (wie übrigens auch in jeder Ausbildung) eine zweite, zumindest gleich gewichtete Fachlichkeit gibt: nämlich die Förderung des Lernens beim Teilnehmer oder der Teilnehmerin, was über bloßes Informieren weit hinausgeht.

Diese didaktischen Hinweise finden sich in der Methode Kollegiale Beratung mit ihren Leistungsmöglichkeiten und verschiedenen Einsatzbereichen gleichsam verdichtet und in einen Handlungsrahmen umgesetzt. Und umgekehrt: Ein Verständnis von Fortbildung, das diese als Möglichkeitsraum für Entwicklung und Lernen begreift, hat in der Kollegialen Beratung eine sehr geeignete Gestaltungshilfe.

Literatur

Antons, K. (2000): Praxis der Gruppendynamik – Übungen und Techniken. Göttingen.

Knoll, J. (2003): Kurs- und Seminarmethoden – Ein Trainingsbuch zur Gestaltung von Kursen und Seminaren, Arbeits- und Gesprächskreisen. Weinheim-Basel-Berlin.

Leontjew, A.N. (1987): Tätigkeit, Bewusstsein, Persönlichkeit. Berlin.

Rückriem, G. (Hrsg.) (2000): Aleksej N. Leont'ev. Frühschriften. Berlin.

Autorenverzeichnis

Ralf Connemann, Dipl.-Psych., Schulpsychologische Beratung der Landesschulbehörde NDS, Birkenweg 5, 26127 Oldenburg.

David Daniel Ebert, Honorarkraft am Institut für Psychologie der Leuphana Universität Lüneburg, Online-Diagnostik, kooperative Entwicklungsberatung, Institut für Psychologie. Scharnhorststr. 1, 21335 Lüneburg.

Doris Geiselbrecht, Dipl.-Psych., Schulpsychologische Beratung der Landesschulbehörde NDS, Birkenweg 5, 26127 Oldenburg.

Harald Groenewold, Oberstudienrat, Beratungslehrer am Johannes Althusius Gymnasium Emden, Alte Poststraße 19, 26835 Holtland.

Prof. Dr. Jörg Knoll, Lehrstuhl für Erwachsenenpädagogik der Universität Leipzig. Karl-Heine-Straße 22b, 04229 Leipzig.

Dr. Reinhold Miller, Lehrerfortbildner und Schulberater, Autor pädagogischer Werke, Spitzwegstraße 19, 69168 Wiesloch.

Prof. Dr. Wolfgang Mutzeck, Universität Leipzig, Institut für Förderpädagogik, Arbeitsstelle Kooperative Beratung, Marschner Straße 29–31, 04109 Leipzig.

Prof. Dr. Jörg Schlee, Universität Oldenburg, Didaktisches Zentrum, Arbeitsstelle für reflexive Person- und Organisationsentwicklung, Ammerländer Heerstraße, 26111 Oldenburg.

Dr. Eva-Maria Schmidt, Pädagogische Hochschule Weingarten, Erwachsenenbildung, Kirchplatz, 88250 Weingarten.

Prof. Dr. Heike Schnoor, Psychotherapeutin und Psychoanalytikerin (DPV), Institut für Erziehungswissenschaft der Philipps-Universität Marburg, Schwanallee 50, 35032 Marburg.

Gerhard Sennlaub, Schulrat, Autor von Büchern für Kinder und Lehrer, Lohmannstraße 18, 27568 Bremerhaven Überseehafen, www.gerhardsennlaub.de.

Prof. Dr. Bernhard Sieland, Leuphana Universität Lüneburg, Institut für Psychologie, Online-Diagnosen und Online Beratung zur Förderung von Arbeits- und Gesundheitsqualität von Lehrkräften und Schulen, kooperative Entwicklungsberatung. Scharnhorststr. 1, 21335 Lüneburg. www.lehrerforum.de.

Dipl.-Soz.-Päd. Thorsten Tarnowski, Doktorand am Institut für Psychologie an der Leuphana Universität Lüneburg. Kooperative Entwicklungsberatung. Scharnhorststr. 1, 21335 Lüneburg.

Dr. Rüdiger Urbanek, Grundschundschullehrer, Regierungsschuldirektor i.R. am Landesinstitut für Schule in Soest, Autor verschiedener Sprachlehrwerke, Eschfeldstraße 18, 45894 Gelsenkirchen.

Prof. Dr. Diethelm Wahl, Pädagogische Hochschule Weingarten, Psychologie und Erwachsenenbildung, Kirchplatz, 88250 Weingarten.

Jörg Schlee

Kollegiale Beratung und Supervision für pädagogische Berufe

Hilfe zur Selbsthilfe
Ein Arbeitsbuch

2. Auflage
Ca. 170 Seiten. Kart.
Ca. € 20,–
ISBN 978-3-17-20090-6

Entscheidend für die Qualität und die Wirksamkeit der pädagogischen Arbeit sind die Handlungsfähigkeit, der Elan und das Ethos der Pädagogen. Dass es damit oft nicht zum Besten steht, beweisen Alltagsbeobachtungen ebenso wie Forschungsergebnisse. Wie kaum ein anderer Beruf ist das Lehrerdasein anfällig für Burnout-Syndrome. Für Sozialpädagogen ist es schon seit langem selbstverständlich, sich bei der Bewältigung der beruflichen Schwierigkeiten durch Beratung und Supervision Unterstützung zu holen. Für die Pädagogen anderer Arbeitsbereiche wird der unterstützende Nutzen zunehmend entdeckt. Kollegiale Beratung und Supervision bildet dabei so etwas wie eine Hilfe zur Selbsthilfe. Das Buch stellt die theoretischen Grundlagen sowie die praktischen Verfahrensschritte für ein kollegiales Beratungs- und Supervisionsmodell in ihrer äußeren Form und ihrem Ablauf anschaulich und leicht nachvollziehbar vor.

▶ **www.kohlhammer.de**

W. Kohlhammer GmbH · 70549 Stuttgart
Tel. 0711/7863 - 7280 · Fax 0711/7863 - 8430

Hanna Kiper/Wolfgang Mischke
Selbstreguliertes Lernen – Kooperation – Soziale Kompetenz
Fächerübergreifendes Lernen in der Schule

2008. 276 Seiten. Kart.
€ 26,–
ISBN 978-3-17-020149-1

Schule und Unterricht sollen nicht nur fachliches Lernen ermöglichen. Die Schule muss auch überfachliche Kompetenzen aufbauen und weiterentwickeln, die für die Wissensgesellschaft unentbehrlich sind. Selbstgesteuertes Lernen, kooperatives Arbeiten und soziale Kompetenz sind zentrale Stichworte. Im Mittelpunkt des Buches stehen theoretische Begründungen und didaktische Überlegungen, wie Lehrerinnen und Lehrer Lernsituationen und Lernumgebungen gestalten können, um die fächerübergreifenden Fähigkeiten im Unterricht zu fördern. Über die didaktischen Überlegungen hinaus behandelt das Buch unterrichtspraktische Fragen des schulischen Alltags.

▶ www.kohlhammer.de

W. Kohlhammer GmbH · 70549 Stuttgart
Tel. 0711/7863 - 7280 · Fax 0711/7863 - 8430

Barbara Rendtorff
Svenia Burckhart (Hrsg.)
Schule, Jugend und Gesellschaft
Ein Studienbuch zur Pädagogik der Sekundarstufe

2008. 290 Seiten. Kart.
€ 26,–
ISBN 978-3-17-020021-0

Dieses Studienbuch nimmt die drei zentralen, die Pädagogik der Sekundarstufe prägenden Themenbereiche in den Blick und verbindet sie reflektierend zu einer komplexen Perspektive: die gesellschaftliche Aufgabe der Schule als Vermittlerin zwischen den Generationen, das Jugendalter mit seinen speziellen Problemfeldern und die sich aus diesen Bereichen ergebenden schulpädagogischen Problemstellungen.

Innerhalb des Themenbereiches „Gesellschaft" kommen sowohl Aspekte sozialer Ungleichheit und Multikulturalität als auch die gesellschaftliche Aufgabe von Bildung und Schulsystem zur Sprache. Der Abschnitt „Jugend" diskutiert altersspezifische Problemlagen wie Risikoverhalten, Gewalt, geschlechtstypische Jugendkulturen und Sexualität. Im dritten Themenbereich „Schule" werden Lehrerhandeln, pädagogische Professionalität und die Bedeutung von Schulkultur thematisiert.

▶ www.kohlhammer.de

W. Kohlhammer GmbH · 70549 Stuttgart
Tel. 0711/7863 - 7280 · Fax 0711/7863 - 8430